最高人民法院发布的

典型案例汇编

2009-2024年

知识产权卷

人民法院出版社 编

人民法院出版社

图书在版编目（CIP）数据

最高人民法院发布的典型案例汇编. 2009—2024年. 知识产权卷 / 人民法院出版社编. -- 北京 : 人民法院出版社, 2024. 12. -- ISBN 978-7-5109-4419-2

Ⅰ. D920.5

中国国家版本馆CIP数据核字第20247TF214号

最高人民法院发布的典型案例汇编（2009—2024年）知识产权卷

人民法院出版社 编

责任编辑 尹立霞
执行编辑 叶 白
出版发行 人民法院出版社
地　　址 北京市东城区东交民巷27号（100745）
电　　话 （010）67550635（责任编辑）　67550558（发行部查询）
65223677（读者服务部）
客服QQ 2092078039
网　　址 http://www.courtbook.com.cn
E－mail courtpress@sohu.com
印　　刷 保定市中画美凯印刷有限公司
经　　销 新华书店

开　　本 787毫米×1092毫米　1/16
字　　数 342千字
印　　张 21
版　　次 2024年12月第1版　2024年12月第1次印刷
书　　号 ISBN 978－7－5109－4419－2
定　　价 75.00元

编写说明

最高人民法院发布的典型案例以案例的形式将法律精神传播给社会大众，也是进一步彰显以公开促公正理念，切实推进司法公开工作的重要举措，具有十分重要的社会意义和参考价值，并具有重要的示范引导作用。

为方便各级人民法院、人民检察院以及律师等法律职业共同体和社会公众对典型案例的学习与使用，更好地发挥典型案例的价值和作用，人民法院出版社编辑出版了《最高人民法院发布的典型案例汇编（2009—2024年）》丛书。丛书收录了自2009年至2024年12月最高人民法院发布的2700余个典型案例，并对所收录案例进行全面梳理、系统整合。本丛书分为刑事卷、民事卷、商事卷、知识产权卷、民事诉讼卷、行政·国家赔偿·司法救助卷六卷。案例栏目有基本案情、裁判结果、典型意义等，通过对案情的简要介绍、裁判结果的法理评析、典型意义的权威阐释，体现了人民法院对各类型案件的法律适用标准，为各级法院法官审理类似案件提供示范参考依据，也对社会公众起到引导和教育作用。

本书具有以下几个特点：**一、全面系统。**本书收录了最高人民法院自2009年至2024年12月发布的对审判和执行工作具有示范参考意义的所有典型案例，包括刑事、民事、商事、知识产权、民事诉讼、行政、国家赔偿、司法救助等各领域。**二、权威准确。**本书所有案例来源于最高人民法院官方网站和《最高人民法院公报》，案例来源渠道权威。因属不同发布批次专题，个别案例存在重复情况，为完整地向读者呈现案例内容，书中均予以保留。**三、科学实用。**为方便读者快速查阅，我们对所收录案例按不同类别进行归类整合。读者在查阅时，根据案例公布时间即可找到所需内容。

因本书中收录的典型案例为最高人民法院2009年至2024年发布，时间跨度较大，案例所依据的法律、法规、司法解释条文有的已发生变化，书中不再逐一标注，特此说明。

本丛书是首次对最高人民法院发布的典型案例进行系统分类汇编的大型案例图书，收录的案例全面、权威、实用，有助于读者全面系统地了解最高人民法院发布的各类型典型案例，可为法学理论研究和司法审判实务工作者提供重要参考，并对司法实践具有重要的指导意义和实用价值。

编　者

2024年12月

总 目 录

目 录

一、著作权

二、商标权

三、专利权

四、植物新品种

五、集成电路布图设计

六、商业秘密

七、特许经营合同

八、不正当竞争

九、垄 断

一、著作权

某甲唱片有限音乐公司、某乙唱片有限公司、某音乐娱乐香港有限公司与北京某网讯科技有限公司侵犯著作权纠纷上诉案

［北京市高级人民法院高民终字第1694、1700、1699号民事调解书、北京市第一中级人民法院（2008）一中民初字第5043、5026、5154号民事判决］

《最高人民法院关于充分发挥知识产权审判职能作用推动社会主义文化大发展大繁荣和促进经济自主协调发展的典型案例》第1号

2011年12月20日

【案情摘要】

某甲唱片有限音乐公司、某乙唱片公司和某音乐娱乐香港有限公司发现其享有录音制作者权的128首歌曲在北京某网讯科技有限公司的MP3栏目中通过搜索框、榜单等模式，提供了链接以及相应的在线试听和下载服务。三家唱片公司认为北京某网讯科技有限公司的上述行为侵犯了其信息网络传播权，请求法院判令赔偿其经济损失和合理费用共计6350万元。一审法院经审理认为，北京某网讯科技有限公司根据网络用户的指令进行搜索、建立临时链接，这种服务具有自动和被动性质，即使北京某网讯科技有限公司施予与其能力相当的注意，也难以知道其所提供服务涉及的信息是否侵权。因此，设置搜索框供网络用户输入关键词搜索歌曲的行为以及设置榜单等模式，均不能证明北京某网讯科技有限公司明知或者应知所链接的录音制品侵权，故其不构成侵犯信息网络传播权，据此判决驳回三大唱片公司的全部诉讼请求。三大唱片公司不服，提起上诉。二审审理中，合议庭在两次公开开庭审理、准确查明案情的基础上，在中国互联网协会调解中心的配合下，做了大量调解工作，最终使双方在达成根本合作协议的基础上，就涉案纠纷达成和解协

议。该和解协议确认双方共同致力于互联网音乐作品的运营模式创新以及互联网音乐作品著作权保护模式创新，就此展开全面合作，并就全面合作的具体方式及内容签订了合作协议及反盗版协议。北京某网讯科技有限公司与三大唱片公司另达成协议，北京某网讯科技有限公司支付版税，三大唱片公司将授权北京某网讯科技有限公司上传其全部完整歌曲目录及即将推出的新歌曲目录；网络用户可以直接从百度网站免费在线播放及下载相关歌曲。至此，北京某网讯科技有限公司与三大唱片公司多年的版权纷争得以彻底化解，亿万网民从此可以在百度网站获得大量正版歌曲。

【典型意义】

随着网络技术和网络产业的飞速发展，在线试听和下载音乐作品已经成为人们欣赏音乐作品的主要途径。但互联网上还存在不少未经权利人许可传播作品的现象。本案的成功调解，不仅使纠纷得以妥善处理，而且使权利人和作品的使用者达成长期合作，有效遏制了“网络盗版”，从根本上维护了权利人的合法权益，极大地激发了他们进行创作的积极性，同时又使亿万网民得以欣赏到正版音乐作品，切实实现了权利人与社会公众利益的平衡。该案的成功调解是人民法院推动新型文化产业在互联网时代健康有序发展的具体体现。

某国际网络有限公司与上海某文化传播有限公司侵害作品信息网络传播权纠纷案

《最高人民法院发布五起典型案例》第 3 号

2014 年 6 月 23 日

【基本案情】

《舌尖上的中国》是中央电视台摄制的一部大型美食类纪录片，播出后引起强烈的社会反响，亨有较高知名度。中央电视台此后将该节目的著作权授予原告某国际网络有限公司。2012 年 5 月 23 日，上海市静安公证处应原告申请，对被告上海某文化传播有限公司在其经营的网站“某某网”上提供涉案节目的在线点播服务的行为进行了公证。原告认为，某某网未经许可，在涉案节目热播期内提供在线点播服务，严重侵犯其合法权益，给原告造成了重大经济损失，故诉至法院，请求判令被告赔偿经济损失 80 万元及为调查取证所支付的合理费用 5 万元。

【裁判结果】

上海市闵行区人民法院和上海市第一中级人民法院经审理认为：涉案作品是我国《著作权法》规定的以类似电影摄制方法创作的作品，应受《著作权法》保护。上海某文化传播有限公司未经授权于作品热播期内在其经营的网站上提供涉案作品的在线点播服务，是典型的侵犯作品信息网络传播权的行为，应该承担相应的侵权责任。上海某文化传播有限公司辩称其提供存储空间服务，涉案作品系网友上传，但就该主张未提供证据证明；且有关实际上传者的信息属于其自行掌控和管理范围之内，理应由其举证，其自行删除原始数据导致该节事实无法查明，应对此承担不利后果。据此判决上海某文化传播有限公司赔偿某国际网络公司经济损失 24 万元，合理费用 8000 元。

【典型意义】

该案是典型的互联网中侵犯作品信息网络传播权纠纷案例。涉案作品体现了较高程度的独创性，享有较高的社会知名度。作为专业视频分享网站的某某网是影响力较大的专业网络服务提供者，其在涉案作品热播期就擅自传播涉案作品，且侵权行为持续的时间较长，给权利人造成了较大的经济损失。在确定法定赔偿金额的时候，法院充分考虑了涉案作品的类型、社会知名度、侵权行为的性质以及侵权网站的经营规模、经营模式、影响力等因素，判决了共计 248000 元的赔偿金额，不仅有利于弥补权利人的经济损失，并促使各互联网视频提供者的自律和行业管理，也顺应了依法加强互联网知识产权保护的趋势，对日益多发的互联网视频侵权具有警示作用。

北京某科技有限公司诉北京某网络技术有限公司等侵犯著作权及不正当竞争纠纷案

《最高人民法院发布 14 起北京、上海、广州知识产权法院审结的典型案例》第 7 号

2015 年 9 月 9 日

【基本案情】

北京某科技有限公司是移动终端游戏《我叫 MT on line》《我叫 MT 2》的著作权人。前述游戏改编自系列 3D 动漫《我叫 MT》。北京某科技有限公司对游戏名称、人物名称享有独占被许可使用权，对人物形象享有美术作品著作权。北京某科技有限公司认为北京某网络技术科技公司有限等未经其许可，在《超级 MT》游戏中使用与《我叫 MT》游戏名称、人物名称、人物形象相近的名称和人物，侵犯了其著作权；北京某网络技术科技公司有限等在《超级 MT》游戏中抄袭了《我叫 MT》游戏的名称，在游戏的宣传过程中使用与《我叫 MT》游戏相关的宣传用语，构成不正当竞争行为。遂提起本案诉讼。

【裁判结果】

北京知识产权法院审理认为，北京某科技有限公司的游戏及其人物未构成著作权法保护的文字作品，被诉游戏中人物形象与北京某科技有限公司游戏中的形象不构成实质性相似，北京某网络技术科技公司有限等的行为未侵犯北京某科技有限公司的著作权；北京某科技有限公司的游戏在先上线并具有一定知名度，同为手机游戏经营者的北京某网络技术科技公司有限等对北京某科技有限公司的上述游戏和人物名称不但未合理避让，反而采用相关联的表述方式，并进行了违背事实的宣传，构成擅自使用他人知名服务特有名称及虚假宣传的不正当竞争行为。遂判决北京某网络技术科技公司有限等停止不正当竞争行为，赔偿北京某科技有限公司经济损失 50 万元以及合理支出 3.5 万元。

【典型意义】

作为新兴文化产业，移动终端游戏是文化与科技融合的产物，享有巨大的发展空间和良好的市场前景。本案是一起涉及移动终端游戏的著作权侵权及不正当竞争纠纷。本案事实复杂，涉及的法律问题繁多且疑难。审理法院对游戏名称及人物名称等简短词组能否构成文字作品、改编作品的著作权保护、移动终端游戏名称能否构成知名商品特有名称、虚假宣传行为的认定等诸多法律问题，均作了细致的分析阐述。在民事责任承担方面，审理法院充分考虑了原告游戏的市场份额、被诉侵权人的主观状态等因素，最大限度地保护游戏权利人的利益，依法打击了不正当攫取他人利益的行为。本案明确了对移动终端游戏知识产权法律保护的思路和方向，对推动移动终端游戏产业的健康发展具有示范作用。

深圳市 A 计算机系统有限公司与广州 B 计算机系统有限公司等侵害音乐作品信息网络传播权纠纷诉前禁令案

[湖北省武汉市中级人民法院（2014）鄂武汉中知禁字第 5 号、5－1 号、5－2 号民事裁定书]

《2014 年中国法院 10 大知识产权案件》第 6 号

2015 年 4 月 20 日

【案情摘要】

深圳市 A 计算机系统有限公司（以下简称 A 公司）向武汉市中级人民法院申请诉前禁令，请求：1. 责令广州网易计算机系统有限公司（以下简称 B 公司）、C 网络有限公司（以下简称 C 公司）、杭州 D 科技有限公司（以下简称 D 公司）停止通过“某音乐”平台（及其 PC 端、移动客户端）向公众传播申请人享有专有著作权的《时间都去哪了》《爱的供养》《画心》等 623 首歌曲；2. 责令 E 网络通信有限公司湖北省分公司（以下简称 E 公司）停止提供“某音乐”畅听流量包服务；3. 责令 F 移动通信有限公司（简称 F 公司）停止在其某品牌手机中内置“某音乐”行为。A 公司提交了证明其享有涉案音乐作品著作权及遭受侵权损害事实的证据，并提供了担保。武汉市中级人民法院认为，A 公司对上述 623 首音乐作品依法享有信息网络传播权，五被申请人以互联网络、移动手机“某音乐”畅听流量包、内置“某音乐”移动手机客户端等方式，向公众大量提供涉案音乐作品，该行为涉嫌侵犯 A 公司对涉案音乐作品依法享有的信息网络传播权，且被申请人向公众提供的音乐作品数量较大，造成了 A 公司巨大的经济损失。在网络环境下，该行为如不及时禁止，将会使 B 公司不当利用他人权利获得的市场份额进一步快速增长，损害了 A 公司的利益，且这种损害将难以弥补，理应禁止各被申请人通过网络传播 623 首音乐作品涉嫌侵权部分的行为。遂裁定发布如下诉前禁令措施：1. B 公司、C 公司、D 公司于裁定生效之日起立即停止通过“某音乐”平台向公众提供涉案 623 首音乐作品的行为；2. E 公司于裁定生效之日起立即停止向其移动手机客户提供“某音乐”畅听流量包中的涉案 623 首音乐作品的移动网络服务行为；3. F 公司于裁定生效次日起 10 日内停止通过其品牌为某型号（合约机）移动手机中内置的“某音乐”客户端向移动手机客户传播涉案 623 首音乐作品的行为。禁令发布后，D 公司、F 公司立即停止了被诉行为。B 公司、C 公司、D 公司不服该禁令，申请复议。武汉市中级人民法院予以驳回。复议中，A 公司发现被诉行为仍在继续，书面申请对违反禁令行为予以处罚。法院作出相应的处罚措施。至复议决定书发出后，被诉行为已经按照禁令要求全面停止。

【典型意义】

近年来网络产业与音乐产业结合形成新生网络文化传播媒介，可以使音乐作品被无限传递、下载，不受限制地被反复欣赏，在方便社会公众欣赏音乐的同时，盗版网络音乐也对著作权人造成了难以弥补的损害。本案中，法院及时发布诉前禁令，并对违反禁令的行为予以处罚，为打击网络音乐盗版、规范网络音乐市场、整治网络环境提供了一种可行的保护模式，充分体现了知识产权司法保护的主导作用。

上海甲文化用品有限公司诉上海乙文化用品有限公司等侵害著作权纠纷上诉案

《最高人民法院发布14起北京、上海、广州知识产权法院审结的典型案例》第10号

2015年9月9日

【基本案情】

上海甲文化用品有限公司的网站首页以暗红色为背景，添加白色星光动态效果，伴有铜铃魔法音，并添加背景音乐。上海甲文化用品有限公司发现上海乙文化用品有限公司、丙公司抄袭仿冒其网站，侵犯了其著作权，遂提起本案诉讼，请求法院判令上海乙文化用品有限公司和丙公司停止侵权、消除影响并赔偿损失22.3万元。

【裁判结果】

上海市闵行区人民法院一审认定上海乙文化用品有限公司和丙公司侵犯了上海甲文化用品有限公司的网页著作权，判决二被告停止侵权并赔偿上海甲文化用品有限公司经济损失及合理费用人民币3万元。上海乙文化用品有限公司和丙公司不服，提起上诉。上海知识产权法院二审判决驳回上诉，维持一审判决。

【典型意义】

本案涉及网页的内容编排是否构成著作权法意义上的作品。审理法院认为，虽然涉案网站网页中具有很多公有领域的因素，但涉案网站的首页除了具有一般公司网站首页均有的栏目和结构要素之外，在画面颜色、内容的选择、展示方式及布局编排等方面体现了独特构思，呈现出一定的视觉艺术效果，具有独创性和可复制性，构成著作权法意义上的作品。本案所确定的网页作品著作权保护标准对于同类案件的审理具有一定参考意义。

孙某娟诉甲时装（广州）有限公司、广州乙时装有限公司侵犯著作权纠纷案

《最高人民法院发布 14 起北京、上海、广州知识产权法院审结的典型案例》第 13 号

2015 年 9 月 9 日

【基本案情】

孙某娟于 2011 年 1 月 12 日在某网发布名为《据说——长颈鹿是寂寞专家》的美术作品。2011 年 3 月，孙某娟的上述作品获得“红门创意 T 恤图案大赛”一等奖。孙某娟认为，某甲时装（广州）有限公司（以下简称甲公司）与广州某乙时装有限公司（以下简称乙公司）在共同生产和销售的女中袖连衣裙上使用了涉案美术作品，构成对其署名权、复制权、发行权等著作权的侵犯。遂提起本案诉讼，请求法院判令二被告停止侵害，赔偿经济损失 25 万元及合理开支 2 万元；二被告作出书面道歉声明，消除侵权影响。

【裁判结果】

广州市白云区人民法院一审认为，甲公司、乙公司未经许可使用孙某娟的美术作品，构成著作权侵权，但是由于在服装上使用作品难以指明作者，客观上不应认定二被告侵犯了孙某娟的署名权。遂判决二被告停止侵害，销毁库存及在售的侵权产品，连带赔偿孙某娟经济损失及合理费用 3 万元。孙某娟不服，提起上诉。广州知识产权法院二审认为，在印有知名插画师美术作品的服装上标注作者姓名，在服装设计制造行业屡见不鲜，本案不属于因作品使用方式的特性无法指明作者的情况，甲公司和乙公司侵害了孙某娟的署名权。考虑涉案作品具有一定知名度；乙公司主观恶意明显、甲公司经营规模大等因素，一审判决确定的赔偿数额明显偏低。遂改判甲公司和乙公司向孙某娟赔礼道歉并连带赔偿经济损失 8 万元。

【典型意义】

本案涉及服装设计领域侵害作者署名权的认定。审理法院在考察服装设

计领域行业惯例和生活常理的基础上，认定在服装上使用他人美术作品时表明作者身份并不存在客观限制，也不会破坏服装图案的整体美感，且在服装上标注插画师姓名的事例屡见不鲜。本案判决依法保护了作者的署名权，对于规范服装设计领域著作权使用行为具有重要意义。

某卫视诉甲公司等侵犯台标著作权案

《最高人民法院发布十起关于弘扬社会主义核心价值观典型案例》第5号

2016年8月22日

【基本案情】

原告海南某卫视传媒有限责任公司（以下简称某卫视）起诉称，被告浙江甲旅游用品有限公司（以下简称甲公司）未经允许擅自在其生产销售的旅行箱产品上将原告旅游卫视的台标作为商标使用，并在被告北京乙电子商务有限公司（乙公司）销售，侵犯了原告的著作权，故起诉要求二被告停止侵权并要求被告甲公司赔偿损失200万元。被告甲公司称，其使用的商标是其独立设计的且使用在先，并未侵犯原告的著作权。

被告爱美德公司为证明其对涉案商标系独立创作完成且使用在旅游卫视启用台标之前，提交了数十份证据。其中多份销售合同和行业协会出具的箱包及证明是本案的关键证据。

被告甲公司提交的其与浙江绍兴丙皮件有限公司等多个单位签订的销售合同上均印有涉案商标，合同的最早签订日期均早于原告某卫视启用涉案台标的日期。庭审中，经原告申请鉴定，并未发现上述合同存在问题。但在后续庭审中法院发现，上述多份合同所载的多个联系电话在合同载明的签订日期尚未启用或尚未由七位升位至八位，后启用或升位的电话号码出现在先签订的合同中，明显有悖常理，被告甲公司最终亦认可部分合同日期存在倒签的情况。

在上述合同被发现可能存在问题后，被告甲公司又提交了全国皮革工业标准化技术委员会及国家皮革制品质量监督检验中心出具的证明，该证明称，2003年被告甲公司的箱包产品曾在国家皮革制品质量监督检验中心进行检验，现保存有一只带有涉案图标的箱包样品在国家皮革制品质量监督检验中心仓库。该时间早于某卫视启用台标的时间。法院赴上述二单位进行了调查。全国皮革工业标准化技术委员会秘书长赵某及国家皮革制品质量监督检验中心副主任田某均称上述箱包确系 2003 年检验后存于检验中心仓库。但法院在勘验箱包中发现，该箱包确实多处载有涉案商标，但拉开拉杆看到拉杆上印有的涉案商标标注有“®”，而本案在审理中查明，被告甲公司 2005 年 3 月才将涉案商标申请注册商标，2008 年 11 月 28 日才获准注册，该商标以加“®”注册商标的形式出现在被告甲公司所称的 2003 年产品上与法律规定及常理不符。在后续调查中，国家皮革制品质量监督检验中心副主任田某认识到问题的严重性，向法院承认，其所作证言系受全国皮革工业标准化技术委员会秘书长赵某教唆，系不实证言，涉案箱包实为赵某 2014 年交由其中心放进仓库的，该中心经办人办公室主任到庭予以证实。该中心相关负责人及工作人员亦到庭称，该出具的证明并非代表中心意志，实际可能系全国皮革工业标准化技术委员会秘书长赵某利用工作关系，私自要求该中心工作人员盖章出具的。

【裁判结果】

北京市大兴区人民法院生效裁判认为，被告甲公司提交的为证明其就涉案商标使用在先的数十份证据均不能予以采信，被告甲公司侵犯了原告某卫视台标的著作权。

法院于 2015 年 4 月 14 日作出判决：被告甲公司停止侵权并赔偿原告经济损失 200 万元。同时，大兴区法院认定被告甲公司提交的上述多份关键证据系虚假证据，全国皮革工业标准化技术委员会出具虚假证言，上述行为情节较为恶劣，严重妨碍民事诉讼，根据《民事诉讼法》的相关规定对上述二单位分别罚款 100 万元和 10 万元，并对全国皮革工业标准化技术委员会的直接责任人员该协会秘书长赵某处以 1 万元罚款。

判决宣判及罚款决定作出后，被告甲公司就判决提起上诉，被告甲公司、全国皮革工业标准化技术委员会、赵某分别就罚款决定申请了复议。北京知识产权法院于 2015 年 11 月 4 日作出判决：驳回上诉，维持原判，同时也就上述罚款决定作出复议决定，维持原决定。

【典型意义】

本案是2021年《民事诉讼法》实施后，北京市法院对不诚信当事人作出的首起顶格罚款案件，罚款总额为111万元，也是全国单起案件罚款总额最高的案件。2012年修改的《民事诉讼法》将对个人的罚款最高金额由1万元提升至10万元，对单位的罚款最高金额由30万元提升至100万元。本案被告甲公司提交多份关键虚假证据，且在在先证据被发现系伪造后继续变本加厉提交虚假证据及证言，上述证据如未被发现系伪造，很有可能导致原、被告利益出现重大反转。被告上述行为严重违反诚信精神，干扰法院诉讼秩序，浪费司法资源，损害对方当事人权益，无视法院司法权威，行为极其严重，由此大兴区法院对其处以最高金额100万元的罚款。

2015年1月30日公布并实施的《最高人民法院关于适用〈中华人民共和国民事诉讼法〉的解释》第一百一十九条①、第一百八十九条②规定，证人出庭作证应当签署诚信诉讼保证书，签署诚信诉讼保证书后作虚假证言，妨碍人民法院审理案件的，人民法院可以予以罚款、拘留，构成犯罪的，依法追究刑事责任。本案全国皮革工业标准化技术委员会作为一个全国性的行业组织，在签订诚信诉讼保证书后为与其有业务往来的被告甲公司出具虚假证据及证言，严重干扰司法秩序。故大兴区法院依据《民事诉讼法》及其上述解释的规定，对该协会处以10万元罚款。

《民事诉讼法》第一百一十一条③第二款规定，对于违反诚信诉讼的单位，可以对其主要负责人或者直接责任人员予以罚款、拘留；构成犯罪的，依法追究刑事责任。本案全国皮革工业标准化技术委员会秘书长赵某，作为代表该单位伪造上述证据、出具虚假证言的直接责任人员，应当就其违法行为承担相应的责任。故大兴区法院依据上述法律规定对其处以1万元罚款。

在建设法治社会的今天，不诚信诉讼行为严重影响司法秩序、损害相对方利益，应当依法予以处罚，以维护法治和司法的权威。大兴区法院依据《民事诉讼法》及其解释的上述规定，作出以上罚款处罚。

---

① 本条现为《最高人民法院关于适用〈中华人民共和国民事诉讼法〉的解释》（法释〔2022〕11号）第一百一十九条。

② 本条现为《最高人民法院关于适用〈中华人民共和国民事诉讼法〉的解释》（法释〔2022〕11号）第一百八十九条。

③ 本条现为《民事诉讼法》（2023年修正）第一百一十四条。

杭州某文化发展有限公司与某动画有限公司侵害著作权纠纷上诉案

［浙江省杭州市中级人民法院（2015）浙杭知终字第356号民事判决书］

《2016年中国法院10大知识产权案件》第8号

2017年4月24日

【案情摘要】

1994年，动画片《大头儿子小头爸爸》（1995年版，以下简称95版动画片）导演崔某昱等人到刘某岱家中，委托其为即将拍摄的95版动画片创作人物形象。刘某岱当场用铅笔勾画了“大头儿子”“小头爸爸”“围裙妈妈”三个人物形象正面图，并将底稿交给了崔某昱。当时双方并未就该作品的著作权归属签署书面协议。崔某昱将底稿带回后，95版动画片美术创作团队在刘某岱创作的人物概念设计图基础上，进行了进一步的设计和再创作，最终制作成了符合动画片标准造型的三个主要人物形象即“大头儿子”“小头爸爸”“围裙妈妈”的标准设计图以及之后的转面图、比例图等。刘某岱未再参与之后的创作。刘某岱创作的底稿由于年代久远和单位变迁，目前各方均无法提供。95版动画片由中央电视台和东方电视台联合摄制，于1995年播出，在其片尾播放的演职人员列表中载明：“人物设计：刘某岱”。2012年12月14日，刘某岱将自己创作的“大头儿子”“小头爸爸”“围裙妈妈”三幅作品的著作权转让给洪某，2014年3月10日，洪某将上述著作权转让给杭州某文化发展有限公司（以下简称某文化公司）。2013年，某动画有限公司（以下简称某动画公司）摄制了动画片《新大头儿子小头爸爸》（以下简称2013版动画片）并在CCTV、各地方电视台、央视网上进行播放。某文化公司认为某动画公司在未经著作权人许可且未支付报酬的情况下，利用上述美术作品形象改编为新人物形象，制作成动画片等行为侵犯了其著作权，故诉请判令某动画公司停止侵权，登报赔礼道歉、消除影响，并赔偿经济损失及合理费用。杭州市滨江区人民法院认为，刘某岱作为受托人对其所创作的三幅美术作品享有完整的著作权。某文化公司经转让继受取得上述作品除人身权以外的著作权。某动画公司未经许可，在2013版动画片以及相关的展览、宣传中以改编的方式使用相关作品并据此获利的行为，侵犯了某文化公司的著作权，应承担相应的侵权责任。鉴于本案的实际情况，该院认为宜以提高赔偿额的方式作为停止侵权行为的责任替代方式，判决某动画公司每个人物形象赔偿40万元。杭州市中级人民法院二审维持一审判决。浙江省高级人民法院亦驳回了某动画公司提出的再审申请。

【典型意义】

本案涉及动画人物形象权利归属及后续使用引发的纠纷。随着人们对优秀国产动画片价值认识的不断加深，近年来引发了不少类似的争议。本案中，由于在创作之初，投资拍摄的制片厂、电视台，以及参与造型的创作人员等，各方对其权利义务均没有清晰的认识和明确的约定，法院需要在时隔多年后，适用法律规则，合情合理合法地判定其权利归属，本案的处理对同类问题具有一定指引作用。同时，本案在认定侵权成立的前提下，综合考虑了创作背景和本案实际情况，在平衡原作者、后续作品及社会公众利益以及公平原则的基础上，将提高赔偿额作为被告停止侵权责任的替代方式，亦充分考虑了保护著作权人和鼓励作品创作和传播的公共政策的平衡。

沈某宁、沈某燕、沈某衡与南京某拍卖有限公司、张某著作权权属、侵害著作权纠纷案

［江苏省南京市中级人民法院（2017）苏01民终8048号民事判决书］

《最高人民法院办公厅关于印发2017年中国法院10大知识产权案件和50件典型知识产权案例的通知》第6号

2018年4月16日，法办〔2018〕66号

【案情摘要】

茅盾先生于1958年将其用毛笔书写创作的一篇评论文章《谈最近的短篇小说》向杂志社投稿，该篇文章的文字内容发表于《人民文学》1958年第6期。后手稿原件被张某持有。2013年11月13日，张某委托南京某拍卖有限公司（以下简称某拍卖公司）拍卖多件物品，其中包括涉案手稿。2013年12

月 30 日，某拍卖公司通过数码相机拍照上传了涉案手稿的高清数码照片，在其公司网站和微博上对手稿以图文结合的方式进行了宣传介绍。公众在浏览某拍卖公司网站时，可以看到涉案手稿的全貌，也可以通过网页的放大镜功能观察到每页手稿的局部细节。预展过程中，某拍卖公司展示了涉案作品原件，也向观展者提供了印有涉案拍品的宣传册。2014 年 1 月 5 日，涉案手稿在某拍卖公司 2013 季秋拍中国书画专场进行拍卖，案外人以 1050 万元的价格竞得涉案手稿。但因此后竞买人未付款导致拍卖未成交，涉案手稿原件仍由张某持有。拍卖结束后，某拍卖公司仍在互联网上持续展示涉案手稿，直至 2017 年 6 月才将其删除。沈某宁、沈某燕、沈某衡系茅盾先生的合法继承人，其认为张某和某拍卖公司的上述行为侵害了涉案手稿的著作权，故诉至法院。一审法院判决某拍卖公司停止侵害涉案手稿信息网络传播权的行为并赔偿沈某宁、沈某燕、沈某衡经济损失 10 万元。沈某宁、沈某燕、沈某衡不服一审判决，提起上诉。二审法院认为，涉案手稿既是文字作品也是美术作品，张某系涉案手稿的合法所有权人，有权选择以拍卖的方式处分自己的合法财产，张某的行为没有侵害涉案手稿的著作权。某拍卖公司侵害了涉案手稿的美术作品发表权、复制权和信息网络传播权，应当承担停止侵害、赔礼道歉和赔偿损失的侵权责任。二审法院遂判决某拍卖公司向沈某宁、沈某燕、沈某衡公开赔礼道歉并赔偿经济损失 10 万元。

【典型意义】

本案涉及美术作品拍卖活动中《著作权法》《物权法》《拍卖法》三部法律交叉调整地带的相关主体权利义务关系问题。判决平衡了物权人和著作权人的合法权益，明确了拍卖人的知识产权保护注意义务。判决指出，在美术作品著作权与物权分离的情况下，原件所有人依法行使处分权、收益权、展览权的行为，均受到法律保护，著作权人无权干涉。但美术作品原件所有人行使物权应以不损害该作品著作权人的合法权利为前提。拍卖公司作为接受物权人委托的拍卖方，除负有物权保护注意义务外，还应负有合理的著作权保护注意义务，规范尽职地进行拍卖活动，审慎避让著作权人的权益。判决明确了不同主体权利的边界，体现了对物权人和著作权人合法权益平衡保护的司法精神，并按照尽职拍卖人的合理标准确定拍卖公司的注意义务，充分体现了严格保护的司法导向。

甲杂技团有限公司与吴桥县桑园镇乙杂技团等著作权权属及侵害著作权纠纷案

［北京知识产权法院（2019）京73民终2823号民事判决书］

《2021年中国法院10大知识产权案件》第七号

2022年4月21日

【案情摘要】

甲杂技团有限公司（以下简称甲杂技团）认为，吴桥县桑园镇乙杂技团（以下简称乙杂技团）等表演、传播《俏花旦》节目的行为侵害其著作权，遂诉至法院。一审法院认定，根据合同约定，在无相反证据的情况下，甲杂技团享有《俏花旦—集体空竹》除署名权外的著作权。乙杂技团的演出行为等构成侵害著作权，故判令其停止侵权、赔偿经济损失及合理支出并刊登声明消除影响。乙杂技团不服，提起上诉。北京知识产权法院二审认为，《俏花旦—集体空竹》中的形体动作编排设计体现了创作者的个性化选择，属于具备独创性的表达，构成《著作权法》规定的杂技作品。乙杂技团表演的《俏花旦》在开场部分的走位、动作衔接安排，以及多次出现的标志性集体动作等编排设计方面，与《俏花旦—集体空竹》的独创性表达部分等构成实质性相似，侵害甲杂技团杂技作品的著作权，遂判决驳回上诉、维持原判。

【典型意义】

本案是人民法院加强涉传统文化著作权保护的典型案例。保护传统文化，就是保护民族瑰宝。本案依法保护杂技艺术作品，有利于激发文化创意活力、促进文化产业繁荣。

禁止向公众提供某联赛摄影作品案

《最高人民法院发布知识产权纠纷行为保全典型案例》第 1 号

2018 年 12 月 13 日

北京市海淀区人民法院认为，本案中，结合上海甲文化传播有限公司（以下简称甲公司）提交的其与中超公司签订的《2017—2019 中国足球协会超级联赛官方图片合作协议》相关条款、某公司出具的《确认书》以及《通知》第十一条内容，甲公司系唯一有权在 2018 年某赛场位置拍摄摄影作品的商业图片机构。在乙（北京）文化传媒股份有限公司（以下简称乙公司）认可其在全体育网上展示、提供下载和对外销售 2018 年某联赛前十一轮赛事摄影作品的情形下，结合（2017）京 0108 民初第 14964 号判决认定的乙公司在全体育网上展示、提供下载和对外销售 2017 年某联赛赛事摄影作品系违反《反不正当竞争法》第二条之行为等事实，尽管该判决尚未生效，但乙公司在本案中将被判决认定构成不正当竞争的可能性仍较大。同时，体育赛事摄影作品具有时效强的特点，加之某联赛系中国受关注较高的足球赛事，2018 年赛季仍有多轮比赛尚未进行，之后的赛事摄影作品也会得到体育赛事图片市场的较高关注，为防止损害的进一步扩大，责令乙公司立即停止在全体育网继续向相关公众提供 2018 年某联赛赛事摄影作品，具有紧迫性和必要性。据此，法院对甲公司提出的要求乙公司立即停止在全体育网上展示、提供下载和对外销售 2018 年某联赛赛事摄影作品的申请，依法予以支持。

南京甲装饰工程有限公司诉南京乙装饰工程有限公司著作权侵权、虚假宣传纠纷案

《最高人民法院发布第一批涉互联网典型案例》第 8 号

2018 年 8 月 16 日

【基本案情】

原告南京甲装饰工程有限公司（以下简称甲公司）诉称，甲公司成立于

2005年，历经12年的发展，已成为在南京及周边地区具有较高专业化、规模化、品牌化和产业化的装饰企业。2017年，甲公司发现同为装饰企业的南京乙装饰工程有限公司（以下简称乙公司）经营的网站从色彩、文字、图片、编排体例等方面抄袭了甲公司网站的主要内容。此外，乙公司还将甲公司的荣誉作为自己的荣誉广而告之，属于虚假宣传。故甲公司请求法院判令乙公司立即删除侵犯甲公司著作权及构成不正当竞争的网页内容并赔偿经济损失。

被告乙公司辩称，原告涉案网站的独创性不高，不足以构成著作权法意义上的作品，请求法院驳回原告诉请。

法院经审理查明，被告网站多处编排设计与原告网站存在相同或相似。首先，被告网站首页的页面布局，其公司LOGO显示位置和联系电话与原告基本一致，网页中部亦在相同位置使用与原告相同的图片及宣传文字，图片及文字在页面中排列方式与原告内容完全相同。主页部分的主题设置，其基本模块及下拉菜单内容与原告网站基本一致，仅将“品牌动态”变更为“最新活动”，主页背景图使用位置及文字描述与原告构成相同。其次，通过点击各主题进行浏览，被告网页呈现内容的方式及相应内容的编排位置均与原告网站相应版块构成相同或近似，部分网页内容包括文字、图片使用方式及排列位置、次序与原告完全一致。最后，被告在资质荣誉部分使用的“2013年中国家居网络总评网年度人物”“365家居宝十佳网络客服”“2009长三角风尚设计装饰企业”等荣誉照片与原告亦完全相同。

【裁判结果】

南京铁路运输法院于2017年9月18日作出（2017）苏8602民初564号民事判决：被告南京乙公司立即删除其网站侵害原告南京甲公司著作权及构成虚假宣传的网页内容；被告赔偿原告经济损失（含合理费用）共计人民币22万元。

【典型意义】

随着“互联网+”模式的普及发展，越来越多的企业意识到依托电子平台或互联网宣传吸引优质资源和消费群体的重要性，而网站如同企业的电子名片，是企业向消费者传递服务信息及品质的高效途径，消费者可以足不出户地通过浏览网站来了解企业的业务特色、服务理念及信誉信息等。随之而来的是，企业网站被竞争对手“抄袭”现象也层出不穷。网站抄袭行为会使权利人通过网站布局、文案所呈现的独特视觉感受淡化，误导消费者，损害网站运营企业的经济利益。但如何对网站进行法律保护，网站是否构成著作权法意义上的作品，法律并无明确规定，这给司法实践造成了一定困扰。本案裁判认为，网站通过撰写源代码将文字、图片、声音等组合成多媒体并通过计算机输出设备进行展示，当网站版面的素材选取、表现形式及内容编排等达到一定独创性要求，网站整体可作为汇编作品进行保护。网站设计者通过创作构思将多种元素信息进行整合与排列，以营造丰富的视觉体验，网站版面设计过程本身亦是一种劳动创造，其特异性体现在对多媒体信息的选择与编排。精心挑选的内容、素材经过编排整合形成的网站版面表现形式符合汇编作品的概念与特征。著作权是为了保护在文学、艺术、科学领域作出了创造性劳动的人的利益，当网站设计达到一定独创性要求，应当依著作权法对权利人的合法权益进行保护。被告公司网站与原告网站高度近似的部分属于原告独创性的对内容的选择、整理与编排部分，故被告网站侵犯了原告著作权。

另外，经营者在市场交易中，应遵循自愿、平等、公平、诚实信用的原则，遵守公认的商业道德。经营者不得利用广告或者其他方法，对商品与服务质量、制作成分、性能、提供者等作引人误解的虚假宣传。网站页面能够起到一定区分和识别市场主体的作用，被告在其网站上擅自使用与原告相同的宣传用语、专属荣誉等，显然与实际情况不符。本案原、被告均属装饰企业，业务范围高度近似、注册地均在江苏省南京市，潜在顾客群存在交叉，二者存在竞争关系。被告上述行为实质破坏了正常的市场经营秩序，使得消费者对被告企业真实经营规模、信誉产生误解，本质上构成虚假宣传、不正当竞争，侵害了原告正常的商业利益。

杨某康申请责令停止拍卖钱钟书书信手稿案

《最高人民法院发布知识产权纠纷行为保全典型案例》第 2 号

2018 年 12 月 13 日

北京市第二中级人民法院认为：某公司在涉案钱钟书书信手稿的权利人

杨某康明确表示不同意公开书信手稿的情况下，即将实施公开预展、公开拍卖的行为构成对著作权人发表权的侵犯。如不及时制止，将给权利人造成难以弥补的损害。此外，发表权是著作权人行使和保护其他权利的基础，一旦作品被非法发表，极易导致权利人对其他复制、发行等行为难以控制。

深圳市甲科技有限公司与深圳市市场监督管理局、深圳市乙计算机系统有限公司著作权行政处罚纠纷案

［广东省高级人民法院（2016）粤行终492号行政判决书］

《最高人民法院办公厅关于印发2018年中国法院10大知识产权案件和50件典型知识产权案例的通知》第八号
2019年4月17日，法办〔2019〕113号

【案情摘要】

深圳市乙计算机有限公司（以下简称乙公司）从权利人处获得涉案24部作品信息网络传播权的独家许可之后，又将其中13部作品的信息网络传播权以直接分销或版权等值置换等方式非独家许可第三方使用。乙公司提交的合同显示，该13部作品的分销或者置换价格总计为人民币8671.6万元。2014年3月18日，乙公司向深圳市市场监督管理局（以下简称市场监管局）投诉称，深圳市甲科技有限公司（以下简称甲公司）侵害了其享有的涉案作品信息网络传播权，请求予以查处。市场监管局向深圳市盐田公证处申请证据保全公证。公证书显示，在手机上登录某客户端搜索涉案24部影视作品，每一部影视作品首选链接均为“某视频”，点击“某视频”旁的下拉选项，均有其他链接（多数伪造成乐视网、优酷、电影网等知名视频网站）；点击其他链接播放具体集数，视频显示的播放地址均是一些不知名的、未依法办理备案登记的网站。2014年6月26日，市场监管局作出深市监稽罚字〔2014〕123号《行政处罚决定书》，决定：一、责令立即停止侵权行为；二、处以非法经营额3倍的罚款26014.8万元人民币。甲公司申请行政复议。广东省版权局于2014年9月11日作出《行政复议决定书》，维持市场监管局的行政处罚决定。甲公司起诉至深圳市中级人民法院，请求判令撤销《行政处罚决定书》。深圳市中级人民法院驳回甲公司的诉讼请求，广东省高级人民法院维持一审

判决。

【典型意义】

本案社会关注度高。乙公司、甲公司均为互联网领域受众较多的企业，案件涉及的处罚金额亦高达 2.60148 亿元，受到社会各界的高度关注。案件的法律适用不仅涉及知识产权民事、行政以及破产等多部门法的交织，程序及实体问题繁杂，还涉及著作权民事侵权行为是否同时损害公共利益、如何认定互联网企业存在非法获利以及非法经营额的计算等法律问题的适用。该案的判决起到了惩处侵权、净化版权市场的良好社会效果，对于促进依法行政与加强知识产权保护、规范互联网市场的竞争秩序均有积极的导向作用。

某出版有限公司、A（北京）软件有限公司与北京 B 网络科技股份有限公司、C 网络技术有限公司、D 科技股份有限公司侵害改编权及不正当竞争纠纷案

［北京市高级人民法院（2018）京民终 226 号民事判决书］

《最高人民法院办公厅关于印发 2019 年中国法院 10 大知识产权案件和 50 件典型知识产权案例的通知》第四号

2020 年 4 月 7 日，法办〔2020〕99 号

【案情摘要】

某出版有限公司（以下简称某社）是《射雕英雄传》《神雕侠侣》《倚天屠龙记》《笑傲江湖》等作品在中国境内的专有使用权人。经某社同意，查良镛（金庸）将上述作品部分区域和期间内移动终端游戏软件改编权及后续软件的商业开发权独家授予 A（北京）软件有限公司（以下简称 A 公司）。被诉侵权的武侠 Q 传游戏由北京 B 网络科技股份有限公司（以下简称 B 网）开发，C 网络技术有限公司（以下简称 C 公司）经授权可在等多个国家和地区独家运营该游戏。D 科技股份有限公司（以下简称 D 公司）为涉案游戏的运营者。涉案游戏共有人物卡牌、武功卡牌、配饰卡牌和阵法卡牌四类卡牌，经比对，涉案游戏在人物描述、武功描述、配饰描述、阵法描述、关卡设定

等多个方面与涉案武侠小说中的相应内容存在对应关系或相似性。B 网认可开发时借鉴和参考了权利人作品中的元素。一审法院认为，现有证据不能证明涉案游戏软件构成对权利人任意一部作品的改编。但 B 网、C 公司和 D 公司的行为构成对某社及 A 公司的不正当竞争。据此判令 B 网、C 公司和 D 公司停止侵权、消除影响，并赔偿某社等经济损失 16319658 元。双方当事人均不服一审判决，提起上诉。北京市高级人民法院二审认定涉案游戏构成对权利人作品的改编，B 网构成对某社和 A 公司享有权利作品移动终端游戏软件改编权的侵害。B 网作为开发者，C 公司、D 公司作为游戏运营者，三者应共同承担侵权责任。由于已经认定涉案游戏构成对权利人改编权的侵害，故不再适用《反不正当竞争法》对被诉侵权行为进行评述。据此判决驳回上诉，维持一审判决。

【典型意义】

本案是涉及作品游戏改编权的典型案例。《射雕英雄传》《倚天屠龙记》《神雕侠侣》《笑傲江湖》是金庸先生创作的四部知名武侠小说。被诉侵权卡牌游戏对权利人作品的改编方式，不同于通常形式上的抄袭剽窃，侵权人在改编时并未完整使用权利人作品中的故事情节，而是对人物角色、人物特征、人物关系、武功招式以及武器、阵法、场景等创作要素进行了截取式、组合式的使用。二审法院明确，在游戏改编过程中，未经许可对他人作品中人物角色、人物特征、人物关系、武功招式以及武器、阵法、场景等具体创作要素进行截取式、组合式使用，且由此所表现出的人物特征、人物关系以及其他要素间的组合关系与原作品中的选择、安排、设计不存在实质性差别，未形成脱离于原作品独创性表达的新表达，即构成对他人作品改编权的侵犯，进一步厘清了侵害改编权与合理借鉴的行为边界。此外，二审判决在充分考虑权利人作品市场价值的基础上，判令三被告承担 1600 余万元的赔偿责任，坚持了知识产权侵权赔偿的市场价值导向，切实保障权利人获得了充分赔偿。

苏州甲科技股份有限公司与成都乙科技有限公司、北京丙科技有限公司侵害著作权纠纷案

［江苏省高级人民法院（2018）苏民终 1054 号民事判决书］

《最高人民法院办公厅关于印发 2019 年中国法院 10 大
知识产权案件和 50 件典型知识产权案例的通知》第七号
2020 年 4 月 7 日，法办〔2020〕99 号

【案情摘要】

苏州甲科技股份有限公司（以下简称甲公司）开发的手机游戏《太极熊猫》于 2014 年 10 月 31 日上线，成都乙科技有限公司（以下简称乙公司）、北京丙科技有限公司（以下简称丙公司）开发的手机游戏《花千骨》最早版本于 2015 年 6 月 19 日上线。甲公司向江苏省苏州市中级人民法院提起诉讼，主张《花千骨》手机游戏“换皮”抄袭了《太极熊猫》游戏，即仅更换了《花千骨》游戏中的角色图片形象、配音配乐等，而在游戏的玩法规则、数值策划、技能体系、操作界面等方面与《太极熊猫》游戏完全相同或者实质性相似，侵害其著作权。一审法院确认，《花千骨》游戏与《太极熊猫》游戏相比，其中有 29 个玩法在界面布局和玩法规则上基本一致或构成实质性相似；另外《花千骨》游戏中 47 件装备的 24 个属性数值与《太极熊猫》游戏呈现相同或者同比例微调的对应关系；《花千骨》V1.0 版游戏软件的计算机软件著作权登记存档资料中，功能模块结构图、功能流程图以及封印石系统入口等全部 26 张 UI 界面图所使用的均为《太极熊猫》游戏的元素和界面。同时，在某微博以及 IOS 系统《花千骨》游戏用户评论中，亦有大量游戏玩家评论两游戏非常相似。一审法院遂判令乙公司、丙公司停止侵权行为、消除影响，并赔偿甲公司经济损失 3000 万元。乙公司、丙公司不服，提起上诉。江苏省高级人民法院二审判决驳回上诉，维持一审判决。

【典型意义】

“互联网 +”产业方兴未艾，新技术和新业态的发展不断对知识产权审判工作提出新的挑战。本案是网络游戏产业领域知识产权保护的典型案例。二

审法院在本案中明确，网络游戏“换皮”抄袭可能构成侵害著作权的行为，并在此基础上全额支持了权利人3000万元的诉讼请求，体现了严格保护知识产权的裁判理念。本案裁判是“互联网+”环境下司法裁判积极回应技术发展与产业需求的例证，在充分考虑网络游戏作品的知识产权价值、侵权手段的多样性与隐蔽性等因素的前提下，以有利于促进创新、有利于公平竞争、有利于消费者长远利益为指引，对网络游戏知识产权保护问题进行了有益探索，对保护新兴产业发展壮大、推动产业健康发展均具有重要意义。

河北A雕塑有限公司与河北B园林雕塑有限公司、遵义市播州区三合镇人民政府、遵义C农业开发有限公司、贵州D建设工程有限责任公司、贵州D建设工程有限责任公司遵义分公司侵害著作权纠纷案

［贵州省高级人民法院（2019）黔民终449号民事判决书］

《最高人民法院办公厅关于印发2019年中国法院10大知识产权案件和50件典型知识产权案例的通知》第九号

2020年4月7日，法办〔2020〕99号

【案情摘要】

河北A雕塑有限公司（以下简称A雕塑公司）与河北B园林雕塑有限公司（以下简称B雕塑公司）是从事雕塑设计、制作和安装的专业机构。2017年12月，A雕塑公司与贵州省遵义市播州区三合镇人民政府（简称三合镇政府）商谈合作三合镇刀靶烈士陵园的雕塑工程，A雕塑公司将创作完成的涉案作品“刀靶大捷”设计图及展板交给三合镇政府审阅，并按三合镇政府的要求进行数次修改，但双方最终未达成合意。后A雕塑公司向贵州省遵义市中级人民法院提起诉讼，主张三合镇政府委托B雕塑公司在刀靶烈士陵园设计、安装的被诉侵权雕塑侵害其著作权。贵州省遵义市中级人民法院一审判决由三合镇政府、B雕塑公司共同向A雕塑公司支付作品使用费10万元及合理支出费用2万元，并由B雕塑公司赔礼道歉。A雕塑公司、B雕塑公司均不服一审判决，提起上诉。贵州省高级人民法院二审认定侵权行为成立，但同时认为，刀靶烈士陵园是进行革命传统教育和爱国主义教育的重要场所，

从遵循利益平衡原则和有效利用资源的效益角度出发，被诉侵权雕塑不宜判决拆除。故可通过适当提高侵权赔偿标准对 A 雕塑公司的权利予以充分救济的情况下，对 A 雕塑公司主张停止侵害、拆除侵权雕塑的诉讼请求不予支持。据此，改判 B 雕塑公司、三合镇政府等共同赔偿 A 雕塑公司侵权赔偿和合理支出共 20 万元。

【典型意义】

近年来，人民法院积极将社会主义核心价值观纳入知识产权司法全过程，将社会主义核心价值观贯穿法律解释和法律适用全过程。其中，妥善审理涉及红色经典作品的著作权案件，是传播知识产权司法保护正能量的重要环节。本案是一起涉及红色经典作品的著作权纠纷，二审判决秉承尊重法律、尊重权利、尊重经典的原则，在判决不停止侵权的同时，通过提高侵权赔偿金和使用费的方式对权利人进行救济，既充分考虑了对权利的有效保护，也有力兼顾了经典传承，使裁判结果符合法律，又契合社情民意，实现了法律效果、政治效果和社会效果的有机统一。

某计算机软件著作权侵权案

《最高人民法院知识产权法庭 2020 年 10 件技术类
知识产权典型案例》第四号
2021 年 2 月 26 日

【案号】

（2020）最高法知民终 155 号

【基本案情】

甲软件公司系某系列软件的著作权人，其以乙公司未经许可使用涉案软件进行产品设计和制造构成侵权为由，向广州知识产权法院提起诉讼。依甲软件公司申请，广州知识产权法院赴乙公司进行证据保全。其间，广州知识产权法院送达了保全裁定，详细说明了将采取的保全措施以及拒不配合保全的法律后果。经现场清点，乙公司设计办公室共有 26 台电脑。在广州知识产权法院保全了17台电脑并查明其中9台电脑安装有涉案软件后，乙公司突然采取对抗措施，通过拒不打开部分电脑、断电、抢夺法院相机、阻止法院工作人员离开等方式妨碍证据保全，致使保全工作被迫终止。广州知识产权法院判令乙公司停止侵权，并按照法定赔偿上限判决乙公司赔偿甲软件公司经济损失50万元及维权合理开支10万元。最高人民法院知识产权法庭综合考虑乙公司的侵权数量、涉案软件价格、乙公司在本案中无正当理由阻碍法院证据保全的情节等因素，改判乙公司赔偿甲软件公司经济损失261万余元及维权合理开支10万元。

【典型意义】

该案依法平等保护了涉外主体的合法权益，明确了诉讼参与人妨害证据保全的后果，将被诉侵权人在诉讼中的表现作为确定损害赔偿的考虑因素。该案判决加大对妨害证据保全的当事人惩处力度，对于引导当事人诚信诉讼具有重要导向意义。

济宁市甲网络科技有限公司与广州市乙网络科技有限公司等侵害计算机软件著作权纠纷案

［广州知识产权法院（2019）粤73知民初207号民事判决书］

《2021年中国法院10大知识产权案件》第八号

2022年4月21日

【案情摘要】

济宁市甲网络科技有限公司（以下简称甲公司）的股东罗某在某网站上传了其开发的某软件（以下简称涉案软件）初始源代码并适用GPLV3开源许可协议。广州市乙网络科技有限公司（以下简称乙公司）开发了四款被诉侵权的微信视频美颜相机App并上传至各平台供用户下载，但并未提供源代码。用户可免费试用半小时，之后需支付会员费使用。甲公司认为四款被诉侵权软件中的沙盒分身功能与涉案软件构成实质性相似，乙公司不提供开源代码且收取会员费的行为违反限制商业使用条款和GPLV3开源许可协议，侵害其涉案软件著作权，遂诉至法院。广州知识产权法院认为，被诉侵权软件的下载无须付费，乙公司收取会员费仅用于运营维护和技术支持，该行为并不违反 GPLV3 开源许可协议的规定。但是，使用涉案开源软件开发的商业软件依约需公开其全部源代码，乙公司未向用户提供被诉侵权软件源代码下载，违反了 GPLV3 开源许可协议的约定，乙公司复制、发布涉案软件源代码的行为侵害了涉案软件著作权。广州知识产权法院依法判令乙公司停止提供含有沙盒分身功能源代码的四款软件的下载、安装和运营服务，并赔偿甲公司经济损失及维权合理支出共计 50 万元。一审宣判后，双方当事人均未上诉，一审判决已发生法律效力。

【典型意义】

本案是涉及开源代码软件著作权保护的新类型案件。人民法院对开源软件的诉讼主体资格、开源协议许可的撤销、限制商业使用条款等问题进行了积极探索。

上海甲娱乐信息科技有限公司与成都乙科技有限公司、丙网络股份有限公司侵害著作权纠纷案

［江苏省高级人民法院（2018）苏民终 1164 号民事判决书］

《2020 年中国法院 10 大知识产权案件》第七号

2021 年 4 月 16 日

【案情介绍】

《斗罗大陆》系“唐家三少”（张某）创作的奇幻小说。张某将该小说的游戏改编权独家授予上海甲娱乐信息科技有限公司（以下简称甲公司）。同时，张某还创作了《斗罗大陆外传：神界传说》。成都乙科技有限公司（以下简称乙公司）通过多次转授权获得《斗罗大陆外传：神界传说》的游戏改编权。后乙公司开发了新斗罗大陆（神界篇）游戏软件，并与丙网络股份有限公司（以下简称丙公司）签订了分成合作协议，协议载明游戏的著作权人是乙公司。甲公司认为，乙公司、丙公司未经许可，侵害了其对涉案《斗罗大陆》作品的改编权，遂诉至法院。一审、二审法院均认为，涉案游戏属于大型游戏，如对所有章节进行公证，甲公司需要支出巨大成本，无疑增加了权

利人的举证难度和维权成本，有违公平、效率原则。电子游戏与小说是不同的作品表达方式，判断二者是否构成实质性相似时，不能仅以游戏使用小说文字数量的比重进行判断，应综合判断其是否使用了小说中独创性表达的人物、人物关系、技能、故事情节等元素，并考虑小说中独创性的内容在游戏中所占比重。在判断游戏所使用文字的比重时，可以对游戏资源库文件反编译，以辅助确定游戏是否使用了文字作品中具有独创性的内容。乙公司开发的游戏大量使用了《斗罗大陆》小说中人物和魂兽名称、人物关系、技能和故事情节等元素，与涉案《斗罗大陆》小说构成实质性相似。乙公司未经甲公司许可开发涉案游戏，侵害了甲公司享有的改编权，故判决乙公司赔偿损失及合理费用共计500万元。

【典型意义】

本案涉及手机游戏侵犯文字作品改编权的认定问题。首次通过对游戏软件资源库反编译，提取其中的内容与文字作品的内容进行比对的方式，确定侵权游戏利用他人作品独创性内容的比重，提高了审判效率、拓宽了审理思路，是维护文化创意产业健康发展、妥善处理涉互联网著作权保护新问题的鲜活司法实践。

某社出版有限公司、A（北京）软件有限公司与北京B网络科技股份有限公司、C网络技术有限公司、D科技股份有限公司侵害改编权及不正当竞争纠纷案

［（2018）京民终226号，北京市高级人民法院］

《互联网十大典型案例》第七号

2021年5月31日

【基本案情】

自2002年起，某社是《金庸作品集》（包括《射雕英雄传》《神雕侠侣》《倚天屠龙记》《笑傲江湖》在内的12部作品）在中国境内除以图书形式出版发行简体字中文版本以外的其他专有使用权的权利人。2013年，在征得某社同意后，查良镛将上述授权内容中的部分权利内容即特定区域、特定期间

内的移动终端游戏软件改编权及改编后游戏软件的商业开发权独家授予 A 公司。B 网于 2013 年 4 月 30 日开发完成涉案武侠 Q 传游戏。同年 5 月 28 日，B 网与 C 公司签订独家授权协议，授权 C 公司在多个国家和地区独家运营该游戏。D 公司通过其网站进行涉案游戏的运营，并通过该网站提供涉案游戏软件的安卓及苹果系统客户端的下载。2014 年 3 月，某社及 A 公司的代理人向公证机构申请对涉案游戏的界面进行了公证取证。涉案游戏共有人物卡牌、武功卡牌、配饰卡牌和阵法卡牌四类卡牌，通过具体比对，涉案游戏在人物描述、武功描述、配饰描述、阵法描述、关卡设定等多个方面与涉案武侠小说中的相应内容存在对应关系或相似性。B 网亦认可开发涉案游戏时借鉴和参考了涉案作品的相关元素。二审判决认定涉案游戏侵犯了涉案作品的改编权，判决 B 网、C 公司、D 公司赔偿损失 1600 万元。

【典型意义】

本案是一起涉及如何认定网络游戏与文字作品间使用关系的典型案例。判决进一步明确了改编权的保护范围，为知名文学作品的市场开发和游戏产业的规范运营提供了指引，对类似案件的审理具有借鉴指导意义。判决判令 B 网、C 公司、D 公司赔偿某社损失 1600 万元，充分反映了知识产权的市场价值，切实保障了权利人获得足额赔偿，体现了加大知识产权保护力度的司法导向。本案入选“2019 年中国法院 10 大知识产权案件”。

【专家点评】

近年来，随着影视和游戏产业的发展，优秀原创作品的商业价值日益凸显，将优秀文学作品改编为网络游戏和影视作品，已经成为影视游戏产业的常见运营模式，本案即是一起擅自将他人武侠小说改编为网络游戏的典型案例。

涉案游戏对原告作品的使用方式，不同于通常的抄袭剽窃，被告在改编时并未完整使用涉案作品的故事情节，仅使用了涉案作品中的主要人物角色、人物关系、人物特征、武功招式以及武器、阵法、场景等创作要素。被告的行为是否构成侵害作者的改编权是本案的争议核心。二审法院采用“整体比对法”，并未先行剔除属于公有领域的部分或不受著作权法保护的成分，也未对单部武侠小说中被利用的内容进行量化计算，而是在引导当事人充分举证、阐述的基础上，根据高度盖然性证明标准和证据优势原则对实质性相似内容作出归纳和认定，在该事实基础上，对相似性内容是否属于受著作权法保护的独创性表达和被告涉案使用行为的属性进行分析，并在进行价值判断和利益衡量后，得出了被告的涉案游戏构成侵犯涉案武侠小说改编权的结论。

根据我国现行《著作权法》的规定，改编权，是指改变作品，创作出具有独创性的新作品的权利。该权利是《著作权法》赋予作者以创造性方式利用其作品的权利。在作品的利用方式更趋多元化网络环境下，对于改编权的保护力度将在很大程度上决定著作权的保护强度和作品的商业利用价值。基于上述分析，本案判决对于利用他人作品元素改编行为的著作权法律适用逻辑进行了层次分明的论述，厘清了侵害改编权与侵害复制权和合理使用及借鉴行为的边界，同时区分了《著作权法》与《反不正当竞争法》的适用规则，对于类似案件的审理具有指导意义，也为利用他人的文学作品从事商业开发和游戏产业的规范运营提供了规则指引。

（孙国瑞　北京航空航天大学法学院教授、北京知识产权研究会会长）

某技术有限公司与上海某教具有限公司、上海某智能机器人科技有限公司侵害著作权及不正当竞争纠纷案

《人民法院高质量服务保障长三角一体化发展典型案例》第 13 号

2023 年 5 月 22 日

关键词：民事/侵害著作权/模型作品/复制权

【裁判要旨】

模型作品是指为展示、试验、观测或说明物体的形状和结构制作的立体作品。构成模型作品需具备三个条件：具有展示、试验或者观测等用途；在造型设计上具有独创性；能以有形形式固定的立体造型。案涉商品以组件配以详细安装说明书，按照说明书步骤图能够搭建成与所附图样一致的立体造型，属于“以有形形式固定”，故构成模型作品。未经著作权人许可，以同样方式生产、销售商品侵害著作权人对模型作品享有的发行、复制等权利的，应承担相应的责任。

【相关法条】

《著作权法》第三条第七项

《著作权法实施条例》第四条第十三项

【基本案情】

某技术有限公司（以下简称某技术公司）从事“FISCHERTECHNIK”创意组合模型的研发、制造和销售。自 2000 年起，其产品进入中国市场，主要用于大学生创新教育的教学实践，具有一定的知名度。2004 年，某技术公司推出“MECHANIC + STATIC”慧鱼创意组合模型包。2006 年起，某技术公司授权案外人为其代理人。

某技术公司的案涉权利商品有内、外两层包装，外层包装正面含有“FISCHERTECHNIK”标识，下端标注有“慧鱼创意组合模型”字样等。外包装侧面还载有“全国大学生机械创新设计大赛慧鱼赛区专用器材”字样等。内层包装正面印有“MECHANIC + STATIC 30 MODELS”，侧面印有“FISCHERTECHNIK”等字样。内附两大盒拼装组件及安装说明书。安装说明书首页背面及第 1 页展示有 30 幅搭建完成后的不同静态模型展示图。第 2 ~ 3 页为 102 幅拼装组件的展示图，第 4 ~ 5 页为一些特定组件的基本拼装方式配图及说明，第 6 ~ 122 页则为共 30 种静态模型的具体搭建步骤配图详解，每一步展示有所需搭建组件的样式及数量、组装的方位和顺序，以及该搭建步骤完成后的组件拼装状态。盒内的全部拼装组件以红、黄、黑三色配色为主。

上海某智能机器人科技有限公司（以下简称某科技公司）生产、上海某教具有限公司（以下简称某教具公司）销售的被控侵权产品“创意组合模型 - 结构与机械原理组合”，外盒展示有拼装组合完毕后的桥梁模型图片，右下角标注有“30 MODELS”，外盒表面并未注明生产厂商。内含装配手册，其中第 1 ~ 2 页展示有已搭建完成的 30 种静态模型图，第 3 ~ 4 页为材料清单，共展示有 103 幅拼装组件展示图，第 5 页为一些特定组件的基本拼装方式配图及说明，第 6 ~ 120 页为 30 种静态模型的具体搭建步骤配图详解。在 2014 年春季和秋季全国高教仪器设备展示会等展会上，某教具公司的参展展位多处标注了“创意组合模型系列”的文字，展会宣传册分为“创意组合模型”“教育机器人”及“工业仿真模型”三个部分，内页载有大量组件拼装模型。

某教具公司、某科技公司还共同向一审法院提交若干种以组件拼装方式进行搭建的模型类商品，这些模型的配色多含有红、黄、黑三种配色。

某技术公司认为，某教具公司和某科技公司的行为侵害了权利作品的署名权、复制权及发行权，且足以造成相关公众误认、混淆，构成不正当竞争，故诉至法院，请求判令：一、某教具公司、某科技公司立即停止侵害某技术公司享有的慧鱼创意组合模型之机械与结构组合包中立体作品、安装说明书中的产品图及示意图的著作权；二、立即销毁案涉“创意组合模型－结构与机械原理组合”中的全部拼装组件及装配手册；三、立即停止不正当竞争行为；四、共同赔偿某技术公司经济损失并支付财产保全申请费、合理开支等共计99.5万元。

【裁判结果】

上海市徐汇区人民法院于2018年1月25日作出（2016）沪0104民初24421号民事判决：一、某教具公司、某科技公司停止对涉案图形作品的复制、发行，停止对涉案图形作品署名权之侵害；二、某教具公司、某科技公司共同赔偿某技术公司经济损失、财产保全申请费及合理支出合计16万元；三、驳回某技术公司其他诉讼请求。宣判后，某技术公司提起上诉。上海知识产权法院于2019年9月19日作出（2018）沪73民终268号民事判决：一、维持一审判决第一项；二、撤销一审判决第二项、第三项；三、某教具公司、某科技公司停止侵害某技术公司30种模型作品的著作权；四、某教具公司、某科技公司共同赔偿某技术公司经济损失50万元、财产保全申请费及其他合理支出人民币7.5万元；五、驳回某技术公司其余诉讼请求。

【裁判理由】

上海知识产权法院二审认为，一审法院认定，记载在权利商品“机械与结构组合包”安装说明书中的102幅拼装组件图、30种组件拼装步骤图、30种静态立体造型图，构成图形作品。被控侵权的涉案商品“结构与机械原理组合”装配手册中记载的103幅拼装组件图、30种组件拼装步骤图、30幅搭建完成后的静态立体造型图，与相应的涉案图形作品构成实质性相同，二被上诉人复制、发行装配手册，侵害了某技术公司享有的涉案图形作品的署名权、复制权、发行权。对此，某技术公司不持异议，某教具公司、某科技公司未提起上诉，二审予以确认。

关于涉案 30 种立体造型是否构成模型作品，上海知识产权法院认为，从我国著作权法立法原意理解，构成模型作品需具备三个条件：一是必须具有展示、试验或者观测等用途，如与地理、地形、建筑或科学有关的智力创作等；二是具有独创性，精确地按照一定比例对实物进行放大、缩小或按照原尺寸制成的立体造型仅是实物的复制品，模型作品应当是根据物体的形状和结构，按照一定比例制成，但在造型设计上必须具有独创性；三是能以有形形式固定的立体造型。首先，30 种立体造型系抽象于现实中的机械、工程结构，现实中存在与之相对应的物体或者结构，但又不完全是复制实物，而能展示实物所蕴含的机械原理和物理结构。其次，设计者通过对现有机械及工程结构进行选取和提炼，抽象和简化，在创作过程中对立体结构进行了取舍、浓缩、抽象，展示科学和技术之美，在布局、结构安排、搭配组合等方面，体现了设计者的构思和安排，具有独创性。最后，运用组件，按照说明书步骤图能够搭建成与安装说明书所附图样一致的具有实物形态的 30 种立体造型，即能以有形形式固定。综上，涉案 30 种立体造型均符合我国《著作权法》规定的模型作品构成要件，并各自独立于图形作品构成模型作品，应受我国《著作权法》保护。因此，某教具公司、某科技公司未经某技术公司许可，以同样方式生产、销售涉案商品，侵犯了某技术公司对 30 种模型作品享有的复制权，但不构成不正当竞争。

上海某电影制片厂有限公司与重庆某信息科技有限公司等著作权侵权纠纷案

［重庆市第五中级人民法院（2019）渝 05 民初 3828 号民事判决书］

《人民法院电影知识产权保护典型案例》第 3 号

2023 年 11 月 3 日

【基本案情】

上海某电影制片厂有限公司享有动画片《葫芦兄弟》《葫芦小金刚》电影作品著作权，以及“葫芦娃”“葫芦小金刚”角色造型美术作品著作权。重庆某信息科技有限公司（以下简称某科技公司）等以动画片中七个葫芦娃和葫芦小金刚等人物故事片段为基础，将原著作品人物音频数据承载的普通话替换为川渝方言，更改原著作品人物对话内容，制作形成多个《葫芦娃方言版》短视频，上传至网站及公众号发布传播。上海某电影制片厂有限公司以某科技公司等实施的上述行为构成著作权侵权为由，诉至法院。

【裁判结果】

重庆市第五中级人民法院经审理认为，某科技公司等共同制作涉案视频短片，刻意夸大使用方言中粗俗、消极、晦暗的不文明用语，更改原著作品人物对话内容，丑化原著作品人物形象，并将涉案视频短片上传到网络平台广为传播，与社会主义核心价值观相冲突，损害了著作权人的合法权益，构成著作权侵权。判决某科技公司等立即停止侵权行为，共同刊登声明消除影响，共同赔偿经济损失。一审判决后，当事人均未上诉，一审判决已发生法律效力。

【典型意义】

本案判决强调利用他人电影作品进行再创作，不得污损电影作品人物形象，不得夹带文化糟粕，要大力弘扬社会主义核心价值观，对于建立健康文明法治的电影行业规则具有正向引导作用。

余某竹与浙江某传媒有限公司等著作权权属、侵权纠纷案

［四川省成都市中级人民法院（2018）川01民初1122号民事判决书］

《人民法院电影知识产权保护典型案例》第4号

2023年11月3日

【基本案情】

余某竹以笔名余某可在网站上发表其创作的小说《盛开的野百合》，并将该小说改编为同名剧本发送给某电影集团有限公司。此后，浙江某传媒有限公司委托他人创作《芳华》电影剧本，与某电影有限公司等联合制作的同名电影上映。余某竹认为《芳华》电影在情节设置、人物关系、台词、歌舞组

合上与其小说、剧本高度重合，构成实质性相似，已超越合理借鉴边界，构成对其改编权、摄制权的侵害，浙江某传媒有限公司等作为《芳华》电影出品方共同实施了侵权行为。

【裁判结果】

四川省成都市中级人民法院经审理认为，《芳华》电影与余某竹作品在具体题材、故事脉络、主题上均存在明显差异。就作品情节而言，余某竹主张的多个雷同情节系客观事实和有限表达，不具有独创性，不应予以保护。余某竹所主张的诉争情节及其包含的台词、人物关系与《芳华》电影存在明显差异，读者和观众对其不会产生相似的体验，不构成实质性相似，故判决驳回余某竹全部诉讼请求。余某竹不服，提起上诉。四川省高级人民法院二审判决驳回上诉，维持原判。

【典型意义】

本案判决明确了客观事实和有限表达不具有独创性，不受《著作权法》保护，在侵权比对时应当对其进行过滤。判决还明确了认定电影作品是否侵权时正确的比对内容和比对方法，依法保护了电影作品著作权人的合法权益，维护了公平的市场竞争秩序，对繁荣电影创作具有积极意义。

浙江某网络科技有限公司与某传奇 IP 确认不侵害著作权纠纷案

［杭州互联网法院（2021）浙 0192 民初 10369 号民事判决书］

《人民法院电影知识产权保护典型案例》第 6 号

2023 年 11 月 3 日

【基本案情】

韩国《热血传奇》游戏于 2001 年在中国推出，权利方某株式会社传奇 IP（以下简称传奇 IP）在知悉《蓝月》电影即将在平台上线独播后，认为该电影侵犯其游戏著作权，向平台发函要求停止发行电影。电影出品方向传奇 IP 发出起诉催告函，但传奇 IP 既不撤回警告也不起诉。电影上线后，浙江某网络科技有限公司作为电影著作权人以该电影不侵害上述游戏著作权为由诉至法院，请求确认不侵权。

【裁判结果】

杭州互联网法院经审理认为，涉案游戏整体画面与电影在画面构成以及画面流畅度、镜头体验感、视听效果方面均截然不同，且对于选择、取舍和安排视听画面中的具体创作要素上存在实质性区别，判决确认不侵权。传奇IP不服，提起上诉。浙江省杭州市中级人民法院二审判决驳回上诉，维持原判。

【典型意义】

本案判决厘清了游戏整体画面与电影作品之间是否侵权的比对思路，指出在后创作的作品如果仅参考吸收在先作品的主题、构思等，但具体表达已脱离或不同于在先作品，即不构成侵权。该案判决有利于引导多业态文创发展繁荣，有利于推动文化产业高质量融合发展。

谢某诉深圳市A科技有限公司、杭州B科技有限公司等侵害作品信息网络传播权纠纷案

《最高人民法院发布第一批涉互联网典型案例》第6号

2018年8月16日

【基本案情】

谢某享有《72变小女生》文字作品著作权。后发现深圳市A科技有限公司（以下简称A公司）在其经营的“某听书”网，通过信息网络向公众提供涉案作品的有声读物。谢某从A公司提交的文件中发现A公司是经过杭州B科技有限公司（以下简称B公司）、杭州C科技有限公司（以下简称C公司）、北京D文化发展有限公司（以下简称D公司）的层层授权后提供听书服务的。谢某以四公司为共同被告提起诉讼，要求停止侵权，连带赔偿损失。

法院经审理查明：谢某曾于2013年将涉案作品的“信息网络传播权及其转授权，以及制作、复制和销售电子出版物的权利”授权B公司。2014年，

B 公司向 C 公司出具授权书，明确写明授权 C 公司将涉案作品制成有声读物，并自行或再许可他方行使音频格式作品的信息网络传播权。2015 年，C 公司授权 D 公司将涉案作品的信息网络传播权转授权给 A 公司在其“某听书”平台上使用。同年，A 公司与 D 公司签订合同，约定 D 公司将涉案作品有声读物许可 A 公司在其平台上使用。

案件审理过程中，谢某确认被控侵权行为已经停止。C 公司确认涉案有声读物系由其制作，在制作过程中未改变原作文字内容。C 公司与 D 公司均确认在向下游授权时对上游授权文件的审查系通过审查扫描件的形式进行。B 公司主张其从谢某处所取得“改编权”授权包含将涉案作品制作成音频制品的权利。

【裁判结果】

杭州铁路运输法院（现为杭州互联网法院）于 2017 年 6 月 19 日作出（2016）浙 8601 民初 354 号判决，认定侵权成立，判令 A 公司、B 公司、C 公司、D 公司共同赔偿谢某经济损失及为制止侵权行为所支付的合理开支共计人民币 6100 元。谢某不服提起上诉。浙江省杭州市中级人民法院经审理后于 2017 年 9 月 25 日作出（2017）浙 01 民终 5386 号民事判决：驳回上诉，维持原判。

【典型意义】

“听书”“有声读物”是近年新兴的一种文化消费方式，产业价值巨大。但制作、在线提供有声读物在《著作权法》上如何定性，经营者应当取得著作权人怎样授权，未经许可制作有声读物所侵害的是作者的复制权还是改编权等问题，法律条文上无直接规定，理论界和实务界也有不同认识。这种局面可能使得业界法律界限不清，无所适从，不利于行业合法有序地经营发展。

本案争议焦点有三：其一，作品均以形成外在的独创性表达为其前提要件，对作品的改编应以改变作品之表达，且该改变具有独创性为前提。对于文字作品而言，文字表述是其作品的表达所在，改编文字作品应以文字内容发生改变为前提。将文字作品制成有声读物需要经过三个步骤：朗读、录音、后期制作。三个步骤均只改变了作品的形式或载体，无一改变了文字作品的表达或内容，因而不涉及对文字作品的改编，有声读物只是以录音制品存在的复制件。其二，根据《著作权法》保护著作权人权益的本意，凡未经著作权人明确授予的权利仍应保留在著作权人手中。授权作为一种合同行为，以双方当事人达成合意为前提。一项行为是否在著作权人授权范围之内，需要探明著作权人授权时的真实意思表示。本案中结合合同上下文及签约时的时间环境，不应认定在线提供有声读物属谢某授权范围之内。其三，上游"授权方"缺乏有效权利而向下授权他人实施受专有权利控制的行为，自身对此存在过错且行为实际发生的，所有上游授权方均构成侵权，与直接侵权人承担连带责任。

在当前立法和司法有关有声读物具体规则存在空白，而行业发展又亟须明确规则的背景下，本案裁判为行业主体提供了清晰的指引，对于充分发挥司法助推文化产业健康发展具有积极作用。

北京A科技有限公司与B网络技术（北京）有限公司、C科技有限公司侵害作品信息网络传播权纠纷案

［北京互联网法院（2018）京0491民初1号民事判决书］

《最高人民法院办公厅关于印发2018年中国法院10大知识产权案件和50件典型知识产权案例的通知》第五号

2019年4月17日，法办〔2019〕113号

【案情摘要】

北京A科技有限公司（以下简称A公司）是某音平台的运营者。B网络技术（北京）有限公司、C科技有限公司（合称某公司）是伙拍平台的运营者。汶川特大地震十周年之际，2018年5月12日，某音平台的加V用户"黑脸V"响应全国党媒信息公共平台（以下简称党媒平台）和人民网的倡议，使用给定素材，制作并在某音平台上发布"5.12，我想对你说"短视频（以下简称"我想对你说"短视频）。经"黑脸V"授权，A公司对"我想对你说"短视频在全球范围内享有独家排他的信息网络传播权及独家维权的权利。某小视频手机软件上传播了"我想对你说"短视频，该短视频播放页面上未显示有某音和用户ID号水印。A公司以"我想对你说"短视频构成以类似摄制电影的方法创作的作品（以下简称类电作品），某公司上述传播和消除水印

的行为侵犯了 A 公司的信息网络传播权为由，提起诉讼。北京互联网法院一审认为，“我想对你说”短视频构成类电作品，某公司作为提供信息存储空间的网络服务提供者，对于某小视频手机软件用户提供的被控侵权短视频的行为，不具有主观过错，在履行了“通知—删除”义务后，不构成侵权行为，不应承担相关责任，判决驳回 A 公司的全部诉讼请求。

【典型意义】

本案为 2018 年度“中国十大传媒法事例”之一，引发了各界的广泛关注。本案涉及短视频节目能否得到《著作权法》保护、给予何种程度保护等一系列新类型法律问题的解决，对人民法院如何在著作权司法实践中平衡好创作与传播、权利人与网络服务提供者以及社会公众的利益关系，提出了新的挑战。与传统类型的电影作品相比，短视频时间较短，是否具备《著作权法》对保护客体提出的“独创性”要求，是本案双方当事人争议的焦点。人民法院在本案中充分贯彻合理确定不同领域知识产权的保护范围和保护强度的司法政策，根据著作权关于文学艺术类作品在作品特性、创作空间等方面的特点，充分考虑“互联网＋”背景下创新的需求和特点，合理确定了本案短视频节目独创性的尺度，正确划分了著作权范围与公共领域的界限，充分实现了保护知识产权与促进创新、推动产业发展和谐统一。

北京某科技有限公司与上海某文化传媒有限公司侵害作品信息网络传播权纠纷案

［北京知识产权法院（2021）京 73 民终 2496 号民事判决书］

《人民法院电影知识产权保护典型案例》第 5 号

2023 年 11 月 3 日

【基本案情】

北京某科技有限公司经授权取得了涉案电影《我不是潘金莲》的独家信息网络传播权及维权权利。上海某文化传媒有限公司（以下简称某公司）运营的某 App 提供了涉案影片完整内容的在线播放，其在涉案影片画面及声效基础上添加相应配音、手语翻译及声源字幕，但没有设置障碍者识别机制。

北京某科技有限公司认为某 App 向不特定公众提供电影《我不是潘金莲》无障碍版的在线播放服务侵害其信息网络传播权，诉至法院，请求判令某公司停止侵权并赔偿经济损失及合理开支。

【裁判结果】

北京知识产权法院经审理认为，《著作权法》规定的“阅读障碍者能够感知的无障碍方式”应当包含对该种“无障碍方式”的特殊限定，即应当仅限于满足阅读障碍者的合理需要，供阅读障碍者专用。某公司的被诉侵权行为面向不特定公众开放并不符合上述条件，不属于法定的合理使用情形，构成侵权。考虑到某公司的初衷是为了方便残障人士且涉案影片点击量较少等因素，酌定赔偿经济损失 1 万元。

【典型意义】

本案系全国首例涉无障碍版电影侵害作品信息网络传播权纠纷案。判决明确“以阅读障碍者能够感知的无障碍方式向其提供已经发表的作品”合理使用情况仅限于供阅读障碍者专用，作为“合理使用者”应采取有效的“阅读障碍者”验证机制以排除不符合条件者。该案判决有利于准确落实我国已经加入的有关国际条约（《马拉喀什条约》），有利于全面保护著作权人的权利，有利于规范无障碍版电影的制作发行。

二、商标权

广州市某 A 机动车配件有限公司与安徽某 B 汽车集团有限公司、安徽某 C 汽车股份有限公司确认不侵犯商标专用权纠纷申请再审案

［最高人民法院（2011）民申字第 223 号民事裁定书］

《最高人民法院关于充分发挥知识产权审判职能作用推动社会主义文化大发展大繁荣和促进经济自主协调发展的典型案例》第 2 号

2011 年 12 月 20 日

【案情摘要】

B 集团、C 股份从 2005 年起在其生产的汽车上使用椭圆形加五叉星标识，并进行大量持续不断的宣传，具有一定知名度。该椭圆形加五叉星标识于 2005 年申请注册，但未被核准，为未注册商标。A 公司于 2004 年向国家工商行政管理总局[①]商标局申请 4233581 号和 4425670 号，商标，2007 年被核准注册在第 12 类汽车上。2010 年 A 公司及相关企业开始在媒体上大规模宣传该注册商标。2010 年 3 月 26 日，A 公司向江淮股份发出律师函，敦促其尊重 A 公司的知识产权，不得侵犯其注册商标专用权。B 集团收到律师函后向安徽省合肥市中级人民法院提起确认不侵犯注册商标专用权诉讼，后 C 股份参加诉讼。安徽省合肥市中级人民法院于 2010 年 9 月 13 日作出一审判决，以双方商标不构成近似为由判决 B 集团与 C 股份不侵犯 A 公司的注册商标专用权。A 公司不服提起上诉。安徽省高级人民法院于 2010 年 10 月 29 日作出二审判决，维持了一审判决。A 公司不服该判决，向最高人民法院申请再审。因涉及多起关联民事、行政纠纷案件及行政争议，在最高人民法院主持下，双方当事人自愿达成和解协议，一揽子解决双方所有诉讼和争议。

① 现为国家市场监督管理总局。

【典型意义】

本案主要涉及商标近似等问题的判断，案情并不复杂，但因涉及两个大型汽车企业，双方之间有多起关联民事、行政诉讼及行政争议，社会影响力较大，直接裁判结案并不能彻底解决当事人之间的诉争，而双方达成和解有利于各自企业的发展和合作。因此，最高人民法院在查明事实、分清是非的基础上，根据案件具体情况，正确运用“调解优先、调判结合”的工作原则，促使双方当事人达成和解协议，各自撤回了多起诉讼，彻底化解了当事人之间的矛盾，实现了双方包容增长、和谐发展。

A 公司与深圳唯某公司“iPad”商标权属纠纷案

——重大调解典型案例

《最高人民法院公布人民法院审理商标案件典型案例》案例一

2013 年 3 月 28 日

2001 年，深圳唯某公司在我国注册了涉案两“iPad”商标。B 公司于 2009 年 8 月向英国唯某公司发出要约“希望能够购买所有唯某拥有的 iPad 商标”。经磋商，2009 年 12 月 17 日，中国台湾地区唯某公司与 B 公司在中国台湾地区签署了《商标转让协议》，以 3.5 万英镑为对价向 B 公司转让包括涉案商标在内的 iPad 商标。2010 年 2 月，B 公司签订《权利转让协议》向 A 公司转让涉案两商标。2010 年 4 月 19 日，A 公司、B 公司以深圳唯某公司为被告，向广东省深圳市中级人民法院提起诉讼，请求根据中国台湾唯某公司与 B 公司签订的商标转让协议，判令深圳唯某公司在中国拥有的涉案两“iPad”商标归其所有。

广东省深圳市中级人民法院经过审理认为商标转让协议是中国台湾唯某公司签订的，对深圳唯某公司没有约束力，也没有构成表见代理，故判决驳回了 A 公司等的诉讼请求。A 公司、B 公司不服，向广东省高级人民法院提起上诉。在二审期间，广东省高级人民法院经多次调解，终使双方于 2012 年 6 月达成调解协议，由 A 公司支付 6000 万美元，唯某公司将涉案“iPad”商标过户给 A 公司。该调解协议已经执行。

由于诉讼时唯某公司已濒临破产，涉案“iPad”商标被数个银行申请轮候查封，案件的处理涉及多方利益，备受国内外关注。调解结案，实现了 iPad 商标的价值最大化，有力地保护了债权人的权益，探索了涉外商标权权属纠纷解决的新路径，取得了良好的法律效果和社会效果。

某公司与崔某所等侵害“杰克·琼斯”商标权民事纠纷案

——涉及网络的侵害商标权民事纠纷案例

《最高人民法院公布人民法院审理商标案件典型案例》案例二

2013 年 3 月 28 日

原告某公司经授权在中国境内享有使用“JACK&JONES”商标并提起侵权诉讼的权利，经注册享有“杰克·琼斯”商标的专用权。被告崔某所、被告杜某华未经许可，注册了 jackjonescn. net 域名，并利用该域名开办了杰克琼斯中文网。该网站在搜索结果中的网页标题显示为“JACKJONES 中文网 - 杰克琼斯中文网 - JACK&JONES 中文官方网站”，网页描述中使用“杰克琼斯中文”“杰克琼斯官方网站”等表述；在该网站首页及相关网页中大量使用“杰克琼斯中文网”“jackjones 中文网”等表述以及杰克琼斯及图标识，并配以“杰克·琼斯介绍”等内容；在相关网页源文件中大量使用与杰克琼斯、JACKJONES、jackjones 等相关的文字；在“服饰目录”所列的每款服装左侧均显示有对应的实物图样和杰克琼斯及图标识；所售服装使用印有杰克琼斯及图标识的包装，服装的标签、吊牌上标有杰克琼斯及图标识，对襟扣、袖扣上标有“JACK&JONES”，合格证上注明商标为“杰克·琼斯”等。某公司认为被告的行为侵犯了其注册商标专用权，向北京市海淀区人民法院提起诉讼，请求判令被告停止侵权、消除影响、赔偿损失。

北京市海淀区人民法院经审理认为，被告的行为属于未经商标权人许可，在同一种商品的宣传、介绍和交易中使用与“JACK&JONES”“杰克·琼斯”相同或近似的商标以及销售侵犯上述商标专用权商品之行为，其足以导致相关公众误认为上述域名、网站的所有人以及服装的提供者为某公司，构成对某公司合法权利的侵害。故于 2011 年 4 月 26 日判决二被告停止销售侵权服装，关闭用以销售侵权服装的涉案网站，停止使用涉案域名 jackjonescn. net，该域名由原告注册使用，并判决二被告在《法治日报》和新浪网（www.sina.com.cn）上刊登声明，消除影响，并赔偿原告经济损失及诉讼合理支出近200万元。

本案属于较为典型的涉及网络的侵害商标权纠纷，被告从事了系列侵害商标权的行为，傍名牌的意图明显。法院考虑到二被告主观恶意明显，侵害后果严重，支持了原告的大部分诉讼请求，有力地打击了侵权行为。

A公司与B公司"GAP"商标异议行政纠纷案

——恶意抢注的商标行政纠纷案例

《最高人民法院公布人民法院审理商标案件典型案例》案例三

2013年3月28日

1992年7月，A公司在第25类衬衫、T恤衫以及第18类背包等商品上申请的"GAP"商标（以下简称引证商标）获准注册。1999年4月19日B公司在第9类眼镜等商品上申请注册"GAP"商标（以下简称被异议商标），A公司提出异议。国家工商行政管理总局①商标局和商标评审委员会认为，被异议商标指定使用商品与引证商标核定使用商品、服务的功能、用途以及服务的方式和对象均不同，未构成类似商品和服务上的近似商标，故裁定被异议商标予以核准注册。

A公司不服，向北京市第一中级人民法院起诉。北京市第一中级人民法院经过审理判决维持商标评审委员会的裁定。A公司不服，向北京市高级人民法院上诉。北京市高级人民法院也判决维持一审判决。A公司不服，向最高人民法院申请再审。最高人民法院经审理后裁定提审本案，并于2012年3月31日作出终审判决。法院认为：A公司提交的证据可证明其"GAP"系列商标在被异议商标申请日之前在中国已经使用并具有一定的知名度，而且从B公司宣称自己来源于美国，并标榜自己与"GAP"服装相同的特点以及实际使用情况来看，B公司知晓引证商标的知名度，并具有攀附"GAP"品牌的主观意图。被异议商标指定使用"太阳镜、眼镜框"等商品虽与引证商标

① 现为国家市场监督管理总局。

主要指定使用的“服装”等商品在《类似商品和服务区分表》中划分为不同的大类，但是商品的功能用途、销售渠道、消费群体具有较大的关联性，尤其对于时尚类品牌而言，公司经营同一品牌的服装和眼镜等配饰是普遍现象。考虑到引证商标具有一定知名度，被异议商标申请人具有搭便车的意图，被异议商标与引证商标基本相同，分别使用在眼镜和服装等商品上，客观上容易造成相关公众认为商品是同一主体提供的，或者其提供者之间存在特定联系。因此被异议商标与引证商标已经构成使用在类似商品上的近似商标，不应予以核准注册。据此，最高人民法院撤销商标评审委员会的裁定和一、二审判决，判令商标评审委员会重新作出裁定。

本案是较为典型的恶意抢注商标案件。商标评审委员会和一、二审法院均以被异议商标与引证商标使用的商品不类似为由核准被异议商标注册。最高人民法院考虑到被异议商标申请人明知引证商标的知名度，申请被异议商标搭便车意图明显，同时服装和眼镜具有一定的关联性，最终判决不予被异议商标核准注册，表明了人民法院依法遏制恶意抢注商标的司法导向和态度。

佛山市 A 食品股份有限公司诉佛山市 B 调味食品有限公司侵害商标权及不正当竞争纠纷案

《最高人民法院公布八起知识产权司法保护典型案例》第 2 号

2013 年 10 月 22 日

【基本案情】

A 公司是“ ”注册商标的权利人，该商标注册于 1994 年 2 月 28 日，核定使用的商品为酱油等。B 公司成立于 1998 年 2 月 24 日。B 公司将“某某”二字作为其企业字号使用，并在广告牌、企业厂牌上突出使用“某某”二字。在 B 公司违法使用工业盐水生产酱油产品被曝光后，A 公司的市场声誉和产品销量均受到影响。A 公司认为 B 公司的行为侵害其商标权并构成不正当竞争，向广东省佛山市中级人民法院提起诉讼，请求法院判令 B 公司停止侵权、赔礼道歉，并赔偿其经济损失及合理费用共计人民币 1000 万元。

【裁判结果】

广东省佛山市中级人民法院一审认为，B 公司在其广告牌及企业厂牌上突出使用“某某”二字侵犯了 A 公司的注册商标专用权；B 公司的两位股东在该公司成立前均从事食品行业和酱油生产行业，理应知道 A 公司及其某某品牌下的产品，但仍将 A 公司“”注册商标中的“某某”二字登记为企业字号，具有攀附 A 公司商标商誉的恶意，导致公众发生混淆或误认，导致 A 公司商誉受损，构成不正当竞争。遂判决 B 公司立即停止在其广告牌、企业厂牌上突出使用“某某”二字，停止使用带有“某某”字号的企业名称并在判决生效后 10 日内向工商部门办理企业字号变更手续，登报向 A 公司赔礼道歉、消除影响，并赔偿 A 公司经济损失及合理费用共计人民币 655 万元。在计算损害赔偿时，审理法院根据 A 公司在 16 天内应获得合理利润额以及合理利润下降幅度推算其因商誉受损遭受的损失，并结合 B 公司侵犯注册商标专用权行为及不正当竞争行为的性质、期间、后果等因素，酌定 A 公司因产品销量下降导致的利润损失为人民币 350 万元；同时将 A 公司为消除影响、恢复名誉、制止侵权结果扩大而支出的合理广告费人民币 300 万元和律师费人民币 5 万元一并纳入赔偿范围。B 公司提起上诉后在二审阶段主动申请撤回上诉。

【典型意义】

本案是因 B 公司违法使用工业盐水生产酱油产品的“酱油门”事件而引发的诉讼，社会关注度较高。法院在案件裁判中通过确定合法有效的民事责任，切实维护了权利人的利益。在停止侵害方面，法院在认定被告构成不正当竞争之后，判决被告停止使用相关字号并责令其限期变更企业名称，杜绝了再次侵权的危险。在损害赔偿方面，在有证据显示权利人所受损失较大，但现有证据又不足以直接证明其实际损失数额的情况下，通过结合审计报表等相关证据确定损害赔偿数额，使损害赔偿数额更接近权利人的实际损失，使权利人所受损失得到最大限度的补偿。同时，法院将权利人为消除侵权和不正当竞争行为的影响、恢复名誉、制止侵权结果扩大而支出的合理广告费纳入赔偿范围，体现了加强知识产权司法保护的力度和决心。

A 股份公司诉广州 B 服饰实业有限公司侵害商标权及不正当竞争纠纷案

《最高人民法院公布八起知识产权司法保护典型案例》第 3 号

2013 年 10 月 22 日

【基本案情】

A 公司在中国拥有注册在第 12 类汽车等商品上的“BMW”“”“寶馬”等商标及在第 25 类服装商品上的“”商标。B 公司生产并销售标注“”“FENGBAOMAFENG 及”“丰宝马丰 FENGBAOMAFENG 及”等标识的服装产品，并在其网站及店铺显著标注“FENGBAOMAFENG 及”等标识，在服装吊牌、网站、宣传图册等处使用“德国世纪 A 集团股份有限公司”企业名称。A 公司以侵害商标权及不正当竞争为由诉至北京市第二中级人民法院，请求判令 B 公司等停止侵权，并赔偿经济损失人民币 200 万元。

【裁判结果】

北京市高级人民法院二审认为，B 公司在其生产的服装及宣传中突出使用与 A 公司的注册商标相近似的被诉侵权标识，侵犯了 A 公司的商标专用权；其在服装吊牌等处使用“德国世纪 A 集团股份有限公司”企业名称的行为违背诚信原则和公认的商业道德，意在利用 A 公司的商誉牟取非法利益，构成不正当竞争。A 公司提交的证据足以证明 B 公司侵权的主观恶意明显，侵权时间长、范围广、获利巨大，远远超过人民币 200 万元，侵权情节极其严重，加之 A 公司的涉案注册商标具有较高的知名度，A 公司为制止侵权行为亦支付了合理费用。为保障权利人合法权益的充分实现，加大侵权代价，降低维权成本，对 A 公司关于损害赔偿的诉讼请求予以全额支持。据此，判决被告停止侵权、消除影响、赔偿经济损失人民币 200 万元。同时，针对 B 公司的恶意侵权行为，对其处以罚款人民币 10 万元的民事制裁，并向国家工商行政管理总局[①]发出司法建议，建议其对侵权行为进行全面查处。2013 年年初，国家工商行政管理总局发出专门通知，要求全国各地工商部门调查处理涉嫌侵犯 A 股份公司相关注册商标专用权的行为，各地工商局随即对涉及侵犯 A 股份公司商标权的傍名牌仿冒活动进行了全面调查和处理。

【典型意义】

该案是人民法院依法加大恶意侵权行为惩处力度的典型案例。首先，在赔偿数额的确定方面，在现有证据证明侵权人的侵权获利远远超出商标法规定的 50 万元法定赔偿最高限额和权利人索赔请求的情况下，考虑到侵权人属于组织化的大规模侵权、主观恶意明显、侵权时间长、范围广、获利巨大等因素，二审法院没有采取法定赔偿的方式确定损害赔偿数额，而是根据案件具体情况运用裁量权酌定赔偿数额，全额支持了权利人的诉请。其次，在加大侵权代价方面，根据本案侵权人有组织、规模化恶意侵权的实际情况，在行政机关未进行过行政处罚的情况下，本着加大惩处力度的精神，二审法院依法对侵权人采取民事制裁措施。最后，审理法院结合在案件审理中发现的其他未经处理的侵权行为，向有关部门发出司法建议，提出相应的处理方案，工商部门根据该司法建议积极行动，切实打击了恶意侵权行为，取得了良好的社会效果。该案表明了中国法院平等保护中外知识产权权利人的合法权益、维护公平有序的市场经济秩序、加大知识产权保护力度的决心和行动。

山东宏某堂制药集团有限公司与山东宏某堂阿胶有限公司等侵害商标权、不正当竞争纠纷案

《最高人民法院发布八起典型案例》第 5 号

2014 年 7 月 23 日

【基本案情】

“宏某堂”为济南本土的中药老字号，创立于 1907 年，“宏某堂”历经分立、合并、整合、改制和更名等多次调整分为制药公司和山东宏某堂医药集

① 现为国家市场监督管理总局。

团有限公司（以下简称医药集团）。本案阿某公司是医药集团投资设立的子公司，阿某公司基于母子公司之间的投资关系使用“宏某堂”字号，且依法在工商局核准注册。制药公司认为阿某公司在其阿某制品上突出使用“宏某堂”，并标注阿某公司企业名称及“原宏某堂阿胶厂”字样，构成商标侵权及不正当竞争。请求法院判令阿某公司停止商标侵权，停止使用“宏某堂”字号并赔偿经济损失。

【裁判结果】

山东省高级人民法院经审理认为，医药集团与制药公司对于“宏某堂”的使用在历史上没有形成权利划分。阿某公司对“宏某堂”字号的使用是基于其母公司医药集团的历史传承与授权，并非恶意攀附他人企业名称或商标。对于因历史原因造成的商标与老字号之间的权利冲突，应本着善意共存和包容发展的原则进行处理。本案中，阿某公司对“宏某堂”商标、字号的使用是历史的，也是善意的，不构成商标侵权及不正当竞争。判决驳回制药公司的诉讼请求。

【典型意义】

本案对涉及因历史原因造成的老字号权利冲突案件的处理具有典型指导意义。老字号的权利冲突，实质是具有百年历史的民族传统品牌及老字号，在历经计划经济体制发展后，在市场经济条件下应如何确定权利边界和规范使用的问题。山东法院本着尊重历史、保护在先权利、诚实信用、公平竞争等原则，依法处理商标和老字号的冲突纠纷，允许两个“宏某堂”字号善意共存，实现了经营者之间的包容性发展。

苏州 A 食品工业有限公司与国家工商行政管理总局[①]商标评审委员会、北京 B 食品有限责任公司商标异议复审行政纠纷上诉案

[北京市高级人民法院（2014）高行终字第 1103 号行政判决书]

《2014 年中国法院 10 大知识产权案件》第 7 号

2015 年 4 月 20 日

【案情摘要】

北京 B 食品集团于 1996 年 1 月提出“稻某村”商标（以下简称引证商标）的注册申请，并于 1997 年 5 月获准注册，核定使用商品为第 30 类的馅饼、饺子、年糕、粽子、元宵等。经核准，该商标注册人名义变更为北京 B 食品有限责任公司（以下简称北京 B 公司）。2006 年 7 月，苏州 A 食品工业有限公司（以下简称苏州 A 公司）提出“稻某村及图”商标（以下简称被异议商标）的注册申请，指定使用商品为第 30 类的饼干、面包、糕点等。被异议商标初步审定公告后，北京 B 公司提出异议申请。国家工商行政管理总局商标局裁定被异议商标准予注册。北京 B 公司申请复审。商标评审委员会认为，被异议商标与引证商标属于近似商标，被异议商标指定使用的商品与引证商标核定使用的商品属于类似商品。苏州 A 公司虽在饼干、糕点等商品上经受让在先取得由“稻某村”文字、“DXC”字母及图形外框组合而成的两个商标（以下简称在先取得商标），但该两商标与被异议商标在表现形式上差异较大，而与北京 B 公司长期使用并有较高知名度的引证商标“稻某村”更为接近，如允许其注册，将打破业已形成的市场秩序，增加市场及相关公众混淆的可能性，因此被异议商标与引证商标构成《商标法》第二十八条所指使用在类似商品上的近似商标，裁定对被异议商标不予核准注册。苏州 A 公司不服，提起行政诉讼。北京市第一中级人民法院一审判决维持了商标评审委员会的裁定。苏州 A 公司不服，提起上诉。北京市高级人民法院二审认为：北京 B 公司的“稻某村”商标经过长期使用具有了较高的知名度，其与苏州

① 现为国家市场监督管理总局。

A 公司在先取得商标之间已经存在能够区分的市场实际和稳定的市场秩序。被异议商标标识与其在先取得商标差异较大，反而与北京 B 公司的引证商标非常接近，因此苏州 A 公司申请注册被异议商标，不能认定为对其在先已受让的“稻某村”商标声誉的延续，而是侵入了北京 B 公司商标的排他权范围内，打破了能够区分的市场实际和已经形成的稳定市场秩序，将导致消费者对商品来源的混淆误认，遂判决驳回上诉，维持一审判决。

【典型意义】

因历史原因，不同的企业长期使用相近似的商标，在已客观形成市场格局的情况下，如其中一方另行申请构成要素相近似的商标，在适用《商标法》第二十八条进行商标近似判断时，除考虑标志本身的近似程度以外，还应根据商标实际使用状况、使用历史、相关公众的认知状态、使用者的主观状态等因素，以混淆误认可能性为标准综合判定，注重维护已经形成和稳定的市场秩序，防止简单地把商标构成要素近似等同于商标近似。

上海 A 美食有限公司与国家工商行政管理总局[①]商标评审委员会、上海 B 餐饮管理有限公司商标争议行政纠纷提审案

［最高人民法院（2013）行提字第 8 号行政判决书］

《2014 年中国法院 10 大知识产权案件》第 8 号

2015 年 4 月 20 日

【案情摘要】

上海 C 美食有限公司（以下简称 C 公司）于 1999 年申请注册“竹家庄避风塘及图”商标（争议商标），国家工商行政管理总局商标局于 2000 年 7 月 28 日予以核准注册，指定使用在国际分类第 42 类“餐馆；酒吧；餐厅”等服务上。争议商标由竹子图案及汉字“竹家庄避风塘”组成。2010 年 12 月 27 日，上海 B 餐饮管理有限公司受让争议商标。2003 年 11 月 11 日，上海

① 现为国家市场监督管理总局。

A 美食有限公司（以下简称上海 A 公司）提出针对争议商标的撤销申请，其理由主要为：1. C 公司曾于 1999 年 8 月 1 日以“避风塘”一词是“菜肴名称”为由，申请撤销第 1055861 号“避风塘 BFT”商标，经两次评审第 1055861 号商标被撤销。C 公司既然认为“避风塘”不能作为商标注册，却又将“避风塘”作为争议商标的一部分申请注册，其撤销第 1055861 号商标的目的是恶意清除争议商标的注册障碍。2. 上海 A 公司成立于 1998 年 9 月 15 日，经过努力已成为上海餐饮业的知名品牌，曾被许可使用并受让第 1055861 号“避风塘 BFT”商标。C 公司撤销第 1055861 号商标并注册争议商标的目的，都是为搭上海 A 公司的顺风车。商标评审委员会作出商评字〔2008〕第 30896 号商标争议裁定，对争议商标予以维持。上海 A 公司不服该裁定，提起行政诉讼。北京市第一中级人民法院一审判决维持第 30896 号商标争议裁定。上海 A 公司不服一审判决，提起上诉。二审期间，上海 A 公司向法院提交了最高人民法院（2007）民三监字第 21 - 1 号民事裁定书。北京市高级人民法院经审理认为，（2007）民三监字第 21 - 1 号民事裁定书并没有明确“避风塘”成为上海 A 公司已经使用并具有一定影响的商标的具体时间，不足以证明争议商标的注册属于以不正当手段抢先注册上海 A 公司已经使用并有一定影响的商标。二审判决驳回上诉，维持一审判决。上海 A 公司不服该判决，向最高人民法院申请再审。最高人民法院提审后认为：第 1055861 号“ABFT”商标的撤销与争议商标的注册不具有关联性；上海 A 公司在商标争议行政程序中并未提出争议商标侵害其企业名称权的主张，并且，“避风塘”一词不仅仅是上海 A 公司的字号，还具有“躲避台风的港湾”和“一种风味料理或者菜肴烹饪方法”的含义，因此上海 A 公司不能以其企业名称权禁止他人在上述含义上正当使用“避风塘”一词，争议商标中的“C”文字与竹子图案更具有标识商品或服务来源的作用，故争议商标的注册、使用不会造成相关公众的混淆、误认，未侵害上海 A 公司的企业名称权。遂判决维持二审判决，驳回上海 A 公司的再审请求。

【典型意义】

本案涉及知识产权案件审理中如何处理好保护知识产权权利人的利益与维护社会公众利益的关系的问题。本案中，撤销申请人主张争议商标的注册侵害其企业名称权，但由于撤销申请人的字号作为文字符号同时还具有为公众所普遍认知的其他含义，故撤销申请人无权禁止他人在其他含义上使用这一文字符号。并且，本案争议商标中还加入了具有显著识别特征的其他符号，进一步避免了消费者发生混淆误认的可能。本案对于界定知识产权权利人与社会公众的权利界限，防止标识性知识产权权利人利用“符号圈地”侵占公有领域具有积极意义。

某（集团）有限责任公司诉商标评审委员会、第三人张某彬商标权无效宣告请求行政纠纷案

《最高人民法院发布 14 起北京、上海、广州知识产权法院审结的典型案例》第 3 号

2015 年 9 月 9 日

【基本案情】

某集团公司针对第三人张某彬申请注册的第 5667073 号“开某”商标，以诉争商标侵犯其“开某”企业字号权、张某彬具有恶意抢注行为且未实际使用诉争商标为由，提出无效宣告请求。商标评审委员认为，某集团公司提供的证据未涉及美容院、公共卫浴服务，不能证明在诉争商标申请注册之前，某集团公司将“开某”作为商号或商标使用在诉争商标指定的美容院、公共卫浴服务或与之类似的服务上并具有一定知名度。遂裁定维持争议商标的注册。某集团公司不服被诉裁定，向北京知识产权法院提起行政诉讼。

【裁判结果】

北京知识产权法院审理认为，诉争商标“开某”的注册损害了某集团公司的在先商号权。商标评审委员会对此认定有误，应予以纠正。遂判决撤销商标评审委员会作出的商评字〔2014〕第 71444 号关于第 5667073 号“开某”商标无效宣告请求裁定，责令商标评审委员会重新作出裁定。本案宣判后，当事人未提出上诉，本判决已生效。

【典型意义】

本案系商标无效宣告请求行政纠纷，请求权基础为商标法规定的“申请

商标注册不得损害他人现有的在先权利”，涉及的在先权利为在先商号权。本案判决从原告商号的形成时间（“开某”字号形成于1912年）、原告商号的知名度（某集团公司系世界500强企业，其字号享誉中外）、原告经营范围与诉争商标核定使用服务比较、混淆可能性、诉争商标注册人对原告商号的知晓情况和诉争商标的实际使用情况等方面对“损害他人现有的在先权利”的要件进行了逐条分析论述，认定诉争商标的注册损害了某集团公司的在先商号权，应予无效。本案判决体现了维护知名品牌权益，制止恶意抢注商标，维护市场诚信竞争的司法导向。

贵州某制药有限公司诉商标评审委员会商标驳回复审行政纠纷案

《最高人民法院发布14起北京、上海、广州知识产权法院审结的典型案例》第4号

2015年9月9日

【基本案情】

某公司向国家工商行政管理总局①商标局申请注册“同某堂始创于1888及图”组合商标，商标局及商标评审委员会先后以诉争商标与第3178271号“同某及图”商标及第3574839号“同某”商标近似为由，驳回了诉争商标的注册申请。某公司不服，向北京知识产权法院提起行政诉讼。

【裁判结果】

北京知识产权法院审理认为，综合考虑某公司在先基础商标第1093180号“同某堂”商标的知名度、诉争商标的实际使用情况、诉争商标与基础商标的近似程度以及与两引证商标的差异程度等因素，认定诉争商标与两引证商标共存于市场不会导致相关公众的混淆误认，未构成同一种或类似商品上的近似商标。遂判决撤销被诉裁定，责令商标评审委员会重新作出裁定。

---

① 现为国家市场监督管理总局。

【典型意义】

本案明确了在判定商标近似时应考虑同一主体的基础商标与诉争商标在一定条件下的延伸关系，并探讨了认定延伸关系的考虑因素。审理法院综合考虑了某公司在先基础商标的知名程度、诉争商标与基础商标近似及商品类似情况、诉争商标的实际使用情况及诉争商标与两引证商标的差异性等因素，最终认定基础商标的商誉可以延伸至诉争商标，因而相关公众可以将诉争商标与两引证商标相区分。本案判决对于合理维护知名商标权利人的利益具有重要意义。

钱某诉某音乐厅侵害注册商标专用权纠纷案

《最高人民法院发布 14 起北京、上海、广州知识产权法院审结的典型案例》第 5 号

2015 年 9 月 9 日

【基本案情】

某音乐厅数年来一直以“打开音乐之门”为名义举办了一系列演出活动。钱某系某音乐厅原总经理，其在任职期间申请注册了“打开音乐之门”文字商标。离职后，钱某以某音乐厅未经许可，将“打开音乐之门”标识用于相关经营活动，侵犯其注册商标专用权为由，提起诉讼，要求某音乐厅停止侵权行为，赔礼道歉，并赔偿经济损失及合理支出共计 4 万元。

【裁判结果】

北京市西城区人民法院一审认为，某音乐厅在钱某申请商标注册之前，已在同一种商品上先于商标注册人使用与注册商标近似并有一定影响的商标，钱某作为注册商标专用权人，无权禁止某音乐厅在原使用范围内继续使用涉案商标，钱某的诉讼请求没有事实和法律依据，不予支持。遂判决驳回钱某的诉讼请求。钱某不服一审判决，提起上诉。北京知识产权法院二审认为，在使用“打开音乐之门”标识的一系列演出及宣传活动中，对外宣称的主体均为某音乐厅，该标识与某音乐厅之间已经建立起了较为固定的联系，某音

乐厅的商标在先使用抗辩权成立，其对“打开音乐之门”的使用不构成侵权。遂判决驳回上诉，维持一审判决。

【典型意义】

本案涉及《商标法》规定的商标在先使用抗辩权的法律适用问题。审理法院深入分析了《商标法》有关在先使用抗辩权的适用条件，对在先商标性使用、标识知名度、使用者主观态度等问题进行了较为深入的探讨，说理充分。本案判决依法维护了某音乐厅近12年来持续使用的“打开音乐之门”这一品牌，合理平衡了商标在先使用者与注册商标权利人的利益。

某有限公司诉陈某、鲁某敏侵害商标权纠纷案

《最高人民法院发布14起北京、上海、广州知识产权法院审结的典型案例》第8号

2015年9月9日

【基本案情】

某有限公司系“BURBERRY”25类服装系列注册商标的持有人。2012年3月20日，公安机关侦破了陈某、鲁某敏销售假冒上述注册商标商品的刑事案件，并于次日要求某有限公司协助对涉案假冒商品进行了辨认。2012年8月24日，上海市杨浦区人民法院依法判处二被告人有期徒刑（缓刑）和罚金。2014年8月15日，某有限公司提起本案诉讼，请求法院判令二被告赔偿其经济损失及合理支出100万元。二被告陈某、鲁某敏认为，某有限公司2012年3月20日已知晓侵权行为存在，其2014年8月才起诉已超过诉讼时效。

【裁判结果】

上海市杨浦区人民法院一审认为，某有限公司的起诉未超过诉讼时效，被告陈某、鲁某敏构成侵犯某有限公司商标专用权，应连带赔偿原告某有限公司经济损失人民币15万元及合理费用1.5万元。鲁某敏不服一审判决，提起上诉。上海知识产权法院二审判决驳回上诉，维持一审判决。

【典型意义】

本案涉及诉讼时效中断事由的认定。本案判决明确了知道他人对自己的侵权行为已进入刑事追诉程序，并应侦查部门要求协助调查这一事实对诉讼时效的法律意义。审理法院认为，上述事实对权利人来说具有双重意义：一是产生诉讼时效起算的法律后果，因权利人已知道其权利被侵害；二是产生诉讼时效中断的法律后果，因为权利人有理由信赖刑事侦查可使其民事权利得到保护，且被诉行为构成侵权依赖于生效刑事判决的认定。这一认定合理界定了诉讼时效中断的事由，为权利人依法维权提供了更好保障。

A 国际贸易（上海）有限公司诉 B 管道系统（上海）有限公司等侵害商标权、虚假宣传纠纷上诉案

《最高人民法院发布 14 起北京、上海、广州知识产权法院审结的典型案例》第 9 号

2015 年 9 月 9 日

【基本案情】

A 公司系“洁水”文字商标的商标权人，2013 年 7 月 1 日之前，A 公司享有案外人德国 C 公司水管类产品的在华独家经销权。2013 年 7 月 1 日后，A 公司与 C 公司终止合作协议，B 公司成为 C 公司产品在华新代理商。A 公司在 2013 年 7 月 1 日之前，其注册的“洁水”商标仅用于推广销售 C 公司的产品。2013 年 7 月 1 日之后，A 公司继续持有“洁水”商标，用于推广其他生产商的水管产品。B 公司授权 D 公司在上海区域独家销售 C 公司产品。B 公司和 D 公司在宣传文章及宣传单上使用了“原德国洁水、现德国 B”“德国 B（原德国洁水）——不变的品质”等类似宣传用语，同时还有“原代理商曾以德国‘洁水’在华推广，从 7 月 1 日起德国厂方正式启用中文标识‘B’，用于中国市场推广”“原在华使用的中文标识‘洁水’系原代理商所持有，现已和德国 B、C 公司及其产品无任何关联”等表述。A 公司认为 B 公司、D 公司使用上述宣传用语的行为构成商标侵权和虚假宣传，请求判令二被告停止侵犯商标权行为和虚假宣传行为，赔偿经济损失及合理费用共计 500

万元。

【裁判结果】

上海徐汇区人民法院一审判决驳回A公司的全部诉讼请求。A公司不服，提起上诉。上海知识产权法院二审认为，基于“洁水”商标曾被用于推广C公司产品的事实，B公司、D公司在宣传活动中有必要向消费者告知“洁水”商标所指向的产品已经发生变化，两公司使用“洁水”商标主观上是善意的，且使用方式没有超出合理的限度，不会造成消费者对产品的来源产生混淆，属于商标的正当使用。B公司、D公司所使用宣传用语在文字表述上确有不准确之处，但并未产生引人误解的效果，不构成反不正当竞争法意义上的虚假宣传。遂驳回上诉，维持一审判决。

【典型意义】

本案涉及商标正当使用以及虚假宣传行为的认定标准。审理法院从被告使用商标的主观意图、使用方式及混淆可能性等角度，认为被诉行为属于商标的正当使用。在被诉虚假宣传行为的认定上，强调了对广告宣传语应整体解读，并结合相关公众的一般注意力、已有的认知经验等因素综合认定。本案判决对于同类案件的审理具有一定参考意义。

某股份有限公司诉文某香、广州某酒店有限公司等侵害商标权纠纷案

《最高人民法院发布14起北京、上海、广州知识产权法院审结的典型案例》第12号

2015年9月9日

【基本案情】

某公司是1954年8月27日在法国注册成立的股份公司，是世界范围内著名的奢侈品牌之一。该公司系核定使用于第25类“服装、鞋、帽、围巾、游泳衣”等商品的某图形商标及“CHANEL”文字商标的权利人。某酒店公司的分公司某酒店与文某香签订商铺租赁合约，承租位于某酒店首层西走廊2

号铺作经营服装、皮具等使用，并约定保证不在商铺内经销假冒伪劣商品。某公司认为文某香销售的鞋、钱包等商品上使用了与其注册商标相同的标识，侵犯其注册商标专用权，遂以文某香、某酒店公司及某酒店为被告，提起诉讼，请求法院判决三被告停止侵权，并连带赔偿其经济损失及合理支出共计 30 万元。

【裁判结果】

广州市越秀区人民法院一审认为，文某香侵犯某公司注册商标专用权，应承担停止侵害和赔偿损失的民事责任，某酒店公司及其某酒店不构成侵权。某公司不服，提起上诉。广州知识产权法院二审认为，综合考虑涉案商标知名度、某酒店的高档星级酒店身份、合同显示的酒店与商铺的特殊关系以及文某香长期反复侵权等因素，某酒店对涉案售假商铺应具有较高注意义务，且文某香的售假行为明显，某酒店只要稍加注意就能发现。某酒店对文某香侵犯涉案商标的行为视而不见，放任侵权行为发生，构成帮助侵权，应与文某香承担连带赔偿责任。遂改判文某香、某酒店、某酒店公司连带赔偿某公司经济损失及合理费用 5 万元。

【典型意义】

近年来，服装市场、酒店等出租商铺销售假冒商品的行为屡有发生。商标权利人通常将商铺经营者与商铺出租方、管理方一并作为被告起诉，要求其承担连带赔偿责任。此种情况下，应如何认定商铺出租方、管理方的责任显得尤为重要。本案中，审理法院在判断商铺出租方对商铺经营者侵权是否明知或应知时，考虑了权利人商标的知名度、商铺的侵权行为是否足够明显、出租方与商铺经营者的具体关系等因素，根据具体情况合理确定了商铺出租方的注意义务。本案判决探索了商铺出租方、管理方构成帮助侵权的条件，对于保护知名品牌的合法权益具有指导意义。

“新某”商标纠纷案

《最高人民法院发布19起合同纠纷典型案例》第4号

2015年12月4日

【基本案情】

山东某制药股份有限公司享有对“新某”商标的独占使用权，河南某公司在其主办网站中使用带有“新某药业”字样的徽标。“新某”二字按字面解释有崭新中华或新兴中华之意，同我国特定的革命历史背景相联系，多为新中国各级人民政府所创办的国营企、事业单位使用，具有明显的时代特征。山东某制药厂前身系新中国成立前山东解放区八路军所创办的企业，使用“新某”作为企业名称和所生产药品的商标具有合理性。山东某制药厂在1978年至1999年期间，曾经获得多种全国性荣誉，并在部分药品制药技术领域有重大创新。在河南某公司申请企业注册时，山东某制药厂已在行业内有较高的知名度。

【裁判结果】

法院判决河南某公司立即停止在网站宣传中使用侵犯山东某公司商标独占使用权的“新某”文字的行为。河南某公司立即停止使用含有“新某”文字的企业名称，于判决生效之日起30日内到工商机关变更含有“某”文字的企业名称。河南某公司于判决生效10日内赔偿山东某公司经济损失20万元。河南某公司于判决生效30日内在其主办的网站上刊登声明，澄清事实，消除影响。内容需经法院审定。若逾期不履行，原审法院将在相关媒体上公布本判决内容，费用由河南某公司负担。

【典型意义】

本案系涉民生案件，属典型的药品行业的“傍名牌”行为，与人民群众的生命健康安全息息相关，危害更甚；加大对知名药品企业的知识产权保护，有利于规范药品生产、销售市场秩序，促进良性竞争，打击不正当竞争，促进药品行业的健康发展，从而保障人民群众的身心健康。本案属于典型的知识产权纠纷，涉及商标侵权及不正当竞争。判决认定河南某公司侵犯了山东某公司的权利，并依法判决河南某公司改换自己的名称、字号、停止侵权。

迈某与国家工商行政管理总局①商标评审委员会、某体育股份有限公司商标争议行政纠纷再审系列案

［最高人民法院（2016）最高法行再 15、20、25、26、27、28、29、30、31、32 号行政判决书］

《2016 年中国法院 10 大知识产权案件》第 1 号

2017 年 4 月 24 日

【案情摘要】

再审申请人迈某系美国 NBA 著名篮球明星，其于 2012 年向商标评审委员会提出申请，请求撤销某体育股份有限公司（以下简称某公司）在多个商品类别上注册的“乔某”“Q 某”等多项商标。商标评审委员会于 2014 年裁定驳回其申请。再审申请人不服，提起行政诉讼。2015 年，再审申请人不服北京市高级人民法院作出的 68 件商标争议行政纠纷案件的二审判决，向最高人民法院申请再审。2015 年 12 月，最高人民法院依法裁定提审了 10 件案件。同时，最高人民法院裁定驳回了再审申请人在另外 50 件案件中的再审申请，并裁定中止了 8 件案件的审查。最高人民法院提审后，依法组成了由副院长陶凯元大法官担任审判长的五人合议庭对 10 件案件进行审理。经最高人民法院审判委员会讨论决定，判决认为：（一）关于涉及“乔某”商标的（2016）最高法行再 15 号、26 号、27 号的 3 件案件。因争议商标的注册损害了再审申请人对“乔某”享有的在先姓名权，不符合 2001 年修订的《商标法》第三十一条有关“申请商标注册不得损害他人现有的在先权利”的规定，应予撤销，故判决撤销商标评审委员会作出的被诉裁定及一、二审判决，判令商标评审委员会针对争议商标重新作出裁定。（二）关于涉及拼音“Q 某”的（2016）最高法行再 20 号、29 号、30 号、31 号 4 件案件，以及涉及拼音“q

① 现为国家市场监督管理总局。

某”与图形组合商标的（2016）最高法行再25号、28号、32号3件案件，共计7件案件，因再审申请人对拼音“Q某”“q某”不享有姓名权，争议商标的注册未损害再审申请人的在先姓名权。争议商标也不属于《商标法》第十条第一款第八项规定的“有害于社会主义道德风尚或者有其他不良影响”，以及第四十一条第一款规定的“以欺骗手段或者其他不正当手段取得注册”的情形，故判决维持二审判决，驳回再审申请人的再审申请。

【典型意义】

最高人民法院依法公开审理、宣判“乔某”商标争议行政纠纷系列案件，平等保护中外权利人的合法权益，进一步树立了我国加强知识产权司法保护的负责任大国形象。最高人民法院在判决中强调了诚信原则对于规范商标申请注册行为的重要意义，对于净化商标注册和使用环境，保护消费者合法权益，弘扬和践行社会主义核心价值观等均具有积极意义。最高人民法院在判决中所阐述的《商标法》中关于在先姓名权保护问题的法律适用标准对于此类案件的裁判标准将产生重要影响。

北京某包子铺与山东某餐饮管理有限公司侵害商标权与不正当竞争纠纷再审案

［最高人民法院（2016）最高法民再238号民事判决书］

《2016年中国法院10大知识产权案件》第2号

2017年4月24日

【案情摘要】

北京某包子铺（以下简称某包子铺）以山东某餐饮管理有限公司（以下简称某餐饮公司）侵害其商标权及构成不正当竞争为由提起民事诉讼。某包子铺主张某餐饮公司的法定代表人徐某曾在餐饮服务业工作，明知某包子铺商标及字号的知名度，仍使用“庆某”字号成立餐饮公司，并在其官网、店面门头、菜单、广告宣传上使用“庆某”或“庆某餐饮”标识，构成侵害某包子铺的商标权及不正当竞争。某餐饮公司认为其有权将公司法定代表人的名字注册为字号，且有权使用经工商部门依法注册的企业名称；某包子铺的商标并非驰名商标，其使用的标识与某包子铺的注册商标既不相同也不近似。山东省济南市中级人民法院一审认为，某餐饮公司使用“庆某”与其使用环境一致，且未从字体、大小和颜色方面突出使用，属于对其字号的合理使用。某包子铺在某餐饮公司注册并使用其字号时的经营地域和商誉未涉及或影响到济南和山东其他区域，不能证明相关公众存在误认的可能，故不构成对某包子铺商标权的侵害，判决驳回某包子铺的诉讼请求。山东省高级人民法院二审维持一审判决。某包子铺向最高人民法院申请再审。最高人民法院提审后认为，某餐饮公司构成侵害某包子铺的商标权及不正当竞争，改判撤销一审、二审判决，某餐饮公司立即停止侵害商标权的行为及停止使用“庆某”字号并赔偿某包子铺经济损失及合理费用 5 万元。

【典型意义】

本案涉及商标权的行使与其他权利，比如姓名权的冲突问题。最高人民法院在本案中明确，公民享有合法的姓名权，当然可以合理使用自己的姓名。但公民在将其姓名作为商标或企业字号进行商业使用时，不得违反诚信原则。明知他人注册商标或字号具有较高的知名度和影响力，仍注册与他人字号相同的企业字号，在同类商品或服务上突出使用与他人注册商标相同或近似的商标或字号，具有攀附他人注册商标或字号知名度的恶意，容易使相关公众产生误认，其行为不属于对姓名的合理使用，构成侵害他人注册商标专用权和不正当竞争。最高人民法院进一步指出，如本案中的情形，在注册商标已经具有较高知名度的情况下，某公司的使用方式一方面容易使相关公众对其与某包子铺的关系产生混淆误认，另一方面其所创造的商誉也只能附着在“庆某”品牌上，实则替他人作嫁衣裳，也不利于其企业自身的发展。反之，其变更企业名称后，可以通过诚信经营及广告宣传，提高企业的商誉和知名度，打造出自己的品牌，获得双赢格局。

某广播电视总台、深圳市某信息技术有限公司与金某欢侵害商标权纠纷再审案

［广东省高级人民法院（2016）粤民再 447 号民事判决书］

《2016 年中国法院 10 大知识产权案件》第 3 号

2017 年 4 月 24 日

【案情摘要】

2009 年 2 月 16 日，金某欢向商标局申请注册“非诚勿扰”商标，并于 2010 年 9 月 7 日获得核准，核定服务项目为第 45 类，包括“交友服务、婚姻介绍”等。某广播电视总台（以下简称某电视台）旗下的某卫视于 2010 年开办了以婚恋交友为主题、名称为“非诚勿扰”的电视节目。深圳市某信息技术有限公司（以下简称某公司）为“非诚勿扰”节目推选相亲对象，提供广告推销服务，并曾在深圳招募嘉宾，报名地点设在深圳市南山区。金某欢以某电视台和某公司侵害其注册商标专用权为由，向深圳市南山区法院提起诉讼，请求法院判令某卫视频道立即停止使用“非诚勿扰”栏目名称等。一审法院认为，“非诚勿扰”电视节目虽然与婚恋交友有关，但终究是电视节目，相关公众一般认为二者不存在特定联系，不容易造成公众混淆，不构成侵权。深圳市中级人民法院二审认为，从“非诚勿扰”节目简介、开场白、结束语，以及参加报名条件、节目中男女嘉宾互动内容，以及广电总局①的发文、媒体评论，可认定其为相亲、交友节目，与金某欢涉案注册商标所核定的“交友、婚姻介绍”服务相同，构成侵权。广东省高级人民法院再审认为，非诚勿扰电视节目与金某欢注册商标所核准使用的“交友服务、婚姻介绍”在服务目的、内容、方式和对象上均区别明显，以相关公众的一般认知，能够清晰区分电视文娱节目的内容与现实中的婚介服务活动，故二者不构成类似服务。某电视台对“非诚勿扰”标识的使用，不构成对金某欢注册商标权的侵犯，从而撤销二审判决，维持一审判决。

---

① 现为国家新闻出版广电总局。

【典型意义】

本案涉及电视节目名称与商标的关系问题。由于被诉侵权的“非诚勿扰”节目的知名度和广受欢迎，本案也受到了广泛的关注。再审判决对于电视节目名称是否属于商标性使用、如何看待电视节目与内容题材之间的关系、如何判断电视节目的服务类别等问题进行了深入分析。判决认为不能简单、孤立地将电视节目的某种表现形式或某一题材内容从整体节目中割裂开来，而应当综合考察节目的整体和主要特征，把握其行为本质，作出合理认定。判决同时立足于《商标法》的宗旨，以相关公众混淆、误认的可能性作为是否构成商标侵权的判断标准。再审判决认为对注册商标的保护范围和保护强度，应与注册商标权利人对该商标的显著性和知名度所作出的贡献相符，也体现了知识产权司法保护力度与创新程度相适应的“比例协调”司法政策。

某酒庄与国家工商行政管理总局[①]商标评审委员会、南京某酒业有限公司商标争议行政纠纷再审案

［最高人民法院（2016）最高法行再 34 号行政判决书］

《2016 年中国法院 10 大知识产权案件》第 5 号

2017 年 4 月 24 日

【案情摘要】

第 4578349 号“拉菲庄园”商标（争议商标）的申请日为 2005 年 4 月 1 日，核定使用在第 33 类葡萄酒、酒（饮料）等商品上，注册人为南京某酒业有限公司（以下简称某公司）。“LAFITE”商标（引证商标）申请日为 1996 年 10 月 10 日，核定使用在第 33 类的含酒精饮料（啤酒除外）商品上，注册人为某酒庄。某酒庄针对争议商标向国家工商行政管理总局商标评审委员会（以下简称商标评审委员会）提出争议申请。商标评审委员会作出商评字〔2013〕第 55856 号《关于第 4578349 号“拉菲庄园”商标争议裁定书》（以下简称第 55856 号裁定），对争议商标的注册予以撤销。某公司不服，提起行

① 现为国家市场监督管理总局。

政诉讼。北京市第一中级人民法院认为，通过相关媒体的介绍，结合拉菲酒庄的“LAFITE”葡萄酒早在争议商标注册日之前就进入中国市场的情况，国内的相关公众能够了解到“LAFITE”呼叫为“拉斐”“拉菲特”或者“拉菲”，并具有较高的知名度。争议商标的注册违反了2001年《商标法》[①]第二十八条的规定，判决维持第55856号裁定。某公司不服，提起上诉。北京市高级人民法院二审认为，难以认定在争议商标申请日之前，引证商标已经在具有市场知名度，相关公众已经能够将引证商标与“拉菲”进行对应性识别。争议商标的注册和使用长达10年之久，从维护已经形成和稳定的市场秩序考虑，本案争议商标的注册应予维持，判决撤销一审判决及第55856号裁定。某酒庄不服，向最高人民法院申请再审。最高人民法院裁定提审本案，并于2016年12月23日作出再审判决，撤销二审判决，维持一审判决及第55856号裁定。

【典型意义】

本案涉及中英文商标的近似性判断及是否形成稳定的市场秩序等问题。最高人民法院认为，本案中引证商标具有较高的知名度，某酒庄通过多年的商业经营活动，客观上在“拉菲”与“LAFITE”之间建立了稳固的联系，故争议商标与引证商标构成使用在相同类似商品上的近似商标，违反了《商标法》第二十八条的规定。此外，对于已经注册使用一段时间的商标，该商标是否已经通过使用建立较高市场声誉和形成自身的相关公众群体，并非由使用时间长久单一因素来决定，而是在客观上有无通过其使用行为使得相关公众能够将其与相关商标区分开来，以是否容易导致混淆作为判断标准，本案中并不存在这一情形。再审判决对商标构成要素及其整体的近似程度、相关商标的显著性和知名度、稳定的对应关系的认定、相关公众群体等展开论述，在此基础上明确中英文商标的近似性判断的裁判标准，具有十分重要的指导意义。

---

① 现为《商标法》（2019年修正）第三十条。

某某卫厨（中国）股份有限公司诉苏州某某科技发展有限公司、屠某某等侵犯商标权及不正当竞争纠纷案

《最高人民法院发布人民法院充分发挥审判职能作用保护产权和企业家合法权益典型案例》第 5 号

2018 年 1 月 30 日

【基本案情】

某某卫厨（中国）股份有限公司成立于 1994 年，营业范围包括热水器、燃气灶、吸油烟机等的生产、销售。屠某某曾出资设立苏州某某电器有限公司并担任法定代表人。因涉商标侵权和不正当竞争，经人民法院判决，苏州某某电器有限公司被判令变更企业字号、赔偿损失等。2009 年，屠某某与案外人又共同投资设立苏州某某科技发展有限公司、苏州某某中山分公司，法定代表人为屠某某；2011 年 6 月，屠某某与案外人共同投资设立中山某某卫厨公司。上述公司，屠某某均占股 90%。2011 年 12 月，余某某与案外人共同投资设立中山某某集成厨卫公司，其中余某某占股 90%。屠某某、余某某成立的上述公司均从事厨房电器、燃气用具等与某某卫厨（中国）公司相近的业务，不规范使用其注册商标，使用与某某卫厨（中国）公司相近似的广告宣传语，导致相关公众的混淆误认。

【裁判结果】

人民法院认为，苏州某某公司等的行为构成商标侵权及不正当竞争。在法院已经判决苏州某某电器有限公司构成侵权的情况下，足以认定屠某某与余某某在明知某某卫厨（中国）公司“某某”系列注册商标及商誉的情况下，通过控制新设立的公司实施侵权行为，其个人对全案侵权行为起到了重要作用，故与侵权公司构成共同侵权，应对侵权公司所实施的涉案侵权行为所产生的损害结果承担连带责任。人民法院作出（2015）苏知民终字第 00179 号民事判决，判令苏州某某公司及其中山分公司、中山某某集成厨卫有限公司、中山某某卫厨有限公司立即停止将“某某”作为其企业字号；停止侵害某某卫厨（中国）公司注册商标专用权的行为；刊登声明，消除影响；屠某

某、余某某与上述侵权公司连带赔偿某某卫厨（中国）公司经济损失（包括合理费用）200 万元。

【典型意义】

保护知识产权　营造良好营商环境

当前，知识产权侵权易发多发，直接影响企业的正常合法经营发展。本案中，在法院已经判决苏州某某科技发展有限公司等构成商标侵权、不正当竞争及停止使用有关字号等的情况下，侵权公司的法定代表人屠某某、余某某仍然通过设立若干新公司继续对该商标实施侵权行为，法院认定屠某某、余某某恶意设立新公司实施侵权行为构成共同侵权，根据《侵权责任法》[①]第八条规定，判令屠某某、余某某与其设立的公司承担连带责任。本案判决充分体现了司法审判对重复侵权、恶意侵权人加大惩治力度，对于严格知识产权保护，营造良好营商环境具有重要意义。

某米厂与五常市 A 农业股份有限公司、福建 B 综合百货有限公司福州金山某分店、福建 B 综合百货有限公司侵害商标权纠纷案

［最高人民法院（2016）最高法民再 374 号民事判决书］

《最高人民法院办公厅关于印发 2017 年中国法院 10 大知识产权案件和 50 件典型知识产权案例的通知》第 3 号

2018 年 4 月 16 日，法办〔2018〕66 号

【案情摘要】

某米厂为第 1298859 号“稻花香 DAOHUAXIANG”注册商标（涉案商标）专用权人，涉案商标于 1998 年 3 月提出申请，于 1999 年 7 月 28 日获准注册，核定使用商品为第 30 类大米。2009 年 3 月 18 日，黑龙江省农作物品种审定委员会出具的《黑龙江省农作物品种审定证书》记载：品种名称为

① 《侵权责任法》于 2009 年 12 月 26 日第十一届全国人民代表大会常务委员会第十二次会议能通。概据《民法典》第一千二百六十条的规定，《民法典》自 2021 年 1 月 6 日起施行，《侵权责任法》同时废止。

“五优稻 4 号”，原代号为“稻花香 2 号”，推广区域为黑龙江省五常市平原自流灌溉区插秧栽培，该品种经区域试验和生产试验，符合推广优良品种条件，决定从 2009 年起定为推广品种。2014 年 2 月 18 日，某米厂经过公证程序，在福建 B 综合百货有限公司福州金山某分店（以下简称某分店）购买了一袋由五常市 A 农业股份有限公司（以下简称 A 公司）生产、销售的“乔家大院稻花香米”。大米实物包装袋正面中间位置以大字体标注有“稻花香（字体中空，底色黑色）DAOHUAXIANG”。某米厂以 A 公司生产、销售和某分店、B 公司销售的被诉侵权产品侵害其商标权为由，提起诉讼。一审法院认为，“稻花香”不构成通用名称，A 公司未经许可，在产品包装袋上使用与涉案商标非常近似的标志，容易误导消费者，侵害了涉案商标权。遂认定 A 公司、某分店、B 公司的行为构成侵权。二审法院认为，基于五常市这一特定的地理种植环境所产生的“稻花香”大米属于约定俗成的通用名称。A 公司在其生产、销售的大米产品包装上使用“稻花香”文字及拼音以表明大米品种来源的行为，主观上出于善意，客观上也未造成混淆误认，应属于正当使用。遂改判撤销一审判决，驳回某米厂全部诉讼请求。某米厂不服，向最高人民法院申请再审。最高人民法院提审本案后认为，A 公司并无证据证明“稻花香”属于法定的通用名称。农作物品种审定办法规定的通用名称与商标法意义上的通用名称含义并不完全相同，不能仅以审定公告的名称为依据，认定该名称属于商标法意义上的通用名称。审定公告的原代号为“稻花香 2 号”，并非“稻花香”，在涉案商标权已在先注册的情况下，不能直接证明“稻花香”为法定通用名称。最高人民法院遂判决撤销二审判决，维持一审判决。

【典型意义】

本案涉及注册商标专用权与品种名称之间的关系、通用名称的判断标准等问题。本案所涉“稻花香 2 号”是我国大米主要产区黑龙江五常地区的优良稻米品种，案件审理广受业界关注，处理结果更直接关系到“稻花香 2 号”这一稻米品种正常的生产经营活动和市场秩序的规范。最高人民法院通过对《商标法》中一些重要法律问题的阐释，如法定通用名称与约定俗成通用名称的判断标准，以及注册商标专用权与品种名称之间的区别与联系，明确了此类案件的裁判标准，较好地平衡了注册商标权人与品种名称使用人之间的利益关系，在充分保护商标权的前提下，维护了公平有序的市场竞争秩序。

某印书馆有限公司与某教学出版社有限责任公司侵害商标权及不正当竞争纠纷案

［北京知识产权法院（2016）京73民初277号民事判决书］

《最高人民法院办公厅关于印发2017年中国法院10大知识产权案件和50件典型知识产权案例的通知》第5号

2018年4月16日，法办〔2018〕66号

【案情摘要】

自1957年至今，某印书馆有限公司（以下简称某印书馆）连续出版《新华字典》通行版本至第11版。2010—2015年，某印书馆出版的《新华字典》在字典类图书市场的平均占有率超过50%。截至2016年，某印书馆出版的《新华字典》全球发行量超过5.67亿册，获得“最受欢迎的字典”吉尼斯世界纪录及“最畅销的书（定期修订）”吉尼斯世界纪录等多项荣誉。某印书馆诉称某教学出版社有限责任公司（以下简称某出版社）生产、销售“新华字典”辞书的行为侵害了某印书馆“新华字典”未注册驰名商标，且某出版社使用某印书馆《新华字典》（第11版）知名商品特有包装装潢的行为已构成不正当竞争，请求法院判令其立即停止侵害商标权及不正当竞争行为、消除影响并赔偿经济损失。一审法院认为，“新华字典”具有特定的历史起源、发展过程和长期唯一的提供主体以及客观的市场格局，保持着产品和品牌混合属性的商品名称，已经在相关消费者中形成了稳定的认知联系，具有指示商品来源的意义和作用，具备商标的显著特征。“新华字典”已经在全国范围内被相关公众广为知晓，已经获得较大的影响力和较高的知名度，可以认定“新华字典”为未注册驰名商标。某出版社在字典上使用“新华字典”构成复制他人未注册驰名商标的侵权行为。《新华字典》（第11版）使用的装潢所体现的文字、图案、色彩及其排列组合具有识别和区分商品来源的作用，具备特有性。某出版社在辞典商品上使用相近似的装潢设计，足以使相关公众对商品来源产生混淆、误认，构成《反不正当竞争法》第五条第二项规定的不正当竞争行为。一审法院遂判决某出版社立即停止侵权行为、消除影响并赔偿某印书馆经济损失300万元及合理支出27万余元。

【典型意义】

本案是涉及未注册驰名商标保护的典型案例，涉及事实认定、法律适用及利益平衡等复杂问题。本案确立了对“新华字典”这类兼具产品和品牌混合属性的商品名称是否具备商标显著特征的裁判标准。考虑相关公众对“新华字典”的知晓程度、“新华字典”的使用持续时间、销售数量、宣传范围及受保护记录等多方面因素，认定原告某印书馆的“新华字典”构成未注册驰名商标。在给予“新华字典”未注册驰名商标保护的同时，注重平衡其与出版行业正常的经营管理秩序、促进知识文化传播之间的关系。判决明确指出，《商标法》对商标独占使用权利的保护是商标本身而非商标附着的商品，给予商务印书馆独占使用“新华字典”商标的权利并不是给予其出版字典类辞书的专有权，不会造成辞书行业的垄断。通过给予商标保护的方式，促使商标权利人更好地承担商品质量保障的法定义务和传播知识的社会责任，有利于促进出版行业规范有序发展。

B 有限公司与广州市 A 食品有限公司、万某政侵害商标权纠纷案

［广东省高级人民法院（2017）粤民终 633 号民事判决书］

《最高人民法院办公厅关于印发 2017 年中国法院 10 大知识产权案件和 50 件典型知识产权案例的通知》第 7 号

2018 年 4 月 16 日，法办〔2018〕66 号

【案情摘要】

B 公司的关联公司先后于 1996 年、2004 年和 2005 年在中国境内申请注册了第 808460 号商标、第 3514202 号“路虎”商标、第 4309460 号“LANDROVER”商标，以上商标均核定使用在第 12 类“陆地机动车辆”等商品上，具有较高知名度，后转让到 B 公司名下。广州市 A 食品有限公司（以下简称 A 公司）在网站、实体店中宣传销售其“路虎维生素饮料”，相关产品、包装盒及网页宣传上使用的被诉标识包括“路虎”“LANDROVER”“Landrover 路虎”及上下排列的“路虎 LandRover”等。A 公司曾于 2010 年在第 30 类“非

医用营养液”和第 32 类“不含酒精的饮料”等商品上申请注册“路虎 LANDROVER”商标，但均未被核准注册。B 公司以 A 公司的行为构成侵权为由，提起诉讼。一审法院判令 A 公司停止侵权并向 B 公司赔偿经济损失与合理维权开支人民币 120 万元。二审法院认为，B 公司提交的证据已经足以证明，涉案商标已在中国境内广为社会公众知晓，达到驰名程度。被诉侵权行为削弱了 B 公司涉案驰名商标所具有的显著性和良好商誉，损害 B 公司的利益，应予制止。遂判决驳回上诉、维持原判。

【典型意义】

本案是驰名商标跨类保护、加大知识产权保护力度的典型案例。本案裁判除体现了在驰名商标保护案件中应秉持的“按需认定”“个案认定”等基本原则外，其特殊之处在于，除本案被诉侵权标识外，A 公司还实施了大量涉知名企业与知名人物的商标抢注行为，侵权行为的主观恶意明显。本案裁判在关于赔偿数额确定一节中，全面、详尽论述了确定 120 万元赔偿数额的事实与法律依据，彰显了制止恶意囤积商标行为的司法态度。本案在加大驰名商标保护力度、规制商标恶意抢注行为、引导社会公众尊重知识产权等方面，具有良好的裁判导向与示范效果。

北京某源公司与某某汇源公司侵害商标权及不正当竞争纠纷案

《最高人民法院发布人民法院充分发挥审判职能作用保护产权和企业家合法权益典型案例（第二批）》第 4 号

2018 年 12 月 4 日

【基本案情】

北京某源公司系汇源商标和汇源商标权利人，核定使用商品为第 32 类，主要是果汁和果汁饮料等。该两注册商标经过大量使用和宣传，具有较高的市场声誉，并经国家工商行政管理总局①商标局认定为驰名商标。某某汇源公司在其生产销售的三种水果罐头商品上使用“汇源”图文组合标识及“汇源”

① 现为国家市场监督管理总局。

文字标识，在网站宣传中使用“”图文组合标识及“汇源”文字标识。北京某源公司为证明某某汇源公司应当赔偿的损失数额，提供了来源于某某汇源公司工商档案中的《专项审计报告》，证明某某汇源公司侵权期间获得的销售利润为 1.03 亿元，营业利润为 9077 万元，同时某某汇源公司在其宣传网站记载“预计年销售额 2 亿元”内容。北京某源公司请求之一为赔偿经济损失及合理费用 1 亿元。

【裁判结果】

针对北京某源公司赔偿经济损失的请求，一审法院判决某某汇源公司赔偿北京某源公司经济损失 300 万元。北京某源公司认为赔偿数额过低，上诉至最高人民法院。

最高人民法院审理认为，在确定商标侵权损害赔偿责任时，应综合考虑案涉商标的知名度、侵权产品的类型与产量、侵权人的主观恶意、侵权产品的生产销售范围以及对相关公众造成实际混淆的后果等因素。一审法院酌定赔偿额仅考虑了水果罐头的生产和销售量，而没有考虑某某汇源公司还侵权生产冰糖山药罐头和八宝粥两种侵权产品，且鉴于某某汇源公司主观恶意明显，为使北京某源公司受损利益得到补偿，让侵权人某某汇源公司的侵权行为无利可图，根据北京某源公司所提交的某某汇源公司销售额以及获利情况的证据，最高人民法院判决，某某汇源公司赔偿北京某源公司经济损失 1000 万元。

案例索引：最高人民法院（2015）民三终字第 7 号民事判决书。

【典型意义】

“维权成本高，侵权代价低”系当前我国知识产权保护中的突出问题。为加强知识产权保护，《中共中央、国务院关于完善产权保护制度依法保护产权意见》明确要求：“加大知识产权侵权行为惩治力度，提高知识产权侵权法定赔偿上限，探索建立对专利权、著作权等知识产权侵权惩罚性赔偿制度，对情节严重的恶意侵权行为实施惩罚性赔偿，并由侵权人承担权利人为制止侵权行为所支付的合理开支，提高知识产权侵权成本。”近年来，最高人民法院也通过制定司法解释、规范性文件、发布指导性案例、典型案例等形式，不断倡导采用裁量性赔偿、合理开支单独计算等方式提高商标侵权等知识产权案件赔偿数额。本案最高人民法院在认定侵权事实基础上，综合考虑权利人的注册商标知名度，侵权人的主观恶意、生产销售范围以及对相关公众造成实际混淆的后果等因素，依据侵权人的获利情况判决侵权人承担了较高的赔偿额，不仅使权利人受损利益得到有效救济，也让侵权人不因侵权行为而获利，彰显了人民法院着力解决实践中存在的侵权成本低、企业家维权成本高等问题。本案人民法院在现行法律中并未规定惩罚性赔偿制度的情况下，采用裁量性赔偿方法，加大对知识产权侵权的惩罚力度，对于处理同类案件具有典型指引价值。

某香料公司与国家工商行政管理总局[①]商标评审委员会商标申请驳回复审行政纠纷案

［最高人民法院（2018）最高法行再 26 号行政判决书］

《最高人民法院办公厅关于印发 2018 年中国法院 10 大知识产权案件和 50 件典型知识产权案例的通知》第一号

2019 年 4 月 17 日，法办〔2019〕113 号

【案情摘要】

涉案申请商标为国际注册第 1221382 号商标，申请人为某香料公司（以下简称某公司）。申请商标的原属国为法国，核准注册时间为 2014 年 4 月 16 日，国际注册日期为 2014 年 8 月 8 日，国际注册所有人为某公司，指定使用商品为香水、浓香水等。

申请商标经国际注册后，根据《商标国际注册马德里协定》《商标国际注册马德里协定有关议定书》的相关规定，某公司通过世界知识产权组织国际局（以下简称国际局），向澳大利亚、丹麦、芬兰、英国、中国等提出领土延伸保护申请。2015 年 7 月 13 日，国家工商行政管理总局商标局（以下简称商标局）向国际局发出申请商标的驳回通知书，以申请商标缺乏显著性为由，驳回全部指定商品在中国的领土延伸保护申请。在法定期限内，某公司向国家工商行政管理总局商标评审委员会（以下简称商标评审委员会）提出复审

① 现为国家市场监督管理总局。

申请。商标评审委员会认为，申请商标难以起到区别商品来源的作用，缺乏商标应有的显著性，遂以第 13584 号决定，驳回申请商标在中国的领土延伸保护申请。某公司不服，提起行政诉讼。某公司认为，首先，申请商标为指定颜色的三维立体商标，某公司已经向商标评审委员会提交了申请商标的三面视图，但商标评审委员会却将申请商标作为普通商标进行审查，决定作出的事实基础有误。其次，申请商标设计独特，并通过某公司长期的宣传推广，具有较强的显著性，其领土延伸保护申请应当获得支持。

北京知识产权法院及北京市高级人民法院均未支持某公司的诉讼主张。主要理由为：某公司并未在国际局国际注册簿登记之日起 3 个月内向商标局声明申请商标为三维标志并提交至少包含三面视图的商标图样，而是直至驳回复审阶段在第一次补充理由书中才明确提出申请商标为三维标志并提交三面视图。在某公司未声明申请商标为三维标志并提交相关文件的情况下，商标局将申请商标作为普通图形商标进行审查，并无不当。商标局在商标档案中对申请商标指定颜色、商标形式等信息是否存在登记错误，并非本案的审理范围，某公司可通过其他途径寻求救济。某公司不服二审判决，向最高人民法院申请再审。最高人民法院裁定提审，并再审判决撤销一审、二审判决及被诉决定，判令商标评审委员会重新作出复审决定。

【典型意义】

最高人民法院依法公开开庭并当庭宣判某公司立体商标行政纠纷一案，平等保护了中外权利人的合法利益，进一步树立了中国加强知识产权司法保护的负责任大国形象。最高人民法院在本案中指出，作为商标申请人的某公司已经根据《马德里协定》及其议定书的规定，完成了申请商标的国际注册程序，履行了我国《商标法实施条例》规定的必要的声明与说明责任，在申请材料仅欠缺部分视图等形式要件的情况下，商标行政机关应当充分考虑到商标国际注册程序的特殊性，本着积极履行国际公约义务的精神，给予申请人合理的补正机会，以平等、充分保护某公司在内的商标国际注册申请人的合法权益。最高人民法院通过本案的司法审查程序，纠正了商标行政机关关于事实问题的错误认定，强化了对行政程序正当性的要求，充分体现了司法保护知识产权的主导作用。此外，优化国际商标注册程序，是我国积极履行《马德里协定》在内的国际公约义务的重要体现。本案通过为国际商标申请人提供及时有效的司法救济，全面保护了境外当事人的合法权利。

A 商贸有限公司与广州市 B 会展服务有限公司、广州 C 企业管理咨询服务有限公司、A 商贸有限公司上海某店侵害商标权纠纷案

［最高人民法院（2018）最高法民再 396 号民事判决书］

《最高人民法院办公厅关于印发 2018 年中国法院 10 大知识产权案件和 50 件典型知识产权案例的通知》第三号

2019 年 4 月 17 日，法办〔2019〕113 号

【案情摘要】

广州市 B 会展服务有限公司（以下简称 B 公司）与广州 C 企业管理咨询服务有限公司（以下简称 C 公司）为涉案商标的共有人，该商标核定使用商品为第 25 类。A 商贸有限公司（以下简称 A 公司）与 D（中国）商贸有限公司（以下简称 D 公司）共同经营“优衣库”品牌，在中国各地设有专营店。2012 年 11 月 3 日，株式会社 D 向商标局申请 G1133303 号商标领土延伸。A 公司销售的高级轻型羽绒系列服装上有使用标识。B 公司、C 公司依据涉案注册商标专用权，在北京、上海、广东、浙江四地针对 A 公司或 D 公司和不同门店提起了 42 起商标侵权诉讼。根据法院查明的事实，C 公司和 B 公司分别持有注册商标共计 2600 余个，其中部分商标与他人知名商标在呼叫或者视觉上高度近似。B 公司、C 公司曾在某商标转让网上公开出售涉案商标，并向 D 公司提出诉争商标转让费 800 万元。上海市第二中级人民法院一审判决 A 公司停止侵权，驳回其他诉讼请求。B 公司、C 公司、A 公司均不服，提起上诉。上海市高级人民法院二审判决驳回上诉，维持原判。A 公司不服，向最高人民法院申请再审。最高人民法院再审期间查明，D 公司就涉案注册商标向商标评审委员会提出了无效宣告申请。经商标无效程序、法院一审、二审，涉案商标被宣告无效。最高人民法院提审后判决撤销一、二审判决，驳回 B 公司和 C 公司全部诉讼请求。

【典型意义】

“申请注册和使用商标，应当遵循诚信原则。”针对当前社会上部分经营主体违反诚信原则大规模注册与他人知名商标近似商标，有目标有预谋利用司法程序企图获得不正当利益之行为，最高人民法院在判决中指出，B 公司、C 公司以不正当方式取得商标权后，目标明确指向 A 公司等，意图将该商标高价转让，在未能成功转让该商标后，又分别以 A 公司、D 公司及其各自门店侵害该商标专用权为由，以基本相同的事实提起系列诉讼，在每个案件中均以 A 公司或 D 公司及作为其门店的一家分公司作为共同被告起诉，利用 A 公司或 D 公司门店众多的特点，形成全国范围内的批量诉讼，请求法院判令 A 公司或 D 公司及其众多门店停止使用并索取赔偿，主观恶意明显，其行为明显违背诚信原则，对其借用司法资源以商标权谋取不正当利益之行为，依法不予保护。最高人民法院鲜明地表达了恶意取得并利用商标权谋取不正当利益之行为不受法律保护，对建设健康有序的商标秩序，净化市场环境，遏制利用不正当手段取得的商标权进行恶意诉讼具有典型意义。

晋江市青阳 A 鞋厂、郑某忠；莆田市荔城区 B 贸易有限公司因 C 贸易（中国）有限公司与深圳市 D 运动体育用品有限公司等侵害商标权及不正当竞争纠纷拒不履行诉中行为保全裁定被处法定最高限额司法制裁案

［江苏省高级人民法院（2017）苏司惩复 19 号复议决定书；（2018）苏司惩复 4 号复议决定书］

《最高人民法院办公厅关于印发 2018 年中国法院 10 大知识产权案件和 50 件典型知识产权案例的通知》第九号

2019 年 4 月 17 日，法办〔2019〕113 号

【案情摘要】

美国 E 体育运动公司（以下简称 E 公司）享有第 4207906 号“NEW BALANCE”、第 G944507 号注册商标专用权。该公司相关运动鞋的装潢设计已由多个生效民事判决、行政处罚决定书认定为知名商品特有装潢。E 公司

授权原告C贸易（中国）有限公司（以下简称C公司）在中国境内非独占地使用相关知识产权生产销售NEW BALANCE运动鞋，并对侵犯E公司知识产权的行为单独或与其共同提起诉讼。2014年，郑某忠在美国成立名为“USA NEW BAILUN SPORTING GOODS GROUP INC”公司，其将该公司名称翻译为“美国C体育用品集团有限公司”。该美国公司授权国内郑某忠个人独资的深圳市E运动体育用品有限公司（以下简称深圳E公司）、郑某忠经营的个体工商户晋江市青阳A鞋厂（以下简称A鞋厂）及莆田市荔城区B贸易有限公司（以下简称B公司）等生产销售涉案被控侵权运动鞋并进行宣传。C公司认为深圳E公司等被告的行为侵犯其商标权并构成不正当竞争，向苏州市中级人民法院（以下简称苏州中院）提起诉讼。

C公司在起诉时，申请了诉中行为保全，要求深圳E公司等被申请人立即停止在其官网上使用涉案商标，立即删除其官网、微信、微博等有关虚假宣传的内容。苏州中院作出（2016）苏05民初537号行为保全裁定书，责令深圳E公司等被申请人立即停止生产、销售涉案鞋类产品，立即删除在官网、微信、微博等虚假宣传的有关内容等，并向相关被申请人送达。在涉案被申请人拒绝履行生效裁定后，苏州中院又通过直接送达和邮寄送达的方式向被申请人送达了《告知书》，告知其应立即履行生效裁定及拒不履行的法律后果。深圳E公司、B公司、A鞋厂、郑某忠仍未履行。苏州中院据此作出（2017）苏05司惩001号决定书，决定对深圳E公司处以100万元罚款；对B公司处以50万元罚款；对A鞋厂处以10万元罚款；对郑某忠处以10万元罚款。A鞋厂、郑某忠，以及B公司不服罚款决定，分别向江苏省高级人民法院申请复议。江苏省高级人民法院分别作出（2017）苏司惩复19号、（2018）苏司惩复4号复议决定书，驳回A鞋厂、郑某忠以及B公司复议请求，维持苏州中院（2017）苏05司惩001号决定书。

【典型意义】

行为保全措施对知识产权权利人及时制止侵权行为、获得司法救济具有积极的作用。人民法院在审理涉案侵犯商标权和不正当竞争纠纷案件中，依据当事人的申请作出诉中行为保全裁定。在被申请人拒不履行诉中行为保全裁定的情况下，人民法院又依据《民事诉讼法》关于妨害民事诉讼措施的相关规定，对被申请人的行为进行了罚款。本案法院作出的行为保全裁定及罚款决定、复议决定，不仅彰显了我国平等保护中外当事人合法权利及维护司法权威的立场，且通过详细的说理阐明了知识产权诉讼中采取行为保全措施的审查条件，包括担保数额等考量因素的法律适用，也表明了人民法院对拒不履行生效裁定依法坚决予以制裁的鲜明态度。

重庆市磁器口某食品有限公司与重庆某饮食文化有限公司九龙坡分公司等侵害商标权及不正当竞争纠纷案

《依法平等保护民营企业家人身财产安全十大典型案例》第 9 号

2019 年 5 月 21 日

【案情简介】

陈某银系第 3505312 号“陈某银”商标的注册商标专用权人，该商标核定使用商品（第 30 类）为：麻花、面条等。注册有效期自 2004 年 9 月 7 日起至 2014 年 9 月 6 日止，续展注册有效期自 2014 年 9 月 7 日起至 2024 年 9 月 6 日止。陈某银许可原告重庆市磁器口某食品有限公司（以下简称重庆市某公司）使用“陈某银”商标，重庆市某公司有权以自己名义对“陈某银”商标向他人提起商标侵权诉讼，参与诉讼程序，并有权以自己名义全权处理“陈某银”商标的打假、维权事宜。自 2004 年起，“陈某银”先后被评为中国磁器口民间美食文化节“名优特奖”、重庆市著名商标等称号。2012 年至 2015 年，重庆市某公司投入大量广告宣传陈某银麻花。

2015 年 8 月 1 日，被告重庆某饮食文化有限公司九龙坡分公司（以下简称某九龙坡分公司）与陈某江签署《劳动合同》，双方约定陈某江担任调味师岗位。后陈昌江向某九龙坡分公司出具姓名使用授权书：同意贵司在贵司生产的麻花包装上、广告上无偿使用本人的名字，并同意贵司将本人的名字申请作为贵司产品的注册商标。某九龙坡分公司生产的麻花产品包装袋上使用了“陳昌江”“磁器口某”等标志。原告认为某九龙坡分公司生产、销售带有“陳昌江”“磁器口某”标志的麻花产品的行为已构成商标侵权及不正当竞争，遂起诉至法院请求判令重庆某饮食文化有限公司（以下简称某公司）、某九龙坡分公司立即停止在第 30 类麻花产品包装及淘宝网站上对原告“陈某银”商标权的侵权行为及对“磁器口某”的不正当竞争行为，并赔偿原告经济损失及合理费用等。

重庆市第五中级人民法院经审理认为，重庆市某公司经商标权人陈某银的许可，取得“陈某银”注册商标的使用权，并有权以自己名义对“陈某银”商标向他人提起商标侵权诉讼。一般而言，姓名是人类为了区分个体，给每个个体特定名称符号，是通过语言文字信息区别人群个体差异的标识。当姓名作为商标注册并使用时，姓名就和商标在某种程度上产生了重合，同时产生一定冲突。自然人的姓名应用到商业领域后，表现出与商标标识类似的特性，并非人格意义上识别个人的符号，而是用于识别商业活动中的商品或者服务的商业标识，而不因其获得拥有该姓名的自然人授权即可以不受限制地使用在商业活动中用于区别商品或服务。

基于“陳昌江”标识与“陈某银”商标整体外观近似，某九龙坡分公司使用“陳昌江”标识的时间在重庆市某公司使用“陈某银”商标之后，并无任何在先使用的事实，亦无证据表明某九龙坡分公司对其标识进行商业宣传、投入以建立起其标识自身的知名度，考虑到重庆市某公司商标具有较高的知名度，某九龙坡分公司使用“陳昌江”作为商业标识有明显搭便车的故意。从相关公众的角度，容易误认为“陳昌江”与“陈某银”有一定关联性，使公众对商品来源产生混淆误认。因此，被告在其生产、销售的商品上使用“陳昌江”的行为侵犯了重庆市某公司的注册商标专用权。因未能合理解释与磁器口某有何种关联性，被告使用“磁器口某”构成虚假宣传的不正当竞争行为。遂判决：被告某九龙坡分公司立即停止在第30类商品上使用侵犯第3505312号“陈某银”注册商标权的“陳昌江”标识，立即停止使用磁器口某公司的不正当竞争行为，并赔偿经济损失及合理费用共计10万元等，同时由某公司对上述债务承担连带责任。一审宣判后，某公司及某九龙坡分公司不服，提起上诉。重庆市高级人民法院经审理后判决：驳回上诉，维持原判。

【典型意义】

企业商标是生产经营者生产产品或提供服务的质量象征，亦与企业商业信誉、文化品位以及市场核心竞争力等息息相关。我国作为传统文明古国，承载个人技艺、蕴含地方特色、弘扬历史文化的食品小吃、手工工艺品等传统手工产业发达，产生了许多以创始人姓氏或名字注册的知名商标和民族品牌。基于自然人的姓名极易重合或相似的重要特征，对此类商标的依法全面保护尤为重要。本案严格区分商业活动中正当使用自然人姓名与侵害姓名商标权之间的界限，细化了姓名商标侵权的裁判规则，有效制止了攀附他人商誉的不正当竞争行为，对依法保护姓名商标权企业合法权利、引导市场主体守法经营以及营造公平有序的市场竞争环境等具有积极示范意义。

某技研工业株式会社与重庆某贸易有限公司、重庆某集团有限公司侵害商标权纠纷案

［最高人民法院（2019）最高法民再 138 号民事判决书］

《最高人民法院办公厅关于印发 2019 年中国法院 10 大知识产权案件和 50 件典型知识产权案例的通知》第二号

2020 年 4 月 7 日，法办〔2020〕99 号

【案情摘要】

某技研工业株式会社（以下简称某株式会社）获准注册“HONDA”等三枚涉案商标，分别核定使用在第 12 类车辆、摩托车等商品上。后海关查获重庆某贸易有限公司（以下简称某公司）委托某货运代理有限公司申报出口的标有“HONDAKIT”标识的摩托车整车散件 220 辆，申报总价 118360 美元，目的地缅甸，该批货物系由缅甸 A 公司授权委托重庆某集团有限公司（以下简称某集团公司，与某公司系母子公司关系，法定代表人均为万某）加工生产。某株式会社遂以某公司、某集团公司侵害其商标权为由，向云南省德宏傣族景颇族自治州中级人民法院提起诉讼。经审理，一审认定构成侵权，判决某公司、某集团公司立即停止侵权行为并连带赔偿某株式会社经济损失人民币 30 万元。某公司及某集团公司不服，提起上诉。云南省高级人民法院二审认为本案被诉行为属于涉外定牌加工行为，故不构成商标侵权，并判决撤销一审判决，驳回某株式会社的诉讼请求。某株式会社不服，向最高人民法院申请再审。最高人民法院裁定提审本案后，判决撤销二审判决，维持一审判决。

【典型意义】

长期以来，出口被誉为拉动中国经济增长的“三驾马车”之一，而涉外

定牌加工则是重要的出口贸易模式。涉外定牌加工贸易中商标侵权问题备受国内外关注，各地法院涉及此问题的案件较多，判决的结果及理由不尽一致。最高人民法院在本案中明确，商标使用行为是一种客观行为，通常包括许多环节，如物理贴附、市场流通等，是否构成商标法意义上“商标的使用”应当依据《商标法》作出整体一致的解释，不应该割裂一个行为而只看某个环节，要防止以单一环节遮蔽行为过程，要克服以单一侧面代替行为整体。在法律适用上，要维护商标法律制度的统一性，遵循《商标法》中商标侵权判断的基本规则，不能把涉外定牌加工这种贸易方式简单地固化为不侵犯商标权的除外情形。同时，对于没有在中国注册的商标，即使其在外国获得注册，在中国也不享有注册商标专用权，与之相应，中国境内的民事主体所获得的所谓“商标使用授权”，也不属于我国《商标法》保护的商标合法权利，不能作为不侵犯商标权的抗辩事由。本案判决正确反映了“司法主导、严格保护、分类施策、比例协调”的知识产权司法政策导向，有利于营造高质量发展的知识产权法治环境，对今后类似案件的审理具有借鉴意义。

上海某贸易有限公司与原国家工商行政管理总局[①]商标评审委员会、姚某军商标权无效宣告请求行政纠纷案

［北京市高级人民法院（2018）京行终 137 号行政判决书］

《最高人民法院办公厅关于印发 2019 年中国法院 10 大知识产权案件和 50 件典型知识产权案例的通知》第三号

2020 年 4 月 7 日，法办〔2020〕99 号

【案情摘要】

涉案商标“MLGB”由上海某贸易有限公司（以下简称上海某公司）申请注册。在法定期限内，姚某军针对涉案商标，向原国家工商行政管理总局商标评审委员会（以下简称商标评审委员会）提起注册商标无效宣告申请。商标评审委员会认为，涉案商标的字母组合在网络等社交平台上广泛使用，含义消极、格调不高，用作商标有害于社会主义道德风尚，易产生不良影响。

---

① 现为国家市场监督管理总局。

上海某公司虽称涉案商标指称“My life is getting better”，但并未提交证据证明该含义已为社会公众所熟知，社会公众更易将“MLGB”认知为不文明用语。商标评审委员会据此裁定宣告涉案商标权无效。上海某公司不服，向北京知识产权法院提起行政诉讼。北京知识产权法院判决驳回上海某公司的诉讼请求。上海某公司不服一审判决，提起上诉。北京市高级人民法院认为，网络环境下已有特定群体认为“MLGB”具有不良影响的含义，应认定涉案商标含义消极、格调不高。据此判决驳回上诉，维持一审判决。

【典型意义】

近年来，人民法院坚持在知识产权司法裁判中体现正确的价值导向，增强司法的道德底蕴，提高公众对裁判的认同感，传播知识产权司法保护的正能量。《商标法》禁止具有不良影响的标志作为商标使用，避免具有不良影响的商标进入市场环境、在知识产权司法裁判中体现正确的价值导向，是人民法院担负的重要职责。本案终审判决的作出，对于净化网络环境、制止以“擦边球”方式迎合“三俗”行为均具有良好的示范效应，充分发挥了司法裁判对主流文化意识传承和价值观引导的职责作用。此外，二审判决还进一步拓展了此类案件的审理思路，明确了人民法院在判断商标是否具有不良影响的过程中，应当考量的判断主体、时间节点、判断标准以及举证责任等。本案裁判对于人民法院在类似案件审理过程中准确理解和正确适用《商标法》第十条第一款第八项关于“其他不良影响”的规定，具有指导意义。

A 公司与 B 运动器材有限公司侵害商标权纠纷案

［上海市浦东新区人民法院（2018）沪 0115 民初 53351 号民事判决书］

《最高人民法院办公厅关于印发 2019 年中国法院 10 大知识产权案件和 50 件典型知识产权案例的通知》第五号

2020 年 4 月 7 日，法办〔2020〕99 号

【案情摘要】

A 公司是核定使用在健身器材等商品上的“MOTR”商标（涉案商标）的注册人，也是全球从事运动器材生产销售的知名厂商，并在中国拥有多项

发明专利及注册商标。B运动器材有限公司（以下简称B公司）在某展览会上推销使用了涉案商标的健身器材，并通过微信商城等多种方式进行实际销售。A公司以侵害商标权为由，对B公司提起诉讼，并主张适用惩罚性赔偿。后经法院查明，在本案被诉侵权行为发生前，B公司就曾侵犯A公司的知识产权，经A公司发送警告函后，双方签订和解协议，且B公司明确承诺不再从事侵权活动。据此，上海市浦东新区人民法院判令B公司停止侵权行为，并鉴于其重复侵权的情形，适用3倍惩罚性赔偿标准，确定B公司承担300万元的赔偿责任。该案判决后，双方均未上诉。

【典型意义】

本案系适用知识产权侵权惩罚性赔偿标准的典型案例，体现了人民法院严厉打击重复侵权、持续侵权等恶意侵权行为、加大侵权惩处力度的坚定信心。人民法院在判决中明确指出，被告不信守承诺、无视他人知识产权的行为，是对诚信原则的违背，侵权恶意极其严重。为保护商标权人的合法权益，严惩侵权行为，维护市场秩序，对权利人的诉讼请求应当予以全额支持。该案判决后，得到了社会各界的高度评价，《法治日报》更在头版显著位置以“贸易战背景下体现中国‘大国担当’”为标题载文称，此案的判决体现了中国打击知识产权违法犯罪的决心，也体现了中国营造良好营商环境的大国自信。

杭州A科技有限公司、B家居股份有限公司与浙江C建材股份有限公司、浙江D新能源有限公司、云南E环保科技有限公司、盛某君侵害商标权及不正当竞争纠纷案

［浙江省高级人民法院（2019）浙民终22号民事判决书］

《最高人民法院办公厅关于印发2019年中国法院10大知识产权案件和50件典型知识产权案例的通知》第八号

2020年4月7日，法办〔2020〕99号

【案情摘要】

杭州A科技有限公司（以下简称A公司）是核定使用在排风一体机等商

品上的“奥普”商标的权利人。经授权，B 家居股份有限公司（以下简称 B 家居公司）可排他性使用上述商标。被诉侵权行为发生前，A 公司的“奥普”商标已有作为驰名商标被保护的记录。浙江 D 新能源有限公司（以下简称 D 公司）于 2006 年受让取得使用在金属建筑材料商品上的“aopu”商标后，通过许可浙江 C 建材股份有限公司（以下简称 C 公司）等在扣板商品及包装、经销店门头、厂房、杂志广告、网站上大量使用“AOPU 奥普”等标志，且辅以“正宗大品牌”“高端吊顶专家与领导者”等文字进行宣传并实现迅速扩张，在此期间还对 A 公司进行了多次侵权诉讼和行政投诉。后 A 公司与其关联企业对 D 公司享有的“aopu”商标提出无效宣告请求，人民法院于司法审查过程中撤销了商标行政机关维持该商标权有效的决定。A 公司、B 家居公司以 C 公司、D 公司等上述行为侵害其商标权并构成不正当竞争行为为由，提起诉讼。浙江省杭州市中级人民法院一审认为，涉案商标构成驰名商标，C 公司等在金属吊顶商品上使用“AOPU 奥普”等标志的行为构成对涉案商标的复制、模仿，不正当利用了“奥普”商标的市场声誉，损害了驰名商标权利人的利益。且现有证据可证明，C 公司等在本案中的侵权获利已远超法定赔偿上限。一审法院遂判令 C 公司等停止侵权并赔偿经济损失及合理费用共计 800 万元。浙江省高级人民法院二审维持一审判决。

【典型意义】

本案是加大知名品牌保护力度、遏制恶意注册行为的典型案例。二审裁判以鼓励诚实竞争、遏制仿冒搭车为导向，根据商标的知名度与显著性，充分利用现有法律手段，强化知名品牌保护，严厉打击不诚信的商标攀附、仿冒搭车行为，并对双方长达十余年的使用争议作出了明确的市场划分，净化了市场竞争环境，有力规范了商标使用行为。此外，此案还充分体现了人民法院强化民事诉讼在民行交叉纠纷解决中的引导作用这一司法政策导向，充分运用诚信、保护在先权利、维护公平竞争、禁止权利滥用等原则作出公正裁判，对引导后续商标权行政纠纷的正确解决发挥了积极作用。

A 公司与 B 公司侵害商标权纠纷案

《侵害知识产权民事案件适用惩罚性赔偿典型案例》第二号

2021 年 3 月 15 日

【基本案情】

A 公司于 2004 年 2 月 14 日取得的注册商标专用权，该商标核定使用在第 25 类的围巾、服装、手套等商品上。2015 年 6 月，A 公司发现 B 公司在其天猫网站的“B 服饰专营店”上销售的“羊绒线”产品上突出使用了涉案商标中的显著要素，即“鄂尔多斯”中文文字。A 公司提起侵权诉讼。北京知识产权法院认为，B 公司实施被诉侵权行为的获利可以通过侵权产品销售总数、产品单价以及产品合理利润率三者之积确定。A 公司的“鄂尔多斯”系列商标具有较高的知名度，“天猫”店铺的产品利润率较高，实施被诉侵权行为给商标权人造成的损害更为严重。B 公司作为“毛线、围巾线、羊绒线”等与服装存在紧密关联商品的经营者，理应知晓涉案商标的知名度，其在自营网店突出使用与涉案商标几乎完全相同的标识且侵权时间较长，主观恶意明显，侵权情节严重，按照 B 公司因侵权获利的 2 倍确定赔偿数额。

【典型意义】

该案充分体现了人民法院正确实施惩罚性赔偿制度和严厉制裁恶意侵害商标权行为的信心和决心。裁判文书的说理部分充分且清晰地阐述了认定“主观恶意”、确定惩罚性赔偿“基数”和“倍数”时所应考虑的因素，使判决形成的过程更透明，判决结果更具说服力。该案宣判后，双方当事人均未上诉，取得了良好的社会效果。

A 科技公司等与中山 B 公司等侵害商标权及不正当竞争纠纷案

《侵害知识产权民事案件适用惩罚性赔偿典型案例》第三号

2021 年 3 月 15 日

【基本案情】

2011 年 4 月，A 科技公司注册了“小米”商标，核定使用商品包括手提电话、可视电话等。此后还陆续申请注册了“MI”“智米”等一系列商标。A 科技公司、A 通讯公司自 2010 年以来，先后获得行业内的多项全国性荣誉，各大媒体对 A 科技公司、A 通讯公司及 A 手机进行持续、广泛的宣传报道。

2011 年 11 月，中山 B 公司申请注册“小米生活”商标，2015 年被核准注册，核定使用商品包括电炊具、热水器、电压力锅等。2018 年“小米生活”注册商标因“系通过不正当手段取得注册”被宣告无效。此外，在中山 B 公司注册的 90 余件商标中，不仅有多件与 A 科技公司“小米”“智米”标识近似，还有多件与“百事可乐 PAPSIPAPNE”“盖乐世”“威猛先生”等知名品牌相同或近似。

江苏省高级人民法院认为，网店商品的评论数可以作为认定商品交易量的参考依据。涉案 23 家店铺的销售额可以纳入本案侵权获利额的计算范围。同时认为：（1）直到二审期间，中山 B 公司等仍在持续宣传、销售被诉侵权商品，具有明显的侵权恶意。（2）中山 B 公司等通过多家电商平台、众多店铺在线上销售，网页展示的侵权商品多种多样，数量多，侵权规模大，该情节亦应作为确定惩罚数额的考量因素。（3）“小米”商标为驰名商标，具有较高的知名度、美誉度和市场影响力。（4）被诉侵权商品被上海市市场监督管理局认定为不合格产品，部分用户亦反映被诉侵权商品存在一定的质量问题。中山 B 公司等实施的被诉侵权行为导致 A 科技公司、A 通讯公司良好声誉受到损害，应当加大惩处力度，以侵权获利额为赔偿基数，按照 3 倍确定赔偿额，对 A 科技公司、A 通讯公司主张的 5000 万元赔偿额予以全额支持。

【典型意义】

该判决全面分析阐述了认定惩罚性赔偿的“恶意”“情节严重”要件以

及确定基数和倍数的方法，既考虑到被诉侵权商品销售特点，又全面分析了影响惩罚倍数的相关因素，确定了与侵权主观恶意程度、情节恶劣程度、侵权后果严重程度相适应的倍数，为惩罚性赔偿制度的适用提供了实践样本，体现了严厉打击严重侵害知识产权行为的导向。

某公司与徐某华等侵害商标权纠纷案

《侵害知识产权民事案件适用惩罚性赔偿典型案例》第四号

2021 年 3 月 15 日

【基本案情】

某公司经商标注册人许可，独占使用“[illegible]”注册商标。徐某华实际控制的店铺曾因销售假冒五粮液白酒及擅自使用“五粮液”字样的店招被行政处罚。徐某华等人因销售假冒的“五粮液”等白酒，构成销售假冒注册商标的商品罪，被判处有期徒刑等刑罚。在徐某华等人曾因销售假冒“五粮液”商品被行政处罚和刑事处罚的情形下，一、二审法院考量被诉侵权行为模式、持续时间等因素，认定其基本以侵权为业，判令承担 2 倍的惩罚性赔偿责任。

【典型意义】

徐某华因侵权被行政处罚后再次实施相同或者类似侵权行为，后又被人民法院裁判承担刑事责任。在此情形下，一、二审法院充分考虑被诉侵权行为持续时间等因素，合理确定惩罚性赔偿的基数和倍数，准确界定“以侵害知识产权为业”等“情节严重”情形，依法惩处严重侵害知识产权行为，有力保护了知识产权权利人的合法权益，具有示范意义。

A 公司与阮某强等侵害商标权纠纷案

《侵害知识产权民事案件适用惩罚性赔偿典型案例》第五号

2021 年 3 月 15 日

【基本案情】

A 公司拥有“adidas”系列商标权，且知名度高。阮某强等人出资注册成立的 B 公司于 2015 年至 2017 年先后三次被行政部门查获侵犯 A 公司“adidas”系列商标权的鞋帮产品，并被处以行政处罚，累计侵权产品数量高达 17000 余双。A 公司提起民事诉讼，请求适用惩罚性赔偿判令阮某强等人赔偿 A 公司经济损失 2641695.89 元。

浙江省温州市中级人民法院认为，B 公司主观恶意非常明显，被诉侵权行为持续时间长，后果恶劣，属于情节严重的情形。该院选取 189 元/双正品鞋单价作为计算依据，采信 A 公司提供的 2017 年度会计报表所显示的 50.4% 的毛利润率，并将 B 公司第三次被查获的 6050 双鞋帮计算为销售量，又考虑被诉侵权产品均为鞋帮产品，并非成品鞋，尚不能直接用于消费领域，酌情扣减 40%，最终以 A 公司经济损失 345779.28 元的 3 倍确定了 1037337.84 元的赔偿数额。

【典型意义】

准确计算惩罚性赔偿的基数是适用惩罚性赔偿制度的重要前提。二审法院对于权利人尽了最大努力所举证据，不轻易否定，而是坚持优势证据标准，合理确定了惩罚性赔偿的基数，同时，在适用“依请求原则”、认定“情节严重”方面也具有示范意义。

A公司与B公司侵害商标权纠纷案

《侵害知识产权民事案件适用惩罚性赔偿典型案例》第六号

2021年3月15日

【基本案情】

A公司是“欧普”“欧普”注册商标的权利人，核定使用商品为灯、日光灯管等，其中“欧普”注册商标多次被认定为广东省著名商标，并于2007年被认定为中国驰名商标。B公司在其生产的台灯、小夜灯等灯产品及相关宣传网页上使用“欧普特”“OUPUTE欧普特”“”及“”等标识，并在各大实体超市及天猫等网站上销售、许诺销售。B公司生产的灯类商品因质量不合格被行政机关处罚。

A公司向法院起诉，请求认定B公司构成侵权，并请求适用惩罚性赔偿，赔偿其经济损失及合理费用300万元。一、二审法院均认为B公司不构成商标侵权，未支持其诉讼请求。广东省高级人民法院再审认为，A公司请求保护的商标具有较强的显著性并已达到驰名程度，B公司在灯类产品中使用的被诉标识与A公司的涉案商标构成近似标识，容易构成混淆，应认定构成商标侵权。B公司作为同行业经营者，在明知A公司及其商标享有较高的知名度和美誉度，且明知“欧普特”商标在灯类商品的注册申请被驳回的情况下，仍故意将“欧普特”商标注册在其他类别并使用于灯类商品上，大量生产、销售侵权产品，且产品质量不合格，其侵犯A公司商标权的主观恶意明显，情节严重，应当适用惩罚性赔偿。故按照涉案商标的许可使用费、侵权行为持续时间确定赔偿基数为127.75万元，并综合考虑B公司的主观恶意程度和侵权行为的性质、情节和后果等因素，按照赔偿基数的3倍确定赔偿数额。

【典型意义】

该案再审判决明确了知识产权惩罚性赔偿适用中的“依请求原则”“主观恶意”和“情节严重”的规则边界和证明标准，并提出精细化计算确定赔偿数额的“基数”和“倍数”的方法和路径，具有重要的法律适用指导价值。该案荣获“全国法院系统2020年度优秀案例分析评选”一等奖、“第四届全国知识产权优秀裁判文书”二等奖。

A 维他命饮料有限公司与 B 医药保健有限公司商标权权属纠纷案

［最高人民法院（2020）最高法民终 394 号民事判决书］

《2020 年中国法院 10 大知识产权案件》第三号

2021 年 4 月 16 日

【案情摘要】

B 医药保健有限公司（以下简称泰国 B 公司）与案外人签订合资合同，约定成立合资公司，即 A 维他命饮料有限公司（以下简称 A 公司），泰国 B 公司为 A 公司提供产品配方、工艺技术、商标和后续改进技术。双方曾约定，A 公司产品使用的商标是该公司的资产。经查，17 枚“红牛”系列商标的商标权人均为泰国 B 公司。其后，泰国 B 公司与 A 公司先后就 A 系列商标签订多份商标许可使用合同，A 公司支付了许可使用费。此后，A 公司针对“红牛”系列商标的产品，进行了大量市场推广和广告投入。A 公司和泰国 B 公司均对“红牛”系列商标进行过维权及诉讼事宜。后 A 公司向北京市高级人民法院提起诉讼，请求确认其享有“红牛”商标权，并判令泰国 B 公司支付广告宣传费用 37.53 亿元。一审法院判决驳回 A 公司的全部诉讼请求。A 公司不服，上诉至最高人民法院。最高人民法院二审认为，原始取得与继受取得是获得注册商标专用权的两种方式。判断是否构成继受取得，应当审查当事人之间是否就权属变更、使用期限、使用性质等作出了明确约定，并根据当事人的真实意思表示及实际履行情况综合判断。在许可使用关系中，被许可人使用并宣传商标，或维护被许可使用商标声誉的行为，均不能当然地成为获得商标权的事实基础。最高人民法院遂终审判决驳回上诉、维持原判。

【典型意义】

本案是当事人系列纠纷中的核心争议。本案判决厘清了商标转让与商标许可使用的法律界限，裁判规则对同类案件具有示范意义，释放出平等保护国内外经营者合法权益的积极信号，使司法服务高质量发展，助力改善优化营商环境的生动实践。

A公司与某市B医院侵害商标权及不正当竞争纠纷案

《人民法院充分发挥审判职能作用保护产权和企业家合法权益典型案例（第三批）》第三号

2021年5月19日

【基本案情】

再审申请人A医疗管理咨询（某市）有限公司（以下简称A公司）因与被申请人某市B妇产医院（以下简称某市B医院）、某市C妇产医院有限公司（以下简称某市C公司）侵害商标权及不正当竞争纠纷案中，A公司请求判令某市B医院停止侵害其“和睦家”文字商标和图形商标、停止使用“和睦佳”文字并变更企业名称、赔偿300万元。A公司于2007年11月7日注册前述两商标，在某市B医院和某市C公司成立之前，在北京、上海、广州等地陆续成立7家使用“和睦家”字号的医疗机构，在医疗服务上长期使用“和睦家”字号和商标；“和睦家”系列医疗机构作了大量广告宣传，相关医疗机构的年度营业收入达到一定规模，也获得一些荣誉。全国或者地方发行的报纸期刊等也对上述“和睦家”医疗机构作了不少宣传报道。某市C公司和某市B医院分别成立于2011年4月和6月，经营范围包括预防保健科、妇产科、新生儿专业等，在医疗服务中突出使用“和睦佳”文字标识，还同时使用了与上述A公司图形商标高度近似的图形标识。

【裁判结果】

一审法院认为，某市B医院和某市C公司使用的图形标识与A公司图形商标不构成近似，某市B医院和某市C公司使用“和睦佳”企业字号主观上无恶意，故某市B医院和某市C公司上述行为未损害注册商标权，也不构成不正当竞争行为；但某市B医院和某市C公司在经营活动中突出使用的“和睦佳”文字与A公司拥有的“和睦家”文字商标近似，构成商标侵权行为，故判决某市B医院和某市C公司停止侵害“和睦家”文字商标并赔偿30万元，驳回其他诉讼请求。二审法院维持了一审判决。最高人民法院再审审理认为：A 公司请求保护的“和睦家”具有一定的市场知名度，为相关公众所知悉。某市 B 医院和某市 C 公司使用“和睦佳”以攀附 A 公司“和睦家”字号商誉的主观意图很明显，其使用“和睦佳”作为企业字号的行为已构成《反不正当竞争法》所指的擅自使用他人企业名称、引人误认的不正当竞争行为。某市 B 医院和某市 C 公司使用的图形标识与 A 公司拥有的图形商标整体结构和主要识别部分高度近似，在形态上均易被识别为一对父母怀抱婴儿的图像；其在医院经营活动中突出使用与 A 公司“和睦家”文字商标近似的“和睦佳”文字标识的同时，还联合使用与 A 公司图形商标近似的图形标识，容易使相关公众对二者的医疗服务产生混淆，仿冒 A 公司医疗服务来源的主观意图非常明显，其行为构成侵害注册商标专用权。据此，最高人民法院判决支持 A 公司的全部诉讼请求，判决某市 B 医院和某市 C 公司停止侵害注册商标专用权的行为、变更企业名称，同时综合考虑某市 B 医院和某市 C 公司的主观意图、行为影响等侵权情节、A 公司为制止侵权行为所支出的合理费用等因素，按照法定最高限额判决某市 B 医院和某市 C 公司赔偿 300 万元。

【典型意义】

《产权保护意见》明确要求：“依法审理商标侵权，加强品牌商誉保护。依法审理反不正当竞争纠纷案件，破除行业垄断和市场分割。”加强商标权司法保护，维护市场竞争秩序，是建设品牌强国，服务高质量发展的必然要求。本案再审判决综合考虑请求保护的“和睦家”商标和字号的知名度以及被诉侵权人的主观恶意，改判明显攀附“和睦家”医疗服务商标商誉的被告停止侵犯商标权和不正当竞争行为、消除影响并全额支持其赔偿请求 300 万元，有力保护了知名医疗服务商标。判决后，被告主动履行了变更名称、登报消除影响的判决义务。该案再审判决采用法定最高限额顶格赔偿的方式制裁恶意侵害商标权和不正当竞争行为，向社会宣示了人民法院加大惩治知识产权侵权行为力度的积极信号，有利于预防和遏制相关侵权行为，切实加强知识产权保护，规范和保障市场竞争秩序，具有良好的法律效果和社会效果。

杭州市西湖区某茶产业协会诉芜湖某茶叶有限公司侵害商标权及不正当竞争纠纷案

《人民法院服务和保障长三角一体化发展典型案例》第七号

2021 年 11 月 2 日

【基本案情】

2011 年 6 月 28 日，杭州市西湖区某茶产业协会（以下简称某茶产业协会）申请注册了第 9129815 号“西湖龙井”地理标志证明商标，核定使用商品为第 30 类茶叶，注册有效期至 2021 年 6 月 27 日。2012 年 5 月，“西湖龙井”被国家工商行政管理总局①认定为驰名商标。“西湖龙井”地理标志证明商标使用管理规则第五条载明：“使用‘西湖龙井’地理标志证明商标的商品的生产地域范围为杭州市政府划定的西湖龙井茶保护基地，涉及西湖、转塘、双浦、留下四个乡镇（街道）。”2019 年 9 月 16 日，某茶产业协会的委托代理人邹某向浙江省义乌市公证处申请证据保全，运用公证处的办公计算机登录 www. 1688. com 网站，查看“淘客东方红”账号下已购买的订单页面，查看订单号为 624158307432796923 订单的详情、货品快照、货品最新销售详情。货品快照的标题为“125G 新款小清新茶叶罐西湖龙井马口铁罐包装盒厂家直销支持定制”，颜色为绿色西湖龙井，左侧照片正中有一款标有“西湖龍井”文字标识的包装盒，右侧显示“芜湖某茶叶有限公司；联系人：强某；经营模式：生产加工”。某茶产业协会诉称芜湖某茶叶有限公司（以下简称某公司）的行为侵害其注册商标专用权，请求判令某公司立即停止侵害第 9129815 号注册商标专用权的行为及不正当竞争行为，并赔偿损失及合理费用共计 5 万元。

【裁判结果】

安徽省芜湖经济技术开发区人民法院认为，合法注册的商标应当受到法律保护。本案中，某公司未经许可在茶叶包装盒及阿里巴巴 1688 平台的店铺

---

① 现为国家市场监督管理总局。

页面上多处使用带有“西湖龍井”“XIHULONGJING”的标识，具有识别商品来源的功能，属于商标性使用，龍虽系龙的繁体字，但二者含义与读音相同，故某公司的上述行为容易造成相关公众的混淆和误认，侵犯了第 9129815 号注册商标专用权，依法应当承担停止侵权、赔偿损失的民事责任。对于赔偿损失的数额，由于某公司在 2015 年曾侵犯过“安吉白茶”中英文及图形注册商标专用权，现再次侵犯同处于茶叶领域内具有极高知名度的“西湖龙井”文字注册商标专用权，主观上具有恶意，依法适用惩罚性赔偿。该院判令：某公司立即停止侵害某茶产业协会第 9129815 号“西湖龙井”注册商标专用权的行为；某公司赔偿某茶产业协会经济损失 43000 元；驳回某茶产业协会的其他诉讼请求。案件判决后，双方当事人均未提起上诉。

【典型意义】

位于江海交汇之地的长三角区域一直是我国改革开放的前沿阵地，随着长三角一体化发展从区域性发展上升为国家战略，充分发挥知识产权审判职能作用，努力打造知识产权司法保护引领区，是长三角地区法院的一项重要工作。

本案系侵害商标权纠纷。本案中，某公司向消费者提供带有地理标志的包装盒，但无法证明产品符合该地理标志的产地和品质要求，属于未经地理标志商标注册人许可，在同一种商品上使用与其注册商标相同或近似的商标，构成商标侵权。同时，某公司曾因侵害他人商标权被诉，现再次实施侵害商标专用权的行为，主观上具有明显的故意，客观上将侵权范围不断扩大，属于情节严重。故本案适用惩罚性赔偿，有效地发挥了惩罚性赔偿的威慑作用，增强了权利人对知识产权司法保护的获得感和安全感。本案中，人民法院公正司法，促进长三角地区知识产权平等保护，为激发创新源动力、推动长三角地区自主创新发展提供了有力的司法保护。

A 制药股份有限公司与广州 B 商务咨询有限公司等侵害商标权及不正当竞争纠纷案

［最高人民法院（2020）最高法民再 23 号民事判决书］

《2021 年中国法院 10 大知识产权案件》第一号

2022 年 4 月 21 日

【案情摘要】

A 制药股份有限公司（以下简称 A 公司）是“双飞人”注册商标权利人，该商标核定使用商品为第 3 类的花露水、化妆品等。同时，A 公司还是两个核定使用在爽水产品上的双飞人立体商标的权利人。法国 C 制药厂拥有指定使用在第 3 类商品上的“利佳”注册商标，广州 B 商务咨询有限公司（以下简称 B 公司）独家代理在中国境内宣传、推广、分销和销售利佳薄荷水等“利佳”品牌化妆品。A 公司以 B 公司等生产、销售利佳薄荷水侵害其注册商标专用权，并同时实施了不正当竞争行为为由，向法院提起诉讼。一审法院认为，利佳薄荷水与“双飞人”商标核定使用的“双飞人爽水”属于相同商品。经对比，被诉侵权产品包装与 A 公司的立体商标构成近似并可能导致相关公众混淆误认，B 公司侵害了 A 公司的立体商标专用权。同时，B 公司为实现商业目的，在产品宣传中强调其产品为“双飞人”产品（双飞人药水），构成对“双飞人”文字商标的侵权。此外，利佳薄荷水的包装装潢与 A 公司知名商品的包装装潢近似，B 公司的行为构成不正当竞争。赖斯特公司等不服提起上诉，二审法院判决驳回上诉、维持原判。B 公司向最高人民法院申请再审。最高人民法院再审认为，B 公司提交的证据可以证明，法国 C 制药厂自 20 世纪 90 年代起在部分地区的报纸上刊登“双飞人药水”广告，持续时间较长、发行地域和发行量较大，可证明法国 C 制药厂在先使用的“双飞人药水”所采用的“蓝、白、红”包装有一定影响。A 公司明知“双飞人药水”存在于市场，却恶意申请注册与“双飞人药水”包装近似的立体商标并行使权利，其行为难言正当，B 公司的在先使用抗辩成立。A 公司关于 B 公司构成侵害注册商标专用权及不正当竞争的主张均不能成立。最高人民法院遂判决撤销一、二审判决，驳回 A 公司的诉讼请求。

【典型意义】

本案涉及商标先用权抗辩的审查问题。先用权抗辩制度的目的，是保护善意的在先使用者在原有范围内继续使用其有一定影响的商业标识的利益，是诚信原则在商标法领域的重要体现。再审判决有效保护了诚信经营带来的使用权益，是人民法院加强知识产权诉讼诚信体系建设的有益探索。

某有限责任公司、某（上海）贸易有限公司与原广州某宝贝母婴用品有限公司等侵害商标权及不正当竞争纠纷案

［浙江省高级人民法院（2021）浙民终 294 号民事判决书］

《2021 年中国法院 10 大知识产权案件》第六号

2022 年 4 月 21 日

【案情摘要】

某有限责任公司（以下简称某公司）是“惠氏”“WYETH”等注册商标的权利人，某（上海）贸易有限公司（以下简称某上海公司）经许可在中国使用上述商标并进行维权。原广州某宝贝母婴用品有限公司（以下简称原广州某公司）长期大规模生产、销售带有“惠氏”“WYETH”“惠氏小狮子”标识的母婴洗护产品等商品，并通过抢注、受让等方式在洗护用品等类别上获得“惠氏”“WYETH”等商标，在宣传推广中明示或暗示与某公司具有关联关系，并与其他被告以共同经营网上店铺等方式，实施线上线下侵权行为，获利巨大。某公司、某上海公司以原广州某公司等为被告，诉至法院。一审法院认定侵权成立，判决全额支持了某公司、某上海公司的诉讼请求。各被告均不服，提起上诉。浙江省高级人民法院二审认为，某公司、某上海公司明确请求适用惩罚性赔偿，根据在案证据可证明的原广州某公司侵权获利情况，按照赔偿基数的 3 倍计算，某公司、某上海公司提出的 3000 万元的诉讼请求应予全额支持。二审法院当庭宣判驳回上诉、维持原判。

【典型意义】

本案是人民法院适用惩罚性赔偿的典型案例。本案通过依法判处惩罚性赔偿，显著提高侵权违法成本，让侵权者得不偿失，让遭受侵权者得到充分救济，让“侵犯知识产权就是盗取他人财产”观念深入人心。

某股份公司诉苏州某公司、某包装公司、滑某侵害商标权及不正当竞争纠纷案

《人民法院贯彻实施民法典典型案例（第二批）》第十五号

2023年1月12日

【典型意义】

《知识产权强国建设纲要（2021—2035）》提出，要建设支撑国际一流营商环境的知识产权保护体系。知识产权司法保护作为知识产权保护体系的重要力量，发挥着不可或缺的重要作用。本案是人民法院依法保护企业字号和商标权益，服务保障疫情防控和经济社会发展的典型案例。本案中，某股份公司是知名医用卫生材料生产企业，商标及企业字号在业内知名度较高。侵权人故意以该字号为名称注册企业，生产销售口罩产品，有组织、有分工地实施严重的商标侵权及不正当竞争行为。对此，审理法院判决通过适用惩罚性赔偿、加大赔偿力度、认定共同侵权、责令停止使用字号等方式予以严厉惩治，有力保护了权利人的知识产权和相关权利，诠释了人民法院全面加强知识产权司法保护、维护公平竞争秩序的基本理念，实现了政治效果、法律效果和社会效果的有机统一。

【基本案情】

某股份公司成立于2000年，业务覆盖医用敷料、手术耗材、医用卫生材料及家庭卫生护理用品等领域，在口罩等多个商品上注册有诸多商标。某股份公司在业内具有较高的知名度和影响力。苏州某公司成立于2020年，在生产销售的口罩产品图片、参数、详情、包装箱、合格证、价签、包装袋以及经营环境、公众号、网站等处使用“品牌：苏稳、品牌：某、品牌：WIN-

NER/某、生产企业：苏州某医疗用品有限公司”“某医疗、SW 苏稳、WJ 某医疗、苏州某医疗”“苏州某公司”“苏州某医疗用品有限公司”等字样，对其产品、公司及经营进行宣传介绍。滑某分别持有苏州某公司、某包装公司99%、91.6667%股份。苏州某公司办公地址位于某包装工业园内，销售的口罩包装袋上标注某包装公司官网地址，出具的销售收据加盖某包装公司公章。某包装公司官网大篇幅介绍苏州某公司产品及企业信息，网店销售苏州某公司口罩，并自称“自有工厂”“源头厂家”。滑某将某包装公司网店销售口罩的收入纳入个人账户。某股份公司认为上述行为侵害其商标权，并构成不正当竞争，某包装公司、滑某实施共同侵权，故要求苏州某公司停止侵权并赔偿损失，某包装公司、滑某承担连带责任。

【裁判结果】

生效裁判认为，涉案注册商标及企业字号知名度较高。苏州某公司在口罩产品和公司网站、网店、公众号上使用与涉案注册商标相同或近似的标识，擅自注册、使用“某”字号及企业名称，开展相同经营活动，具有明显攀附某股份公司商誉的目的，造成混淆误认，构成商标侵权及不正当竞争。苏州某公司、某包装公司高度关联，滑某为两公司绝对控股股东，个人与公司财产混同。在滑某策划与控制下，两公司分工合作，共同实施侵权行为，三者应当承担连带责任。苏州某公司、某包装公司、滑某明知涉案商标及字号在业内知名度极高，使用侵权字号注册公司，有组织、有分工地实施上述行为，且在某股份公司两次举报后仍继续实施侵权行为，并向市场监管部门进行不实陈述，严重违背诚信原则和商业道德。同时，本案侵权商品价格低廉，未经正规检验程序即向公众销售，质量堪忧，极大损害某股份公司商誉，严重危及公众健康。本案侵权渠道多样，包括线上官网、网店、线下销售，线上覆盖了微信、抖音、淘宝、1688 等，而且侵权规模较大、时间跨度长，当事人拒绝根据法院要求提交财务账册等证据。因此，法院认为苏州某公司、某包装公司、滑某侵权情节严重，主观故意明显，对于可以查明的侵权获利部分，依法适用 4 倍惩罚性赔偿；对于无法查明具体销量的部分，综合考虑严重侵权情节，适用法定赔偿确定赔偿额。据此判决苏州某公司、某包装公司、滑某立即停止侵害商标专用权行为及不正当竞争行为，苏州某公司立即停止使用现有企业名称，三者共同赔偿某股份公司损失及维权合理费用

1021655 元。

【民法典条文指引】

第一百七十九条 承担民事责任的方式主要有：

（一）停止侵害；

（二）排除妨碍；

（三）消除危险；

（四）返还财产；

（五）恢复原状；

（六）修理、重作、更换；

（七）继续履行；

（八）赔偿损失；

（九）支付违约金；

（十）消除影响、恢复名誉；

（十一）赔礼道歉。

法律规定惩罚性赔偿的，依照其规定。

本条规定的承担民事责任的方式，可以单独适用，也可以合并适用。

第一千一百六十八条 二人以上共同实施侵权行为，造成他人损害的，应当承担连带责任。

“张百年”仿冒混淆纠纷案

——仿冒混淆行为的认定

《人民法院反不正当竞争典型案例》第 7 号

2022 年 11 月 17 日

【案号】

最高人民法院（2022）最高法民再4 号［郑州 A 医药有限公司诉徐振强、金牛区 B 保健用品批发部、成都市 C 医药科技有限公司侵害商标权及不正当竞争纠纷案］

【基本案情】

A 公司系“张百年”及“虎镖”注册商标的专用权人以及“张百年牌虎镖痛可贴”系列产品商品名称及包装权益的享有者。根据在先刑事判决的认定，徐某在其经营的 B 批发部和 C 公司销售了被诉侵权商品。被诉侵权商品与 A 公司生产销售的“张百年牌虎镖痛可贴”商品类别和名称相同、外包装近似，且使用了 A 公司的企业名称。A 公司以徐某等实施了侵害商标权及不正当竞争行为为由，提起诉讼。一、二审法院认定被诉侵权行为构成侵害注册商标专用权，但驳回了 A 公司与不正当竞争有关的诉讼请求。A 公司向最高人民法院申请再审。最高人民法院提审认为，被诉侵权商品与 A 公司有一定影响的商品名称及包装高度近似，且标注了 A 公司的企业名称，容易导致相关公众误认为该商品来源于 A 公司或者与 A 公司存在特定联系，徐某在其经营的 B 批发部、C 公司销售被诉侵权商品的行为违反《反不正当竞争法》第六条的规定，遂改判徐某等停止不正当竞争行为并共同赔偿 A 公司经济损失及合理开支 30 万元。

【典型意义】

本案是严惩仿冒混淆行为、净化市场环境的典型案例。再审判决依法认定被诉侵权行为构成仿冒混淆的不正当竞争行为，明确销售被诉侵权产品应当承担的法律责任，并根据侵权具体情节对赔偿数额作了相应调整，对统一类案裁判标准具有积极意义。

“西门子”仿冒混淆纠纷案

《2023 年人民法院反垄断和反不正当竞争典型案例》第 6 号

2023 年 9 月 14 日

【案号】

最高人民法院（2022）最高法民终 312 号［A 股份公司、A（中国）有限公司与宁波 B 电器有限公司、昆山 C 电器有限公司等侵害商标权及不正当

竞争纠纷案]

【基本案情】

核准注册在洗衣机商品上的涉案注册商标“西门子”由A股份公司（以下简称A公司）及A（中国）有限公司（以下简称A中国公司）享有专用权，经过长期使用具有较高知名度。A公司及A中国公司的字号“西门子”亦具有一定的影响。宁波B电器有限公司（以下简称B公司）在其生产销售的洗衣机产品、产品外包装及相关宣传活动中使用了“上海A电器有限公司”标识；个人独资企业昆山C电器有限公司（以下简称C公司）销售了前述被诉侵权产品。A公司及A中国公司以B公司、C公司的前述行为侵害了其注册商标专用权并构成不正当竞争为由提起本案诉讼，请求赔偿经济损失1亿元及合理开支163000元。江苏省高级人民法院一审认为，B公司、C公司的行为构成商标侵权及不正当竞争，全额支持了A公司及A中国公司的赔偿请求。B公司等不服，提起上诉。

最高人民法院二审认为，B公司在洗衣机机身上、商品外包装及宣传活动中使用“上海A电器有限公司”，分别对A公司构成商标侵权及《反不正当竞争法》第六条第二项、第四项规定的不正当竞争行为。鉴于B公司在诉讼中拒不提供与侵权行为相关的财务资料，一审法院将在案的媒体报道内容作为销售总额的计算依据，并按照十五分之一计算被诉侵权产品的销售额占比，进而确定赔偿额的做法并无不当。虽现有证据无法证明侵权获利及侵权损失，但足以认定B公司因生产、销售被诉侵权产品而获得的利益明显超过《反不正当竞争法》第十七条第四款规定的法定赔偿最高限额，综合考虑A公司及A中国公司企业名称具有较高的知名度，B公司具有明显的主观恶意、侵权规模、侵权持续时间，并结合洗衣机产品的利润率等因素，一审确定的赔偿数额并无不当。最高人民法院二审判决，驳回上诉，维持原判。

【典型意义】

本案是打击仿冒混淆行为的典型案例。本案中，人民法院认定将与他人有一定影响的企业名称中的字号及注册商标相同或相近似的标识作为字号使用，并从事经营活动的行为构成《反不正当竞争法》第六条规定的不正当竞争行为。同时，在现有证据无法证明侵权获利及实际损失具体数额的情况下，人民法院细化了确定赔偿数额的考量因素。本案裁判对混淆行为的认定、赔偿数额的计算等法律适用问题具有示范意义。

北京 A 科技有限公司与镜湖区 B 电子产品销售部确认不侵害商标权纠纷案

《人民法院高质量服务保障长三角一体化发展典型案例》第 16 号

2023 年 5 月 22 日

关键词：民事/确认不侵害商标权/受理条件/侵权警告

【裁判要旨】

提起确认不侵害商标权之诉的原告应当举证证明下列事实：1. 被告向原告发出侵权警告或者对原告进行侵权投诉；2. 原告向被告发出诉权行使催告及催告时间、送达时间；3. 被告未在合理期限内提起诉讼；4. 延迟行为可能对被警告人或者利害关系人的权益造成损害。

【相关法条】

《民事诉讼法》（2021 年修正）第一百二十二条①（本案适用的是 2017 年 7 月 1 日起施行的《民事诉讼法》第一百一十九条）

《最高人民法院关于审理侵犯专利权纠纷案件应用法律若干问题的解释》第十八条

《商标法》第五十七条、第五十九条

【基本案情】

北京 A 科技有限公司（以下简称 A 公司）成立于 2016 年 3 月 22 日，所创立的某短视频电商平台“花卷”于 2016 年 6 月正式上线。A 公司经核准注册第 20865874 号“花卷”文字商标，核定使用商品/服务项目为第 9 类“已录制的计算机程序（程序）；已录制的计算机操作程序”等，处于注册有效期

① 现为《民事诉讼法》（2023 年修正）第一百二十二条。

内。镜湖区 B 电子产品销售部（以下简称 B 销售部）成立于 2017 年 8 月 29 日，经核准注册了第 33161714 号“卷花”商标以及第 28532845 号“卷花”商标，核定使用的商品/服务为第 35 类广告宣传、替他人采购、替他人推销、为零售目的在通信媒体上展示商品、为商品和服务的买卖双方提供在线市场等，均处于注册有效期内。

2019 年 8 月，B 销售部认为 A 公司在应用程序“花卷—某视频购物商场”App 上使用“花卷”的行为，属于在类似服务上使用与其“卷花”商标相近似的商标标识，构成对其注册商标专用权的侵害，故向 C 公司投诉，要求下架 A 公司的“花卷”App。A 公司收到 C 公司发送的《控告通知书》后，多次回应 C 公司，提出其是第 20865874 号“花卷”注册商标专用权人，有权使用“花卷”商标，B 销售部的控告系不当投诉，并于 2019 年 10 月 16 日向 B 销售部发送邮件，邮件内容为：“我司为第 20865874 号‘花卷’商标的合法持有人，我司在应用商店设置‘花卷—红人视频购物商城’App 软件是正当行使商标权利的行为，贵方投诉严重影响了我司 App 软件的正常推广使用，给我司带来了严重的不良影响。如果贵方坚持认为我司侵害了贵方的商标权，贵方自接收邮件后 7 日内应向有关法院起诉，如不起诉，贵方需即可撤回投诉。”B 销售部回复称“近期会针对贵方第 9 类‘花卷’注册商标提起无效宣告请求”。然而，截至 A 公司起诉之日，B 销售部既未向法院提起商标侵权之诉，也未撤回向 C 公司的投诉，致使 A 公司的权利处于不确定状态，故 A 公司提起诉讼，要求确认其在 App 上使用“花卷”的行为不侵害 B 销售部的第 28532845 号、第 33161714 号“卷花”注册商标专用权。

【裁判结果】

安徽省芜湖经济技术开发区人民法院法院于 2020 年 12 月 27 日作出（2020）皖 0291 民初 498 号民事判决：一、确认原告北京 A 科技有限公司在 App 上使用“花卷”商标的行为不侵害被告 B 销售部的第 28532845 号、第 33161714 号“卷花”注册商标专用权；二、驳回原告北京 A 科技有限公司的其他诉讼请求。宣判后，原被告均未提出上诉，一审裁判文书已发生法律效力。

【裁判理由】

法院生效裁判认为，知识产权确认不侵权之诉，作为一种辅助性救济手段，是被警告人遭受侵权警告、而权利人怠于行使诉权，使得被警告人处于不安状态的情形下，被警告人能够获得司法救济的一种途径，其提起必须满足一定的条件。审查该起诉是否具备法定条件以及是否符合法定程序，即在符合《民事诉讼法》第一百一十九条规定的民事案件受理条件的基础上，还须符合以下四个条件：一、权利人已发出了警告，而被警告人或者利害关系人不承认自己的行为构成侵权；二、被警告人或者利害关系人催告权利人行使诉权；三、权利人无正当理由未在合理期限内依法提起侵权之诉；四、权利人的此种延迟行为可能对被警告人或者利害关系人的权益造成损害。

本案中，B 销售部以其持有第 28532845 号、第 33161714 号“卷花”注册商标为由在应用商店投诉 A 公司，要求 C 公司下架 A 公司的“花卷”App，A 公司在收到控告后陆续向 C 公司发出了反通知，主张其不构成侵权，并向 B 销售部进行了催告，督促其及时行使诉权，因此，双方在通过 C 公司进行交涉的过程中已充分了解对方的真实意思。A 公司明确否认侵权，但 B 销售部既不积极行使权利，也无向 C 公司撤回侵权警告的意思表示，其行为使 A 公司的侵权处于不确定状态，不足以消除相关投诉可能对 A 公司带来的消极影响，随时可能导致 A 公司的“花卷”App 被 C 公司下架。A 公司在经营服务受到实际影响长达半年之后提起确认不侵权之诉，符合法律规定的确认不侵权之诉制度的立法目的，符合确认不侵害商标权纠纷的受理条件。

关于 A 公司的“花卷”App 是否侵害 B 销售部的“卷花”注册商标专用权。A 公司注册的第 20865874 号“花卷”文字商标，核定使用商品/服务项目为第 9 类，而 B 销售部注册的第 33161714 号“卷花”商标、第 28532845 号“卷花”商标，核定使用的商品/服务为第 35 类。A 公司的某短视频电商平台“花卷”是依靠美妆达人和网络红人，以短视频的形式向用户推荐商品，让用户边观看边购买，其在运营“花卷”App 的过程中所提供的服务，与 B 销售部的第 33161714 号“卷花”以及第 28532845 号“卷花”商标的核定使用的服务类别第 35 类相同，已超出其第 20865874 号“花卷”商标所核定使用的第 9 类商品的范围，但是，A 公司将其字号“花卷”在其开发运营的 App 上突出使用，属于商标性使用，“花卷”App 于 2016 年 6 月即上线，时间远远早于 B 销售部的成立时间以及申请注册“卷花”商标的时间，且经过 A 公司的经营推广，“花卷”App 在行业内具有一定的知名度。因此，虽然 A 公司未在第 35 类进行商标注册，但是其在 App 上商标性使用“花卷”属于在先使用且具有一定影响的商标，可以在原使用范围内继续使用。据此，法院确认A公司在App上使用“花卷”商标的行为不侵害B销售部的第28532845号、第33161714号“卷花”注册商标专用权。

酒泉A食品有限责任公司与酒泉市B商贸有限责任公司商业诋毁纠纷案

［（2019）甘民终591号，甘肃省高级人民法院］

《互联网十大典型案例》第六号

2021年5月31日

【基本案情】

A公司系“杏香源”杏皮茶生产经销商并于2017年12月14日取得“杏香源”商标。2018年6月，该公司发现B公司法定代表人在其微信朋友圈发送“郑重声明”载明：“经由某饮料厂生产的杏香园牌杏皮茶现有非常严重的产品质量问题，我厂要求市场全部撤回，请各店方务必重视，立即联系配货人员无条件将产品如数退回，如无视此声明出现的任何相关问题，均由店方全部承担，本厂概不负责。同时我厂老味道牌杏皮茶、独壹品牌杏皮茶无问题正常使用。”该声明经在微信朋友圈传播对A公司的商誉造成不良影响。A公司遂向工商部门举报，甘肃省酒泉市肃州区工商局依法对B公司作出罚款1万元的处罚决定。后A公司以诋毁商誉为由提起诉讼，要求B公司停止侵害、消除影响并赔偿损失。人民法院经审理认为，B公司在明知A公司经营“杏香源”牌杏皮水且自身对“杏香园”三字不享有知识产权权利的情形下，无任何事实依据，自行编造“郑重声明”在其微信朋友圈发布。该声明中的“杏香园”牌杏皮茶与A公司享有商标专用权的“杏香源”注册商标仅一字之差，且读音一致，形成高度近似，足以造成公众误解，其行为破坏了公平竞争的市场经营秩序，构成对A公司商誉的诋毁，判决B公司在原微信朋友圈范围内消除影响并赔偿A公司经济损失。

【典型意义】

商誉是经营者在市场经营活动中对其产品或服务的市场推广、技术研发以及广告宣传等领域经过长期努力建立起来的企业形象和市场评价，是企业赖以生存的无形资产。随着移动互联网和电子商务的迅猛发展，微信朋友圈逐渐改变了社交平台和交易方式，但其并非法外之地。通过微信朋友圈等互联网平台捏造、散布虚假的、易于引起公众误解的信息，损害竞争对手商业信誉和商品声誉，足以使相关公众产生误导性的恶劣影响，构成商业诋毁类不正当竞争行为。法院判令 B 公司在原微信朋友圈刊登声明消除影响，丰富了消除影响责任适用的具体方式。

【专家点评】

移动互联网带来了一场社会交往和信息传播的空间革命，将社交媒介高度压缩在了智能手机屏幕的方寸之地。这让敏锐的商家看到了前所有未的契机，也让别有用心者将社交媒体平台作为打击竞争对手的手段。本案被告正是利用微信朋友圈的发布和转发功能，以“自黑”的方式（声称并不存在的自家品牌存在“非常严重的产品质量问题”），借助“谐音梗”（两种品牌读音完全相同），对竞争对手的商品和商誉加以诋毁。本案判决针对这一现实问题，从规则和救济两方面作出了法律回应，充分把握了移动互联网时代的传播特点，对于在互联网视野下保护企业商誉具有积极的规制和示范作用。本案一方面对通过微信朋友圈等社交媒体平台发布蓄意捏造并易于引起公众误解的不实信息的非法行为明确了禁止规则；另一方面，也有效利用了社交媒体平台的信息传播优势，判令被告在原朋友圈发布声明、以正视听，在司法救济上也是一种有益的制度探索。

（凌斌　北京大学法学院教授、博士生导师）

“不粘锅”商业诋毁纠纷案

——商业诋毁行为的认定

《人民法院反不正当竞争典型案例》第 2 号

2022 年 11 月 17 日

【案号】

浙江省高级人民法院（2021）浙民终 250 号［浙江 A 股份有限公司诉浙

江B厨具有限公司、浙江C厨具有限公司商业诋毁纠纷案]

【基本案情】

A公司认为，B公司在多个媒体平台通过主持微博话题讨论、召开新闻发布会等形式明示或暗示A公司生产、销售的“X晶盾不锈钢炒锅”侵害其“蜂窝不粘锅”专利权，损害A公司的商业信誉，构成商业诋毁。C公司与B公司在人员、业务、财务等方面交叉混同，应对被诉行为承担连带责任。A公司遂诉至法院，请求判令B公司、C公司停止侵害、消除影响、赔偿经济损失及合理费用。一审法院认为，B公司将未定论的状态作为已定论的事实进行宣传散布，宣称A公司模仿其专利，超出了正当维权的范畴，构成商业诋毁。遂判令B公司停止侵害、消除影响并赔偿A公司经济损失及合理支出共300万元。A公司与B公司均不服，提起上诉。浙江省高级人民法院二审判决维持关于判令B公司消除影响、赔偿损失的判项，并加判B公司立即停止传播、编造虚假信息或误导性信息的行为（立即删除相应平台发布的内容）。二审判决生效后，B公司推诿执行、消极执行，人民法院对其处以30万元的罚款。

【典型意义】

本案是规制经营者实施商业诋毁行为的典型案例。涉案商业诋毁行为的传播渠道既包括传统媒体，也包括微博、直播等网络途径。本案从裁判内容到判决执行乃至采取司法处罚等各环节，均充分体现了人民法院依法严厉制裁商业诋毁行为、维护公平竞争市场秩序的司法导向。

宁波 A 酒店管理有限公司与宁波 B 酒店管理有限公司等商业诋毁纠纷案件

《人民法院高质量服务保障长三角一体化发展典型案例》第 15 号

2023 年 5 月 22 日

关键词：商业诋毁/恶意差评/竞争关系

【裁判要旨】

是否构成《反不正当竞争法》所规定的商业诋毁行为，应综合考量侵权人是否与被侵权人存在竞争关系，主观上是否具有损害竞争对手商誉的故意，客观上是否存在编造、传播虚假信息或者误导性信息等多方面因素。经营者捏造、散布虚伪事实，损害竞争对手的商业信誉、商品声誉，即构成商业诋毁，不因行为人采取了在互联网上“恶意差评”的新形式而影响行为性质的认定。

【相关法条】

《反不正当竞争法》（2017 年修订）第十一条①（本案适用的是 1993 年 12 月 1 日起施行的《反不正当竞争法》第十四条）

《最高人民法院关于审理不正当竞争民事案件应用法律若干问题的解释》（2022 年修订）第二十三条（本案适用的是 2007 年 2 月 1 日起施行的《最高人民法院关于审理不正当竞争民事案件应用法律若干问题的解释》第十七条第一款）

【基本案情】

宁波 A 酒店管理有限公司（以下简称 A 公司）于 2016 年 5 月 27 日成立，经营范围系生产：酒店管理，餐饮服务：小吃店，食品零售，住宿、三棋一牌、足浴的服务。2017 年 12 月 7 日 21 时 55 分，张某某登记入住 A 公司经营

① 现为《反不正当竞争法》（2019 年修正）第十一条。

的 C 高铁精选连锁酒店（以下简称 C 酒店）×××号房间。2017 年 12 月 8 日凌晨 2 时 10 分左右，马某驾驶浙 BR××××号车辆驶入该酒店停车场，当日 2 时 13 分左右进入张某某居住房间。2017 年 12 月 8 日上午 8 时左右，张某某到前台要求 A 公司派人送其去某大酒店，A 公司应允并开车送往。2017 年 12 月 8 日上午 11 时 15 分左右，马某结账并驾驶汽车离开 C 酒店。2017 年 12 月 14 日，马某在“大众点评网”上发表评论，“感觉欠前台钱一样，写着接送服务，既然说没车，结果等了半小时让我自己打车，早说嘛，走走都走到了！害我班车赶不上不说，早饭都没吃成！差评，建议小伙伴不要轻信说明接送服务！骗骗眼球而已！”

宁波 B 酒店管理有限公司（以下简称 B 公司），成立于 2017 年 5 月 11 日，马某系其法定代表人，经营范围为：酒店管理咨询，餐饮管理咨询，商务信息咨询，一般经济信息咨询，企业管理咨询，鲜花的批发、零售，食品经营：食品销售，住宿的服务。

A 公司认为马某、张某某、B 公司的行为构成商业诋毁，向法院起诉请求三者停止不正当竞争行为，公开赔礼道歉，公开更正；支付制止侵权合理费用并赔偿经济损失共计 5.88 万元。

【裁判结果】

浙江省余姚市人民法院于 2018 年 10 月 15 日作出（2018）浙 0281 民初 793 号判决：一、马某、宁波 B 酒店管理有限公司于本判决生效后 10 日内在“大众点评网”诋毁页面以回复方式对宁波 A 酒店管理有限公司的诋毁言论进行公开更正；二、马某、宁波 B 酒店管理有限公司共同赔偿宁波 A 酒店管理有限公司各项经济损失合计 1 万元（含为制止侵权支出的合理费用）；三、驳回宁波 A 酒店管理有限公司其他诉讼请求。宣判后，马某、B 公司提起上诉。浙江省宁波市中级人民法院于 2019 年 1 月 14 日作出（2018）浙 02 民终 4686 号判决：驳回上诉，维持原判。

【裁判理由】

法院生效裁判认为，商业诋毁是指经营者针对竞争对手的营业活动、商品或者服务进行虚假陈述而损害其商品声誉或者商业信誉的行为。认定是否构成商业诋毁，在主观上要求行为人应具有损害竞争对手商誉的故意，客观上则表现为行为人通过捏造、散布虚伪事实，损害了竞争对手的商业信誉、商品声誉。本案中，首先，B 公司与 A 公司的经营范围均包括酒店管理，故两家公司实际为同行，且地理位置较近，显然存在竞争关系。马某系 B 公司的股东兼法定代表人，其是在未办理登记手续的情况下直接入住他人登记的 A 公司的客房，故应认定马某并非酒店的一般住客；其次，A 公司有提供一定距离范围内的接送服务，马某并无证据证明其曾要求接送服务而被拒，故马某在网站上发布“感觉欠前台钱一样，写着接送服务，居然说没车，结果等了半小时让我自己打车”“差评，建议小伙伴不要轻信什么接送服务！骗骗眼球而已”等的言论与事实不符，其行为应认定为故意编造、传播虚假信息；再者，接送服务作为酒店吸引、招揽客户的附加增值服务，对客户选择入住酒店有一定影响。马某在公众熟悉的“大众点评网”上作虚假评价会使潜在客户对 A 公司产生不信任的负面印象，其行为主观上有为 B 公司谋取利益的故意，客观上对 A 公司的商誉造成了一定损害。据此，马某及 B 公司存在商业诋毁行为，构成不正当竞争。依法应承担停止侵权，赔礼道歉、消除影响、赔偿损失的民事责任。结合本案情况，驿江南公司要求马某、B 公司停止侵权，并在“大众点评网”诋毁页面以回复方式予以公开更正，其要求合理有据，法院予以支持。A 公司要求赔偿公证费、律师费及经济损失合计 58800 元，法院综合考虑涉案诋毁信息的持续时间、范围、马某主观恶意程度、给 A 公司酒店造成的商誉和声誉损害、A 公司支出的合理费用等因素，酌情确定赔偿金额为 1 万元（含为制止侵权支出的合理费用）。A 公司要求张某某承担侵权责任，依据不足，法院不予支持。

三、专利权

珠海A电器股份有限公司诉广东B制冷设备有限公司等侵害发明专利权纠纷案

《最高人民法院公布八起知识产权司法保护典型案例》第4号

2013年10月22日

【基本案情】

B公司生产了型号为KFR-26GW/DY-V2（E2）等四种型号的“美的分体式空调器”产品。A公司以B公司制造销售的上述产品侵犯其“控制空调器按照自定义曲线运行的方法”发明专利权为由，向广东省珠海市中级人民法院起诉，请求判令被告停止侵权行为、赔偿损失以及因调查、制止侵权行为所支付的合理费用。

【裁判结果】

广东省高级人民法院二审认为，KFR-26GW/DY-V2（E2）型空调器在“舒睡模式3”运行方式下的技术方案侵犯了涉案发明专利权。该被诉侵权产品所附安装说明书明确记载了“舒睡模式3”的功能，并载明该说明书适用于其余三款空调器产品，可以推知该三款空调器亦具有“舒睡模式3”。本案四款被诉侵权产品属于同一系列，仅功率不同而功能相同，符合产业惯例。B公司虽主张该三款空调器的功能存在差别因而不构成专利侵权，但并未提供相应证据，在此情况下通过现有证据可以推知该三款空调器也具有相同的“舒睡模式3”，侵犯了涉案专利权。关于赔偿数额，B公司仅提供了型号为KFR-26GW/DY-V2（E2）空调器产品的相关数据，可以确定该型号空调器产品的利润为人民币47.7万元。B公司在一审法院释明相关法律后果的情况下，仍拒不提供其生产销售其他型号空调器的相关数据，可以推定B公司生产的其余三款空调器产品的利润均不少于人民币47.7万元。故综合本案全部证据确定B公司应赔偿A公司经济损失人民币200万元。

【典型意义】

本案双方当事人均为国内知名家电企业，案情疑难复杂，社会影响较大。二审法院正确适用相关法律及司法解释的规定，合理适用事实推定规则和举证妨碍制度，正确认定案件事实，准确确定侵权赔偿数额，贯彻了加大司法保护力度的精神。在侵权事实认定方面，在依法认定特定型号侵权产品构成侵权的基础上，根据与专利技术特征有关的说明书的记载，结合当事人虽提出异议但未提供相反证据的具体情况，合理推定另三款产品亦构成侵权。在损害赔偿数额确定方面，积极运用举证妨碍制度。侵权人持有其他三款产品的侵权获利证据而拒不提供，二审法院根据现有证据推定该三款产品的获利均不低于第一款产品，据此运用裁量权在专利侵权法定赔偿最高限额以上确定赔偿，加重了侵权人的侵权代价。

A 许可和知识产权有限公司、北京 B 专用化学技术有限公司诉北京 C 精细化工技术有限公司、苏州 D 工业助剂有限公司、魏某光等侵害发明专利权纠纷案

《最高人民法院公布八起知识产权司法保护典型案例》第 5 号

2013 年 10 月 22 日

【基本案情】

A 公司系“水包水型聚合物分散体的制造方法”发明专利的权利人，B 公司经 A 公司许可在境内合法使用上述专利。该发明专利系一种产品制造方法发明专利，但利用该方法制造的产品并非新产品。魏某光于 1996 年进入 B 公司工作，先后担任 B 公司总经理和 A 公司中国区业务总监职务，后离职并成为 C 公司的股东和董事，在 D 公司成立后又担任该公司董事。D 公司和 C 公司生产制造并销售了与涉案方法专利所生产的产品相同的完全水性聚合物浓缩液。A 公司和 B 公司虽通过申请法院采取证据保全措施、公证保全等多种方法调查收集涉及被告生产工艺的证据，但仍未获得能够证明被告完整生产工艺技术方案的全部证据。A 公司和 B 公司向江苏省苏州市中级人民法院提起诉讼，主张 C 公司和 D 公司生产销售的上述完全水性聚合物浓缩液构成

专利侵权，魏某光构成帮助侵权，请求判令被告立即停止侵权、连带赔偿经济损失和制止侵权的合理费用共计人民币2000万元；同时针对本案被告向北京市第一中级人民法院提起相关联的商业秘密侵权诉讼。

【裁判结果】

江苏省苏州市中级人民法院认为，本案专利方法涉及的产品是一种具有特定客户群的工业用化学制剂，权利人既无法从公开市场购买，又无从进入D公司车间获知该产品完整的生产工艺流程，A公司已尽合理努力穷尽其举证能力但仍难以证实被告确实使用了其专利方法。考虑到魏某光及D公司主要技术人员原均系B公司工作人员，有机会接触到涉案专利方法的完整生产流程，同时D公司虽主张其生产工艺中某些物质的添加方式和含量与涉案专利技术方案不同，但在法院释明的情况下仍拒绝提供相应证据予以佐证，被告使用专利方法生产完全水性聚合物浓缩液的可能性较大，在被告未提供进一步相反证据的前提下，根据本案具体情况可以认定被控侵权技术方案侵犯了涉案专利权，D公司和C公司构成专利侵权。在此基础上，苏州市中级人民法院主持调解，最终双方当事人达成调解方案：C公司、D公司和魏某光承诺不使用涉案专利方法，C公司和魏某光就本案被诉侵犯专利权行为支付A公司人民币1500万元补偿金，就相关联的被诉侵犯商业秘密行为支付A公司人民币700万元补偿金。

【典型意义】

本案是合理运用证据规则以事实推定的方式认定侵犯产品制造方法专利权并通过调解达成高额补偿金的典型案例。由于侵权证据的难以获得性，产品制造方法专利尤其是不属于新产品的产品制造方法专利一直是知识产权保护的难点。本案中，审理法院根据案件具体情况，在权利人已尽合理努力并穷尽其举证能力，结合已知事实以及日常生产经验，能够认定同样产品经由专利方法制造的可能性较大的前提下，不再苛求专利权人提供进一步的证据，而将举证责任适当转移给被诉侵权人。同时，审理法院在被诉侵权人不能提供相反证据的情况下，认定其使用了专利方法。这种方法合理减轻了方法专利权利人的举证负担，对于便利方法专利权利人依法维权具有重要意义。同时，审理法院出于妥善解决社会矛盾的考虑，在案件审理中聘请技术专家担任人民陪审员，确保案件事实认定质量，并在查明事实和明确是非的基础上促成当事人达成以合计支付人民币 2200 万元高额补偿金为条件的调解协议，切实维护了权利人的利益。

A 贸易（上海）有限公司与台州市 B 塑业有限公司、北京 C 商贸有限公司诉前停止侵害专利权及专利侵权纠纷案

《最高人民法院发布五起典型案例》第 3 号

2014 年 4 月 30 日

【基本案情】

A 贸易公司是 ZL200730158176.0 号名称为“容器”的外观设计专利权（以下简称涉案专利）的被许可人，并获得涉案专利权人的授权以自己的名义对侵权人申请诉前保全措施及提起诉讼。B 公司未经许可生产、销售、许诺销售了侵害涉案专利权的“YL－650A”“YL－750A”“YL－1000A”等型号的可密封塑料容器（以下简称被控侵权产品），C 公司未经许可销售了被控侵权产品。A 贸易公司遂向北京市第三中级人民法院申请诉前停止被控侵权行为，并提供了现金担保。

【裁判结果】

北京市第三中级人民法院经审理认为：被控侵权产品系奶粉罐，B 公司和 C 公司主要向奶粉生产企业批发销售被控侵权产品，被控侵权产品将与奶粉一并销售给最终用户，每一个销售环节都很有可能构成对涉案专利权的侵权。而每增加一个销售环节，都会造成损失扩大，侵权行为人增多，A 贸易公司维权成本增加，维权难度加大。同时，涉案专利权系容器的外观设计专利，有效期仅 10 年，容器的外观设计更新换代快，被控侵权行为的持续进行将会极大地影响 A 贸易公司对涉案专利权的行使。因此，如不责令 B 公司和 C 公司立即停止被控侵权行为，将会对 A 贸易公司合法权益造成难以弥补的损害。据此，法院裁定 B 公司立即停止生产、销售、许诺销售侵犯涉案专利权的产品；C 公司立即停止销售侵犯涉案专利权的产品。

法院作出裁定后，经过多次与双方当事人沟通、协调，辨法析理，促使被申请人从最初的拒绝签收诉讼文书转变至自动停止被控侵权行为，并最终成功促成双方达成和解协议，以调解的方式解决双方纠纷。

【典型意义】

本案系人民法院维护食品安全、准确及时有效保护知识产权的典型案例。首先，在社会效果方面，食品安全，尤其是奶粉安全问题是人民群众重点关注的问题。A 贸易公司生产的奶粉是世界知名奶粉品牌，本案的处理结果及时制止假奶粉罐的泛滥，从源头上对假奶粉进行治理，体现了人民法院关注民生，维护食品安全的决心和努力。其次，在加强知识产权保护方面，法院考虑销售环节、维权成本、权利保护期限等具体因素，准确认定行为保全中"难以弥补损害"要件，迅速作出诉前行为保全裁定，准确及时保护当事人的权利。最后，在确保诉前行为保全的实际效果方面，法院积极督促被申请人执行保全裁定，并最终促成双方达成和解协议，有效保护了申请人的权利，充分实现了以行为保全促调解的社会效果。本案是北京市法院依据 2012 年修改后的《民事诉讼法》作出的首例涉及专利权的诉前行为保全裁定，表明了人民法院积极满足社会司法需求，依法加强知识产权司法保护的实践努力。

北京甲生物制药有限公司与国家知识产权局专利复审委员会、山东乙制药有限公司专利行政纠纷申请再审案

［最高人民法院（2013）知行字第 77 号行政裁定书］

《2014 年中国法院 10 大知识产权案件》第 9 号

2015 年 4 月 20 日

【案情摘要】

北京甲生物制药有限公司（以下简称甲制药公司）是名称为"治疗乳腺增生性疾病的药物组合物及其制备方法"发明专利（以下简称本专利）的专利权人。山东乙制药有限公司针对本专利提出无效宣告请求，其提交的证据 1、证据 3 分别为《药典》公开的"乳块消片"的功能主治、处方以及颗粒剂的相关制法。专利复审委员会作出第 15409 号决定认定本专利不具有创造性，

宣告全部无效。甲制药公司不服，提起行政诉讼。北京市第一中级人民法院认为，根据证明证据 1 的临床有效率低于本专利的公证书即反证 4，本专利颗粒剂的总有效率为 95.70%，证据 1 中片剂的总有效率为 89.32%，本专利权利要求 1 具有显著的进步。遂判决撤销第 15409 号决定。专利复审委员会不服，提起上诉。北京市高级人民法院二审判决撤销一审判决、维持第 15409 号决定。甲制药公司不服，申请再审。最高人民法院认为，在反证 4 没有公开总有效率的具体测定方法的情况下，无法认定反证 4 与本专利的总有效率是在等效等量情况下，以同一种测定方法作出的，上述对比数据不能证明本专利是否具有临床疗效上的显著进步；即便认可上述对比数据，由于本专利制备颗粒剂时省去了减压干燥步骤，对药物活性成分的影响也相应减少，本领域技术人员能够合理预期，省略减压干燥步骤将会使药物的整体有效率有所提高，专利权人并未举证证明其超出了本领域技术人员的合理预期。遂裁定驳回甲制药公司的再审申请。

【典型意义】

最高人民法院在本案中明确了未记载在说明书中的技术贡献不能作为要求获得专利权保护的基础，以及判断发明是否存在预料不到的技术效果时，应当综合考虑发明所述技术领域的特点，尤其是技术效果的可预见性、现有技术中存在的技术启示等因素。此外，还明确了区别技术特征的认定应当以记载在权利要求中的技术特征为基础。本案裁判对于审理药物专利授权确权行政纠纷具有重要指导意义。

安阳某医疗设备有限公司诉专利复审委员会、崔某伟专利权无效宣告行政纠纷案

《最高人民法院发布 14 起北京、上海、广州知识产权法院审结的典型案例》第 1 号

2015 年 9 月 9 日

【基本案情】

某公司针对崔某伟拥有的专利号为 94119284.9、名称为“多功能艾灸仪”

的发明专利，向专利复审委员会提出无效宣告请求，专利复审委员会经审理作出维持本案专利有效的行政决定。某公司不服被诉决定，向北京知识产权法院提起行政诉讼。

【裁判结果】

北京知识产权法院审理认为，本案专利权利要求保护范围清楚，能够得到说明书的支持，专利权人对本案专利申请文件的修改未超出原说明书和权利要求书记载的范围，且本案专利具备创造性，符合《专利法》及实施细则的相关规定。遂判决维持被诉决定。各方当事人均未提起上诉，判决已生效。

【典型意义】

艾灸是我国传统中医治疗方法之一，本案专利是将传统艾灸治疗方法与电磁技术相结合，形成一种能够实现自加热、自动控制温度功能的艾灸治疗仪。由于本案专利在相关中医治疗中具有较高的应用价值，受到了中医医疗器械领域人员的广泛关注。本案涉及多项专利权无效宣告请求的理由，包括专利权利要求保护范围是否清楚、权利要求能否得到说明书的支持、专利权人对本案专利申请文件的修改是否超出原说明书和权利要求书记载的范围、专利权是否具备创造性等问题。本案判决根据各方当事人的主张，逐条进行了充分的论理，依法保护了发明人的利益。

郑州某节能股份有限公司诉专利复审委员会、第三人北京某节能设备股份有限公司等发明专利权无效行政纠纷案

《最高人民法院发布14起北京、上海、广州知识产权法院审结的典型案例》第2号

2015年9月9日

【基本案情】

北京某公司针对郑州某公司的专利号200810231195.5、名称为“基于电压互感技术的多档速电机档位识别方法及装置”的发明专利，提出无效宣告请求。专利复审委员会依据《专利法》第二十二条第三款的规定，宣告本案

专利全部无效。郑州某公司不服被诉决定，向北京知识产权法院提起行政诉讼。

【裁判结果】

北京知识产权法院审理认为，本案专利各权利要求均具备创造性，专利复审委员会相关认定错误。遂判决撤销被诉决定，责令专利复审委员会重新作出决定。各方当事人均未提起上诉，判决已生效。

【典型意义】

本案涉及技术问题复杂的电学领域发明专利。审理法院对相关技术进行了认真审查，严格适用创造性判断三步法对本案专利的创造性进行了审理，纠正了专利复审委会的错误决定。通过本案判决，及时挽救了一项可以为企业带来可观收入的发明创造，依法维护了发明人的正当利益。

国家知识产权局专利复审委员会、甲公司与江苏乙生物制品有限公司发明专利权无效行政纠纷再审案

［最高人民法院（2016）最高法行再 85 号行政判决书］

《2016 年中国法院 10 大知识产权案件》第 4 号

2017 年 4 月 24 日

【案情摘要】

本案涉及国家知识产权局于 2006 年 6 月 28 日授权公告的名称为“热稳定的葡糖淀粉酶”的发明专利（以下简称本专利），专利权人为甲公司。2013 年 3 月 11 日，应山东丙生物工程有限公司和江苏乙生物制品有限公司的请求，国家知识产权局专利复审委员会（以下简称专利复审委员会）作出第 17956 号无效宣告请求审查决定（以下简称被诉决定），针对甲公司在 2011 年 11 月 10 日提交的修改过的权利要求书的基础上，宣告本专利部分权利要求无效，维持部分权利要求有效。本专利与本案争议焦点相关的部分权利要求如下：“6. 一种具有葡糖淀粉酶活性的分离的酶，与 SEQIDNO：7 中所示全长序列之间同源的程度至少为 99%，并且具有由等电聚焦测定的低于 3.5 的等电

点。……10. 根据权利要求 6－9 任一项的分离的酶，所述的酶来源于丝状真菌 Talaromyces 属，其中丝状真菌是 T. emersonii 菌株。11. 权利要求 10 的酶，其中丝状真菌是 T. emersoniiCBS793. 97。12. 一种克隆的 DNA 序列，所述 DNA 序列编码表现出葡糖淀粉酶活性的酶，该 DNA 序列包括：（a）在 SEQIDNO：33 中所示 DNA 序列的所述葡糖淀粉酶编码部分；（b）在 SEQIDNO：33 中第 649－2724 位中所示的 DNA 序列或其互补链；……13. 权利要求 12 的 DNA 序列，其中所述的 DNA 序列来源于丝状真菌 Talaromyces 属，其中所述丝状真菌是 T. emersonii 的菌株。14. 权利要求 13 的 DNA 序列，其中所述丝状真菌是 T. emersoniiCBS793. 97。”被诉决定认为，在说明书已经证实了来源于 T. emersoniiCBS793. 97 的酶具有葡糖淀粉酶活性的基础上，本领域技术人员可以预计来源于 T. emersonii 菌株，且与 SEQIDNO：7 全长序列具有至少 99% 同源的多肽也具有葡糖淀粉酶的活性，因此，权利要求 10 和 11 能够得到说明书的支持；权利要求 13 和 14 中引用权利要求 12 的（a）和（b）的技术方案也能够得到说明书的支持。该决定维持争议权利要求有效。一审判决认为，争议权利要求虽然限定到了具体的菌株，但其中有关同源性和开放式的撰写方式使得被限定的氨基酸序列和 DNA 序列包括了可能产生各种变异的其他序列，在本专利说明书未给出充分实验数据支持的情况下，争议权利要求的概括显然超出了说明书的内容。一审法院判决撤销被诉决定，二审法院维持一审判决。专利复审委员会和甲公司申请再审。最高人民法院提审后判决撤销一、二审判决，维持被诉决定。

【典型意义】

最高人民法院在本案中认为，根据《专利法》第二十六条①第四款规定，权利要求所要求保护的技术方案应当是所属技术领域的技术人员能够从说明书充分公开的内容中得到或概括得出的技术方案，并且不得超出说明书的范围。对于全长 591 个氨基酸的 SEQIDNO：7 而言，尽管与之具有 99% 以上同源性的序列仍有约五六个氨基酸位点的差异，但是，除了同源性特征之外，权利要求 10、11 进一步限定所述的酶来源于 T. emersonii 菌种和特定菌株 T. emersoniiCBS793. 97。本领域普通技术人员一般认为，种是生物分类的基本

① 现为《专利法》（2020 年修正）第二十六条。

单位，在某些基本特征上，同一种中的个体彼此显示出高度的相似性。同一种真菌或同一株真菌编码其体内某种酶的基因序列一般是确定的，偶尔会存在极少数同源性极高的变体序列，相应地，由该基因编码的酶也是确定的或者极少数的。本案中，99% 以上同源性与菌种或者菌株来源的双重限定已经使得权利要求 10 和 11 的保护范围限缩至极其有限的酶，何况权利要求 10 和 11 还包括权利要求 6 所限定的酶的等电点和具有葡糖淀粉酶活性的功能。因此，在说明书实施例 1 –4 已经证实了上述 SEQIDNO：7 具有葡糖淀粉酶活性的情况下，权利要求 10 和 11 的保护范围能够得到说明书的支持。权利要求 13 和 14 中引用权利要求 12（a）（b）的技术方案也能够得到说明书的支持。最高人民法院在本案中明确了使用同源性加上来源和功能限定方式的生物序列权利要求得到说明书支持的判断规则和生物序列发明专利的授权标准，对蛋白质、基因相关专利申请的撰写和审查具有指导意义，也有利于促进生物技术产业的创新和发展。

A 电器产业株式会社与珠海 B 电器有限公司、北京 C 商贸有限公司侵害外观设计专利权纠纷上诉案

［北京市高级人民法院（2016）京民终 245 号民事判决书］

《2016 年中国法院 10 大知识产权案件》第 6 号

2017 年 4 月 24 日

【案情摘要】

A 电器产业株式会社（以下简称 A 株式会社）于 2012 年 9 月 5 日获得涉案名称为“美容器”的外观设计专利，授权公告号为 CN302065954S。A 株式会社认为珠海 B 电器有限公司（以下简称 B 公司）生产、销售、许诺销售及北京 C 商贸有限公司（以下简称 C 公司）销售的“金稻离子蒸汽美容器 KD –2331”侵犯其外观设计专利权，请求判令：二被告停止侵权；销毁有关被诉侵权产品的全部宣传资料以及删除被诉侵权产品的宣传内容；B 公司销毁涉案模具和专用的生产设备及被诉侵权产品全部库存，并从销售店回收未销售被诉侵权产品进行销毁；B 公司赔偿经济损失人民币 300 万元，二被告共同赔偿合理支出人民币 20 万元。北京知识产权法院一审认为，被诉侵权产品与

涉案专利外观设计存在的差异对二者的整体视觉效果并不产生实质影响，二者属于相似的外观设计。B公司在未经A株式会社许可的情况下，实施了制造、销售及许诺销售被诉侵权产品的行为；C公司在未经A株式会社许可的情况下，实施了销售及许诺销售被诉侵权产品的行为。现有证据可以证明B公司销售、许诺销售被诉侵权产品的获利，A株式会社依据网上显示销量及平均价格主张300万元赔偿数额具有合理的理由。此外，A株式会社为制止侵权行为所支付的合理开支，C公司作为销售方，在得知本案诉讼后，依然未停止，对诉讼中的支出部分应当共同承担。据此，一审判决：二被告停止侵权；B公司赔偿经济损失人民币300万元；B公司、C公司连带赔偿合理开支人民币20万元。B公司、C公司不服一审判决，提起上诉。北京市高级人民法院认为，被诉侵权产品落入涉案专利权的保护范围。关于赔偿数额，A株式会社通过公证取证方式在部分电商平台上检索得到侵权产品同型号产品销售数量之和为18411347台，平均价格为260元，并以此作为赔偿请求的依据。按照上述被诉侵权产品销售数量总数与产品平均售价的乘积，即便从低考虑每件侵权产品的合理利润，得出的计算结果仍远远高于300万元。在上述证据的支持下，A株式会社主张300万元的赔偿数额具有较高的合理性。一审法院全额支持A株式会社关于经济损失的赔偿请求，具有事实和法律依据。判决驳回上诉，维持一审判决。

【典型意义】

涉案专利为一款“美容器”外观设计专利，具有极高的市场价值，本案的高赔额充分体现了侵权损害赔偿充分反映、实现知识产权市场价值的司法保护理念。二审判决进一步明确了专利民事侵权案件中侵权获利证据的审查认定规则，对于类似案件具有一定示范意义。二审判决认为，考虑到专利权损害举证较难，与专利侵权行为相关的账簿、资料主要由侵权人掌握，如果权利人在其举证能力范围内就侵权人的获利情况进行了充分举证，且对其所请求经济损失数额的合理性进行了充分说明的情况下，侵权人不能提供相反证据推翻权利人赔偿主张的，人民法院可以根据权利人的主张和提供的证据认定侵权人因侵权所获得的利益。

上海 A 文具股份有限公司与 B 集团有限公司、济南 C 商贸有限公司侵害外观设计专利权纠纷案

［上海知识产权法院（2016）沪 73 民初 113 号民事判决书］

《2016 年中国法院 10 大知识产权案件》第 7 号

2017 年 4 月 24 日

【案情摘要】

上海 A 文具股份有限公司（以下简称 A 公司）是 ZL200930231150.3 号名称为“笔（AGP67101）”的外观设计专利的专利权人，申请日为 2009 年 11 月 26 日，授权公告日为 2010 年 7 月 21 日，目前处于有效状态。济南 C 商贸有限公司（以下简称 C 公司）在“天猫”网上经营“得力坤森专卖店”，销售 B 集团有限公司（以下简称 B 公司）生产的得力 A32160 中性笔。A 公司认为该产品侵犯其涉案专利权，故诉至法院。上海知识产权法院认为，授权外观设计的笔杆主体形状、笔杆顶端形状、笔帽主体形状、笔帽顶端形状、笔帽相对于笔杆的长度、笔夹与笔帽的连接方式、笔夹长出笔帽的长度等方面的设计特征，在整体上确定了授权外观设计的设计风格，而这些设计特征在被诉侵权设计中均具备，可以认定二者在整体设计风格及主要设计特征上构成近似。而被诉侵权设计与授权外观设计存在的四点区别设计特征，对整体视觉效果的影响有限，不足以构成对整体视觉效果的实质性差异。另外，授权外观设计的简要说明中并未明确要求保护色彩，且从图片或照片中显示的授权外观设计来看，其并不存在因形状产生的明暗、深浅变化等所形成的图案，故在侵权判定时，颜色、图案要素不应考虑在内。被诉侵权设计在采用与授权外观设计近似的形状之余所附加的色彩、图案等要素，属于额外增加的设计要素，对侵权判断不具有实质性影响。故被诉侵权产品构成对涉案专利权的侵犯，B 公司与 C 公司应承担停止侵权行为，B 公司赔偿 A 公司经济损失 5 万元并支付原告律师费用 5 万元。法院确定赔偿数额主要考虑了以下因素：1. 原告专利为外观设计专利；2. 专利有效期自 2009 年 11 月 26 日开始，侵权行为发生时保护期已近半；3. 笔类产品的利润有限；4. 消费者在选购笔类产品时，除形状外，笔的品牌、笔芯质量、外观图案、色彩等，都是

其主要的考虑因素，即B公司使用授权外观设计形状所获侵权利润只是被诉侵权产品获利的一部分。

【典型意义】

本案原、被告均为国内较有影响的文具生产企业，涉案产品为日常生活中常见的笔类产品，其外观设计侵权判断受主观因素的影响较大。本案对外观设计近似性判断的客观标准进行了探索，既考虑被诉侵权产品与授权专利的相似性，也考虑其差异性，就相同设计特征与区别设计特征对整体视觉效果的影响分别进行分析，得出认定结论。本案判决对于生活常见产品外观设计近似性的认定具有借鉴意义。此外，本案根据外观设计专利的特点，结合具体案情，确定法定赔偿额和被告应承担的原告律师费的数额，亦具有指引作用。判决后，双方均服判息诉，被告主动履行了生效判决。

A特种材料有限公司与榆林市知识产权局、陕西某化工集团B化工有限公司专利侵权纠纷行政处理案

［最高人民法院（2017）最高法行再84号行政判决书］

《最高人民法院办公厅关于印发2017年中国法院10大知识产权案件和50件典型知识产权案例的通知》第2号

2018年4月16日，法办〔2018〕66号

【案情摘要】

A特种材料有限公司（以下简称A公司）以陕西某化工集团B化工有限公司（以下简称B公司）制造、使用的设备侵犯其“内煤外热式煤物质分解设备”实用新型专利权（即涉案专利）为由，请求榆林市知识产权局（以下简称榆林局）行政处理。2015年9月1日，榆林局作出榆知法处字〔2015〕9号《专利侵权纠纷案件处理决定书》（以下简称被诉行政决定），认定B公司不构成对涉案专利的侵权。被诉行政决定合议组成员包括宝鸡市知识产权局工作人员苟某东，但无正式公文决定调其参与涉案纠纷的行政处理，且榆林局的口头审理笔录没有记载将苟某东的正式身份及其参与合议组的理由告知A公司、B公司。此外，榆林局对涉案专利侵权纠纷进行了两次口头审理，

在第二次口头审理时告知当事人的合议组成员与被诉行政决定书上署名的合议组成员不同。A 公司不服被诉行政决定，提起行政诉讼。一审法院认为，行政执法人员在系统内调度，属于行政机关内部行为，不违反内部交流制度。鉴于榆林局现有工作人员欠缺，经请示陕西省知识产权局后，抽调宝鸡市知识产权局工作人员参与案件处理并无不当，被诉行政决定的作出并未违反法定程序。被诉行政决定在侵权实体问题的认定上亦无不当，故判决驳回 A 公司诉讼请求。A 公司不服，提起上诉。二审法院判决驳回上诉、维持原判。A 公司仍不服，向最高人民法院申请再审。最高人民法院提审本案后认为，被诉行政决定的作出违反法定程序，应予撤销。首先，榆林局在处理平等民事主体关于涉案专利的侵权纠纷时，实际上处于居中裁决的地位，本应秉持严谨、规范、公开、平等的程序原则，但是，在合议组成员已经被明确变更的情况下，却又在被诉行政决定书上署名，构成对法定程序的重大且明显违反。其次，作出被诉行政决定的榆林局合议组应由该局具有专利行政执法资格的工作人员组成。否则，行政执法程序的规范性和严肃性无从保证，既不利于规范行政执法活动，也不利于强化行政执法责任。榆林局提交的陕西省知识产权局协调保护处的所谓答复，实为该处写给该局领导的内部请示，既无文号，更无公章，国家知识产权局专利管理司给陕西省知识产权局的《关于在个案中调度执法人员的复函》晚于被诉行政决定的作出时间，从内容上看与本案无直接关联，均不能作为苟某东参与被诉行政决定合议组的合法、有效依据。再次，榆林局虽主张在口头审理时将苟某东的具体身份以及参与合议组的理由告知过当事人，但其提交的证据并不能证明该项主张，当事人是否认可合议组成员身份并不能成为评判被诉行政行为程序是否合法的前提和要件。因此，榆林局和 B 公司提出的“A 公司对于合议组成员不持异议，故程序合法”的主张不能成立。

【典型意义】

本案涉及专利行政执法中程序违法的认定和处理。最高人民法院在本案中明确，已经被明确变更的合议组成员又在被诉行政决定书上署名，实质上等于“审理者未裁决、裁决者未审理”，构成对法定程序的严重违反。原则上，作出被诉行政决定的合议组应由该行政机关具有专利行政执法资格的工作人员组成。即使异地调配执法人员，也应当履行正式、完备的公文手续。

本案判决有力规范和促进了行政机关依法行政，彰显知识产权司法保护的主导作用，是充分贯彻《关于加强知识产权审判领域改革创新若干问题的意见》提出的“加强对知识产权行政行为的司法审查”的典型案例，对于推动知识产权领域法治建设和优化科技创新法治环境具有重要意义。

国家知识产权局专利复审委员会与北京甲药业有限责任公司、乙株式会社发明专利权无效行政纠纷案

［最高人民法院（2016）最高法行再41号行政判决书］

《最高人民法院办公厅关于印发2017年中国法院10大知识产权案件和50件典型知识产权案例的通知》第4号

2018年4月16日，法办〔2018〕66号

【案情摘要】

乙株式会社系名称为“用于治疗或预防高血压症的药物组合物的制备方法”的发明专利（即涉案专利）的权利人。涉案专利权利要求以马库什方式撰写。北京甲药业有限责任公司（以下简称甲公司）以涉案专利不具备创造性等为由向国家知识产权局专利复审委员会（以下简称专利复审委员会）提出无效宣告请求。2010年8月30日，乙株式会社对权利要求进行了修改，其中包括：删除了权利要求1中“或其可作药用的盐或酯”中的“或酯”两字；删除权利要求1中R4定义下的“具有1至6个碳原子的烷基”；删除了权利要求1中R5定义下除羧基和式COOR5a外的其他技术方案。专利复审委员会在口头审理过程中告知乙株式会社，对于删除权利要求1中“或酯”的修改予以认可，但其余修改不符合《专利法实施细则》第六十八条①的相关规定，该修改文本不予接受。乙株式会社和甲公司对此无异议。2011年1月14日，乙株式会社提交了修改后的权利要求书替换页，其中删除权利要求1中的“或酯”。专利复审委员会作出第16266号无效宣告请求审查决定（以下简称第16266号决定），认为涉案专利权利要求1相比于证据1是非显而易见的，

---

① 现为《专利法实施细则》（2023年修订）第七十二条。

具有创造性，符合《专利法》第二十二条①第三款的规定。遂在乙株式会社于 2011 年 1 月 14 日提交的修改文本的基础上，维持涉案专利权有效。甲公司不服，提起行政诉讼。一审法院认为，专利复审委员会以不符合《专利法实施细则》第六十八条的规定对乙株式会社于 2010 年 8 月 30 日提交的修改文本不予接受并无不当。涉案专利权利要求 1 相对于证据 1 是非显而易见的，具备创造性。遂判决维持第 16266 号决定。甲公司不服，提起上诉。二审法院认为，马库什权利要求属于并列技术方案的特殊类型，乙株式会社于 2010 年 8 月 30 日提交的修改文本缩小了涉案专利权的保护范围，符合《专利法实施细则》第六十八条第一款规定；涉案专利权利要求所涵盖的一个具体实施例的效果与现有技术的证据 1 中实施例 329 的技术效果相当，因此，涉案专利权利要求 1 未取得预料不到的技术效果，不具备创造性，遂判决撤销一审判决和第 16266 号决定，责令专利复审委员会重新作出决定。专利复审委员会不服，向最高人民法院申请再审。最高人民法院裁定提审本案后判决撤销二审判决，维持一审判决。最高人民法院认为，以马库什方式撰写的化合物权利要求应当被理解为一种概括性的技术方案，而不是众多化合物的集合；允许对马库什权利要求进行修改的原则应当是不能因为修改而产生具有新性能和作用的一类或单个化合物，但是同时也要充分考量个案因素；以马库什方式撰写的化合物权利要求的创造性判断应当遵循创造性判断的基本方法，即专利审查指南所规定的“三步法”；意料不到的技术效果是创造性判断的辅助因素，通常不宜跨过“三步法”而直接适用具有意料不到的技术效果来判断专利申请是否具有创造性。

【典型意义】

本案涉及马库什权利要求的性质、无效程序中的修改原则及创造性的判断方法等问题。马库什权利要求是化学医药发明专利领域相对特殊的权利要求撰写方式，基于其特有的概括功能，其在该领域中的运用日益广泛。马库什权利要求的性质、修改原则及创造性判断标准等问题，将直接影响数量众多的化学医药类专利技术方案的申请与授权，一直都受到业界与学术界的高度关注。最高人民法院在本案中明确，马库什权利要求的性质为概括性而非

① 现为《专利法》（2020 年修正）第二十二条。

化合物集合性质的技术方案，马库什权利要求的修改应当以不产生具有新性能和作用的一类或单个化合物为基本条件，马库什方式撰写的化合物权利要求的创造性判断仍应遵循“三步法”。本案对上述重要法律规则的明确和厘清，对化学医药领域专利申请的撰写与审查具有指导意义。

许某有因申请停止侵害专利权损害责任纠纷案

《最高人民法院发布知识产权纠纷行为保全典型案例》第 5 号

2018 年 12 月 13 日

江苏省高级人民法院认为，根据我国《民事诉讼法》的立法精神，申请人最终败诉应当是申请错误的认定标准之一。专利的稳定性具有一定的相对性，一项有效的专利权随时都存在被宣告无效的可能，许某有关于其不可能预见到会败诉的主张不予以支持。此外，先行责令被告立即停止侵犯专利权是在认定侵权成立的判决作出之前对被申请人的权利采取的限制措施，必然会给被申请人造成一定的损失。鉴于此，法律并未将申请先行责令被告立即停止侵犯专利权规定为申请人维权必须要采取的措施，是否提出申请由申请人自行决定。同时，为了有效弥补错误申请给被申请人造成的损失，法律规定申请人在申请先行责令被告立即停止侵犯专利权的同时应当提供相应的担保。据此，对其申请先行责令被告立即停止侵犯专利权的风险，申请人也应当是明知的。因此，许某有在其申请先行责令江苏某进出口贸易有限公司、江苏省淮安市某地毯有限公司立即停止侵犯专利权时，应充分意识到其提出该申请的风险。许某有关于其申请没有过错因而不应承担相应赔偿责任的主张没有法律依据，不予支持。

无锡 A 陶瓷电器有限公司、蒋某屏与常熟市 B 电热器件有限公司、C 集团股份有限公司侵害实用新型专利权纠纷案

［最高人民法院（2018）最高法民再 111 号民事判决书］

《最高人民法院办公厅关于印发 2018 年中国法院 10 大知识产权案件和 50 件典型知识产权案例的通知》第二号

2019 年 4 月 17 日，法办〔2019〕113 号

【案情摘要】

蒋某屏是名称为“一种 PTC 发热器的导热铝管及 PTC 发热器”实用新型专利（本案专利）的专利权人。无锡 A 陶瓷电器有限公司（以下简称 A 公司）为本案专利的独占实施被许可人。A 公司、蒋某屏以常熟市 B 电热器件有限公司（以下简称 B 公司）生产、销售的空调 PTC 加热器侵害其专利权为由，提起诉讼，要求停止侵权行为，赔偿其经济损失及合理支出共计 1500 万元。江苏省南京市中级人民法院一审认为，被诉侵权产品落入本案专利权利要求 2 的保护范围，判决 B 公司等停止侵权行为，酌定 B 公司赔偿 A 公司、蒋某屏经济损失和合理开支共计 100 万元。A 公司、蒋某屏和 B 公司均不服，分别提起上诉。江苏省高级人民法院二审认为，被诉侵权产品缺少本案专利权利要求 2 的隐含技术特征，不落入专利权利要求 2 的保护范围。遂判决撤销一审判决，驳回 A 公司、蒋某屏的诉讼请求。A 公司、蒋某屏不服，向最高人民法院申请再审。最高人民法院裁定提审本案。最高人民法院再审认为，二审判决关于本案专利权利要求 2 保护范围的解释有所不当，被诉侵权产品落入本案专利权利要求 2 的保护范围。遂判决撤销二审判决，变更经济损失数额共计 937 万余元。

【典型意义】

本案再审判决创新侵权损害赔偿认定机制，在损害赔偿认定方面具有典型性和指导性。对于可以体现出被诉侵权产品销售金额的证据，通过侵权产品销售总金额、利润率、贡献度计算出被诉侵权产品因侵权获得的利润；对

于不能体现出被诉侵权产品具体销售金额的证据，依照法定赔偿确定损害赔偿数额。本案通过合理运用证据规则、经济分析方法等手段，特别是充分考虑了涉案专利对被诉侵权产品利润的贡献度等因素，终审改判赔偿权利人经济损失及合理开支近950万元，通过司法裁判努力实现侵权损害赔偿与知识产权市场价值的协调性和相称性，充分体现了严格保护知识产权的司法政策，切实保障了权利人获得充分赔偿。

甲控股有限公司与国家知识产权局专利复审委员会、乙有限公司、杰某外观设计专利权无效行政纠纷案

［北京市高级人民法院（2018）京行终4169号行政判决书］

《最高人民法院办公厅关于印发2018年中国法院10大知识产权案件和50件典型知识产权案例的通知》第四号

2019年4月17日，法办〔2019〕113号

【案情摘要】

涉案专利系名称为“越野车（陆风E32车型）”、专利号为201330528226.5的外观设计专利，专利权人是甲控股有限公司（以下简称甲公司）。针对涉案专利，乙有限公司（以下简称乙公司）、杰某以涉案专利不符合2008年修正的《专利法》（以下简称2008年《专利法》）第二十三条[①]第一款、第二款为由分别提出无效宣告请求。国家知识产权局专利复审委员会（以下简称专利复审委员会）认为，涉案专利与对比设计在整体视觉效果上没有明显区别，涉案专利不符合2008年《专利法》第二十三条第二款的规定，遂以第29146号无效宣告请求审查决定，宣告涉案专利权全部无效。甲公司不服，提起行政诉讼。北京知识产权法院一审认为，涉案专利与对比设计在前车灯、进气格栅、细长进气口、雾灯、贯通槽、辅助进气口、倒U形护板、后车灯、装饰板、车牌区域及棱边等部位存在不同的设计特征，其组合后形成的视觉差异对SUV类型汽车的整体外观产生了显著影响，足以使一般消费者将涉案专

① 现为《专利法》（2020年修正）第二十三条。

利与对比设计的整体视觉效果相区分。相比于相同点，上述不同点对于涉案专利与对比设计的整体视觉效果更具有显著影响，故涉案专利与对比设计具有明显区别。据此，判决撤销被诉决定，并判令专利复审委员会重新作出无效宣告请求审查决定。专利复审委员会、乙公司和杰某均不服一审判决，提起上诉。北京市高级人民法院二审认为，从整体上观察，涉案专利与对比设计在车身前面和后面形成的视觉效果差异在整体视觉效果中所占的权重要明显低于二者之间相同点所产生的趋同性视觉效果的权重。涉案专利与对比设计相比，二者之间的差异未达到“具有明显区别”的程度，涉案专利不符合 2008 年《专利法》第二十三条第二款规定的授权条件，应当予以宣告无效。判决撤销一审判决，并驳回甲公司的诉讼请求。

【典型意义】

本案是一起社会关注度高、案情疑难复杂的汽车外观设计专利无效行政案件，受到了国内外及社会各界的广泛关注。二审法院依法宣告涉案专利权无效，体现了中国法院对于中外权利人合法利益的平等保护，彰显了中国加强知识产权保护、塑造良好营商环境的决心。同时，本案也是一起充分体现知识产权司法保护，明晰规则、引导和激励创新作用的典型案例。二审判决指出，判断具体设计特征对整体视觉效果的影响权重，应当基于一般消费者的知识水平和认知能力，从外观设计的整体出发，对其全部设计特征进行整体观察，在考察各设计特征对外观设计整体视觉效果影响程度的基础上，对能够影响整体视觉效果的所有因素进行综合考量。在判断具体特征对整体视觉效果的影响权重时，不能仅根据直观的视觉感知或者根据该特征在外观设计整体中所占比例的大小即贸然得出结论，而应当以一般消费者对设计空间的认知为基础，结合相应设计特征在外观设计整体中所处的位置、是否容易为一般消费者观察到，并结合该设计特征在现有设计中出现的频率以及该设计特征是否受到功能、美感或技术方面的限制等因素，确定各个设计特征在整体视觉效果中的权重。该案的裁判结果，对中国汽车产业汽车外观设计领域的发展具有重要的导向作用。

A清洗系统公司与厦门B汽车配件有限公司、厦门C汽车配件有限公司、陈某强侵害发明专利权纠纷案

［最高人民法院（2019）最高法知民终2号民事判决书］

《最高人民法院办公厅关于印发2019年中国法院10大知识产权案件和50件典型知识产权案例的通知》第一号

2020年4月7日，法办〔2020〕99号

【案情摘要】

A清洗系统公司（以下简称A公司）是名称为“机动车辆的刮水器的连接器及相应的连接装置”（以下简称涉案专利）的中国发明专利的专利权人。A公司于2016年向上海知识产权法院提起诉讼称，厦门B汽车配件有限公司（以下简称B公司）、厦门C汽车配件有限公司（以下简称C公司）以及陈某强制造、销售的雨刮器产品落入其专利权保护范围，请求判令B公司、C公司、陈某强停止侵权，赔偿损失及制止侵权的合理开支。A公司同时提出了临时行为保全申请，请求法院裁定B公司、C公司、陈某强立即停止侵权行为。后上海知识产权法院作出部分判决，认定B公司、C公司、陈某强构成侵权，并判令停止侵权行为。据此未对A公司提出的临时行为保全申请进行处理。B公司、C公司等不服上述部分判决，向最高人民法院提起上诉。最高人民法院认定被诉侵权产品落入涉案专利权的保护范围，B公司、C公司的行为构成侵权，应当承担停止侵害的法律责任。A公司虽坚持其责令B公司、C公司停止侵害涉案专利权的诉中行为保全申请，但是其所提交的证据并不足以证明发生了给其造成损害的紧急情况，且最高人民法院已经当庭作出判决，本案判决已经发生法律效力，另行作出责令停止侵害涉案专利权的行为保全裁定已无必要。故对于A公司的诉中行为保全申请，不予支持。最高人民法院遂判决驳回上诉，维持原判。

【典型意义】

本案由最高人民法院依法公开开庭审理并当庭宣判，敲响了最高人民法院知识产权法庭的“第一槌”，标志着技术类案件统一上诉机制顺利启动，也

是最高人民法院知识产权法庭审判职能的首次展现。本案是针对部分判决的上诉案件，允许就侵权判定问题先行作出部分判决并提起上诉，有助于节省司法资源、提高审判效率。同时，最高人民法院还在本案判决中首次探讨了判令停止侵害的部分判决制度和临时禁令制度的关系，阐明了判令停止侵害的部分判决尚未发生效力时临时禁令的价值，倡导人民法院在作出部分判决的同时，支持专利权人关于责令停止侵权行为的保全申请。通过裁判引领了提升司法保护力度和降低维权成本的良好导向。此外，功能性特征是专利案件中的热点和难点问题，本案判决对于功能性特征认定标准的详尽阐述，有助于澄清司法实践中的认识偏差。

周某与无锡某机械设备制造有限公司侵害发明专利权纠纷案

［江苏省苏州市中级人民法院（2019）苏 05 知初 1122 号民事判决书、（2020）苏 05 司惩 1 号决定书］

《2021 年中国法院 10 大知识产权案件》第五号

2022 年 4 月 21 日

【案情摘要】

周某系“排水板成型机”的发明专利权人，因发现无锡某机械设备制造有限公司（以下简称某公司）涉嫌侵权，向法院申请诉前证据保全。江苏省苏州市中级人民法院裁定采取保全措施，对被诉侵权产品进行现场拍照并制作笔录，明确告知某公司不得破坏或者转移保全证据，某公司法定代表人签字确认。后周某以某公司侵害其专利权为由诉至法院。案件审理过程中，某公司在未告知法院的情形下擅自转移诉前保全产品并导致该产品灭失。一审法院认为，诉前保全证据系本案关键证据，某公司擅自转移并导致证据灭失，直接影响本案侵权判断，遂认定被诉侵权行为构成侵害专利权并全额支持原告的赔偿请求。同时，一审法院对某公司擅自转移诉前保全证据并导致证据灭失、严重妨害民事诉讼的行为给予司法惩戒，罚款 20 万元。某公司不服一审判决，提起上诉。最高人民法院二审判决驳回上诉、维持原判。

【典型意义】

本案是人民法院着力破解“举证难”、提升知识产权审判质效和司法公信力的案例。该案明确了掌握证据一方的举证义务，以及证明妨碍和妨害证据保全的法律后果，对于依法适当减轻权利人举证负担，引导当事人积极、主动、全面、诚实提供证据，具有重要的实践价值。

深圳市A计算机系统有限公司与谭某文因恶意提起知识产权诉讼损害责任纠纷案

［广东省高级人民法院（2019）粤民终407号民事判决书］

《最高人民法院办公厅关于印发2019年中国法院10大知识产权案件和50件典型知识产权案例的通知》第六号

2020年4月7日，法办〔2020〕99号

【案情摘要】

深圳市A计算机系统有限公司（以下简称A公司）拥有多项“QQ企鹅”系列美术作品的著作权以及注册商标专用权。谭某文为B科技（深圳）有限公司（以下简称B公司）的股东及董事。2008年12月，谭某文向国家知识产权局申请“音箱（Xzeit迷你企鹅型）”外观设计专利，并获得授权。2011年3月，A公司以谭某文、B公司销售的QQ迷你音箱侵害其著作权和商标权为由提起诉讼。后双方就该两案达成和解，谭某文同意停止侵权并支付赔偿款2.5万元。谭某文同时承诺，将于一个月内向国家知识产权局撤回其企鹅音箱外观设计专利申请。后经法院查明，谭某文并未履行承诺，且持续缴纳该外观设计年费至2015年12月。此后，A公司与深圳市C智能科技有限公司（以下简称C公司）合作生产、销售企鹅外型音箱。2016年2月，谭某文以A公司及C公司侵害其外观设计专利权为由，提起诉讼。A公司随即针对谭某文的外观设计专利提出无效宣告请求，原国家知识产权局专利复审委员会经审查宣告该外观设计专利权无效。广东省深圳市中级人民法院遂裁定驳回谭某文的起诉。后A公司以谭某文明知其外观设计专利不符合授权条件，仍然恶意提起侵害专利权的诉讼，并给A公司造成了包括商誉损失、律

师代理费、差旅费、预期可得利益等在内一系列损失为由，向广东省深圳市中级人民法院提起本案诉讼，请求判令谭某文赔偿损失、赔礼道歉并消除影响。法院一审认定谭某文的行为构成恶意提起知识产权诉讼，判令其赔偿 A 公司经济损失及维权合理开支共计 50 万元。广东省高级人民法院二审维持一审判决。

【典型意义】

公平有序、充满活力的竞争机制是释放各类创新主体创新活力的重要保障。在依法保障知识产权人在其权利范围内获得充分和严格保护的同时，也要坚持以诚信原则为指引，防止少数市场主体以滥用权利的方式损害公平健康的市场竞争秩序与他人的合法权益。“因恶意提起知识产权诉讼损害责任纠纷”是知识产权诉讼领域的新类型案由，在行为要件、裁判标准等方面尚待进一步明确。本案中，二审法院从权利基础、判断能力、抗辩事由等多方面，对当事人是否具有提起诉讼的主观恶意等问题进行了有益探索，对赔偿数额的确定标准也给予了充分论述。本案裁判对于合理确定法律责任边界，依法维护善意使用者的市场交易安全，降低创新者的法律风险，鼓励更多社会主体投身创新创业，均具有积极意义。

无线通信标准必要专利“禁诉令”三案

《最高人民法院知识产权法庭 2020 年 10 件技术类知识产权典型案例》第一号

2021 年 2 月 26 日

【案号】

（2019）最高法知民终 732、733、734 号

【基本案情】

2018 年 1 月，甲公司向南京中院提起本案诉讼，请求确认不侵害乙公司三项中国专利权并请求确认中国地区标准必要专利的许可费率。2018 年 4 月，为反制甲公司的本案诉讼，乙公司向德国杜塞尔多夫法院提起专利侵权诉讼，

请求判令甲公司停止侵权并赔偿损失。2019 年 9 月 16 日，南京中院作出本案一审判决，确定甲公司及其中国关联公司与乙公司所涉标准必要专利的许可费率。乙公司不服一审判决，向最高人民法院提起上诉。在最高人民法院审理期间，2020 年 8 月 27 日，德国法院作出一审判决，认定甲公司及其德国关联公司侵害乙公司欧洲专利，判令禁止甲公司及其德国关联公司提供、销售、使用或为上述目的进口或持有相关移动终端，销毁并召回侵权产品等。该判决可在乙公司提供 240 万欧元担保后获得临时执行。当日，甲公司向最高人民法院提出行为保全申请，请求禁止乙公司在最高人民法院终审判决作出前申请执行德国法院判决。最高人民法院知识产权法庭综合考虑必要性、损益平衡、国际礼让原则等因素，于48 小时内作出行为保全裁定：乙公司不得在最高人民法院终审判决前申请执行上述德国判决；如违反本裁定，自违反之日起，处每日罚款人民币 100 万元，并按日累计。乙公司提起复议，最高人民法院组织双方听证后裁定驳回复议请求。本案裁定作出后，各方当事人在充分尊重并切实履行本案裁定的同时进行了积极商业谈判，达成了全球一揽子和解协议，结束了在全球多个国家的所有平行诉讼，取得了良好的法律效果以及多赢的社会效果。

【典型意义】

该三案中，最高人民法院知识产权法庭作出了中国法院在知识产权领域的首个“禁诉令”性质行为保全裁定，并开创性地适用了“日罚金”措施，确保了行为保全裁定的执行。该三案裁定明确了“禁诉令”性质行为保全的适用条件和考虑因素，为建立健全中国“禁诉令”制度作出了案例探索，积累了有益经验，有效维护了国家利益、司法主权和企业合法权益。

“二次锂离子电池”发明专利无效案

《最高人民法院知识产权法庭2020 年10 件技术类
知识产权典型案例》第六号
2021 年2 月26 日

【案号】

（2020）最高法知行终406、407 号

【基本案情】

任某某、孙某与某上海公司、某北京公司、国家知识产权局发明专利权无效行政纠纷两案，涉及名称为“二次锂离子电池或电池组、其保护电路以及电子装置”的发明专利。任某某、孙某为专利权人；某上海公司、某北京公司申请宣告专利权无效；国家知识产权局在权利要求1－12、14 的基础上维持专利权有效。北京知识产权法院一审认为，因权利要求得不到说明书支持，涉案专利权应当全部无效，故判令国家知识产权局重新作出审查决定。任某某、孙某不服，向最高人民法院提起上诉。最高人民法院二审认为，涉案专利能够得到说明书的支持，改判维持专利权有效。

【典型意义】

该案典型意义在于明确了以两组以上不同数值范围共同限定保护范围的权利要求是否能够得到说明书支持的判断标准。如果在说明书及附图记载的范围内，能够确定该两个以上数值范围之间的对应关系，使本领域技术人员合理确定专利保护范围，应当认为该权利要求得到说明书的支持。此项规则的明确，对于保障专利制度激励创新、促进新兴产业发展具有重要意义。

“访问门户网站方法”专利民行交叉两案

《最高人民法院知识产权法庭2020年10件技术类知识产权典型案例》第七号

2021年2月26日

【案号】

（2020）最高法知行终282号、（2019）最高法知民终725号

【基本案情】

A公司是名称为“一种简易访问网络运营商门户网站的方法”发明专利的专利权人。A公司认为，B公司未经许可制造、销售，C公司未经许可销售落入其专利权保护范围的产品，故向泉州中院提起诉讼。泉州中院一审认定，被诉侵权产品落入涉案专利权保护范围；C公司合法来源抗辩成立，遂作出一审判决：B公司、C公司立即停止侵权；B公司赔偿A公司经济损失1000万元。B公司不服，向最高人民法院提起上诉。A公司向泉州中院提起本案诉讼前，国家知识产权局针对B公司就涉案专利权提出的无效宣告请求作出审查决定，维持涉案专利权有效。一审法院就A公司提起的民事侵权案件作出一审判决后，B公司就上述无效审查决定提起行政诉讼，后因不服该行政诉讼一审判决，向最高人民法院提起上诉。最高人民法院知识产权法庭统筹审理了上述涉及同一专利的行政、民事上诉案件，于2020年12月23日作出行政二审判决，维持涉案专利权有效，12月30日作出民事二审判决，认定被诉侵权行为构成侵权，维持关于停止侵权、赔偿1000万元的一审判决。

【典型意义】

最高人民法院知识产权法庭在该两案中充分发挥统一审理技术类知识产权民事、行政上诉案件的制度优势，有效破解了专利行政确权程序与民事侵权程序交叉进行情形下的“一案等一案”问题和惯常的“先行裁驳、另行起诉”处理可能引发的程序空转延宕问题，以及权利要求解释不一致的裁判尺度问题，实现了专利行政确权案件与专利民事侵权案件审理的无缝衔接和结

果协调，促进了专利纠纷的实质性和一揽子解决。

涉“天猫”反向行为保全案

《最高人民法院知识产权法庭 2020 年 10 件技术类
知识产权典型案例》第九号
2021 年 2 月 26 日

【案号】

（2020）最高法知民终 993 号

【基本案情】

A 公司为名称为“具有新型桶体结构的平板拖把清洁工具”的实用新型专利权人，其认为 B 公司在“某网”上销售的拖把神器构成对其专利权的侵害，故向宁波中院提起诉讼。宁波中院认定侵权成立，并判令 C 公司立即删除、断开被诉侵权产品的销售链接。随后，C 公司删除有关链接。B 公司等向最高人民法院提起上诉。二审程序期间，涉案专利权被国家知识产权局宣告全部无效。B 公司遂向最高人民法院提出行为保全申请，请求责令 C 公司立即恢复 B 公司在“某网”上的产品销售链接。最高人民法院知识产权法庭收到申请后，在 26 小时内作出裁定，采用“固定 + 动态”担保金的形式，支持了其保全申请。该行为保全裁定作出后，各方当事人达成和解。

【典型意义】

该案是最高人民法院首次作出反向行为保全的案件。最高人民法院知识产权法庭通过优质高效的裁判，尤其是动态担保金的适用，良好平衡了专利权人、被诉侵权人和电子商务平台经营者三方利益。裁定作出后，B 公司得以在“双十一”这一特定销售时机正常开展线上经营，避免其利益受到不可弥补的损害；同时，以 B 公司销售额为计算基础的动态担保金也充分保障了专利权人 A 公司的利益最终不会因行为保全错误而遭受侵害。

甲电脑贸易（上海）有限公司与国家知识产权局、上海乙智能网络科技股份有限公司发明专利权无效宣告请求行政纠纷案

［最高人民法院（2017）最高法行再34号行政判决书］

《2020年中国法院10大知识产权案件》第一号

2021年4月16日

【案情摘要】

上海乙智能网络科技股份有限公司（以下简称乙公司）是名称为“一种聊天机器人系统”的发明专利（以下简称本专利）的权利人。本专利是实现用户通过即时通信平台或短信平台与聊天机器人对话，使用格式化的命令语句与机器人做互动游戏的专利。甲电脑贸易（上海）有限公司（以下简称甲公司）请求宣告本专利无效。国家知识产权局及一审法院均认为本领域技术人员根据其普通技术知识能够实现本专利利用聊天机器人系统的游戏服务器进行互动的游戏功能，符合《专利法》对充分公开的要求，故维持本专利有效。二审法院认为，根据本专利授权历史档案，乙公司认可游戏服务器功能是本专利具备创造性的重要原因，本专利说明书对于游戏服务器与聊天机器人的其他部件如何连接完全没有记载，未充分公开如何实现本专利限定的游戏功能，据此判决撤销一审判决和被诉行政决定。乙公司不服，向最高人民法院申请再审。最高人民法院认为，本专利中的游戏服务器特征不是本专利与现有技术的区别技术特征，对于涉及游戏服务器的技术方案可以不作详细描述。本领域普通技术人员根据本专利说明书的记载就可以实现相关技术内容，因此，本专利涉及游戏服务器的技术方案符合《专利法》关于充分公开的要求。最高人民法院遂提审后撤销二审判决，维持一审判决。

【典型意义】

本案涉及我国计算机人工智能领域的基础专利。“以公开换保护”是专利制度的基本原则，判断作为专利申请的技术方案是否已经充分公开，不仅是人工智能领域专利审查和诉讼中的疑难问题，也直接决定了专利申请人能否

对有关技术方案享有独占权。本案再审判决明确了涉及计算机程序的专利说明书充分公开的判断标准，充分保护了企业的自主创新成果，在确保公共利益和激励创新兼得的同时，助力加强关键领域自主知识产权的创造和储备。

甲技术有限公司、甲终端有限公司、甲软件技术有限公司与乙无线许可有限公司确认不侵害专利权及标准必要专利许可纠纷系列案

［最高人民法院（2019）最高法知民终 732、733、734 号之一民事裁定书］

《2020 年中国法院 10 大知识产权案件》第二号

2021 年 4 月 16 日

【案情摘要】

2018 年 1 月，甲技术有限公司、甲终端有限公司、甲软件技术有限公司（以下统称甲公司）向江苏省南京市中级人民法院提起本案诉讼，请求确认未侵害乙无线许可有限公司（以下简称乙公司）三项中国专利权并请求确认中国地区标准必要专利的许可费率。2018 年 4 月，为反制甲公司的本案诉讼，乙公司向德国杜塞尔多夫法院提起专利侵权诉讼，请求判令甲公司停止侵权并赔偿损失。2019 年 9 月 16 日，一审法院判决确定甲公司及其中国关联公司与乙公司所涉标准必要专利的许可费率。乙公司不服一审判决，向最高人民法院提起上诉。在最高人民法院二审审理期间，2020 年 8 月 27 日，德国法院作出一审判决，认定甲公司及其德国关联公司侵害乙公司欧洲专利，判令禁止甲公司及其德国关联公司提供、销售、使用或为上述目的进口或持有相关移动终端，销毁并召回侵权产品等。该判决可在乙公司提供 240 万欧元担保后获得临时执行。该判决认定，乙公司向甲公司提出的标准必要专利许可费率要约未违反公平、合理、无歧视（FRAND）原则。乙公司的前述要约中多模 2G/3G/4G 移动终端产品的标准必要专利许可费率约为本三案一审判决所确定中国标准必要专利许可费率的 18.3 倍。当日，甲公司向最高人民法院提出行为保全申请，请求禁止乙公司在最高人民法院终审判决作出前申请执行德国法院判决。最高人民法院在要求甲公司提供担保的基础上，作出行为保全裁定，即乙公司不得在最高人民法院终审判决前，申请执行上述德国判决。

如违反本裁定，自违反之日起，处每日罚款人民币 100 万元，按日累计。该裁定于当日送达。乙公司在复议期内提起复议。最高人民法院组织双方听证后，裁定驳回乙公司的复议请求。

【典型意义】

本案是我国知识产权诉讼首例具有“禁诉令”性质的行为保全裁定，明确了采取禁止申请执行域外法院判决的行为保全措施时应考虑的必要性、损害程度、适应性、公共利益以及国际礼让因素等，并首次探索日罚金制度，初步构建起中国“禁诉令”的司法实践路径。本案裁定促成当事人最终达成全球一揽子和解协议，结束了在全球多个国家的平行诉讼，取得了良好的法律效果和社会效果。

某广东移动通信有限公司、某广东移动通信有限公司深圳分公司与某株式会社、某日本株式会社标准必要专利许可纠纷案

［广东省深圳市中级人民法院（2020）粤 03 民初 689 号之一民事裁定书］

《2020 年中国法院 10 大知识产权案件》第六号

2021 年 4 月 16 日

【案情摘要】

某广东移动通信有限公司、某广东移动通信有限公司深圳分公司（以下统称某公司）应某株式会社要求进行标准必要专利许可谈判。谈判过程中，某株式会社在域外针对某公司提起专利侵权诉讼。某公司认为，某株式会社单方面就谈判范围内的专利提起诉讼并要求禁令的行为违反了 FRAND 义务，遂向广东省深圳市中级人民法院提起诉讼，请求法院就某株式会社拥有的相关标准必要专利对某公司进行许可的全球费率作出裁判。同时，鉴于某株式会社可能以“域外禁令”胁迫其进行谈判，某公司提出行为保全申请。一审法院裁定，某株式会社在本案终审判决作出之前，不得向其他国家、地区就本案所涉专利对某公司提出新的诉讼或司法禁令，如有违反处每日罚款人民币 100 万元。在一审法院发出“禁诉令”后 7 小时，德国慕尼黑第一地区法

院向某公司下达了“反禁诉令”，要求某公司向中国法院申请撤回禁诉令。一审法院围绕“禁诉令”和“反禁诉令”，进行了法庭调查，固定了某株式会社违反行为保全裁定的事实和证据，并向其释明违反中国法院裁判的严重法律后果。最终，某株式会社无条件撤回了本案中的复议申请和向德国法院申请的“反禁诉令”，同时表示将充分尊重和严格遵守中国法院的生效裁决。

【典型意义】

本案颁发全球“禁诉令”、成功化解“反禁诉令”，表明了中国司法机关的鲜明态度，为企业公平参与国际市场竞争提供了有力司法保障，对中国从“国际知识产权规则跟随者”转变为“国际知识产权规则引导者”具有重要的推动意义。

中国首例药品专利链接诉讼案

［某制药株式会社与温州某药业有限公司确认是否落入专利权保护范围纠纷案］

《最高人民法院知识产权法庭典型案例（2022）》第 1 号

2023 年 3 月 30 日

【案号】

（2022）最高法知民终 905 号

【基本案情】

某制药株式会社依据《专利法》第七十六条第一款向北京知识产权法院提起药品专利链接诉讼，请求确认温州某公司的“艾地骨化醇软胶囊”仿制药技术方案落入涉案专利权利要求的保护范围。一审法院判决驳回某制药株式会社的诉讼请求。某制药株式会社不服，提起上诉。最高人民法院二审认为，温州某公司未针对保护范围最大的权利要求作出声明，未将声明及声明依据及时通知上市许可持有人某制药株式会社，其行为有所不当，应予批评；关于仿制药技术方案是否落入专利权利要求保护范围的判断，原则上应当以仿制药申请人的申报资料为依据比对评判；经比对，涉案仿制药技术方案未落入专利权利要求保护范围。遂判决驳回上诉，维持原判。

【典型意义】

本案系我国首例药品专利链接诉讼案件。我国药品专利链接制度初建，尚处于探索阶段，本案判决对药品专利链接制度实践初期出现的新问题进行了符合立法目的的探索性法律适用，受到中外媒体和医药界的普遍关注和广泛好评。中央广播电视总台第一时间予以报道，入选“新时代推动法治进程2022年度十大提名案件”。

“蜜胺”发明专利及技术秘密侵权两案

［四川A化工股份有限公司、北京B科技有限公司与山东C化工股份有限公司、宁波D管理咨询有限公司、宁波E环境化工工程设计有限公司、尹某某侵害发明专利权纠纷、侵害技术秘密纠纷两案］

《最高人民法院知识产权法庭典型案例（2022）》第2号

2023年3月30日

【案号】

（2020）最高法知民终1559号、（2022）最高法知民终541号

【基本案情】

A公司、B公司系专利号为201110108644.9、名称为“节能节资型气相淬冷法蜜胺生产系统及其工艺”的发明专利权利人，A公司亦为采用加压气相淬冷法生产蜜胺的方法及使用该方法的生产系统相关技术秘密权利人。A公司、B公司针对C公司等四被告侵害涉案专利权的行为向广州知识产权法院提起诉讼。A公司亦针对上述四被告侵害技术秘密的行为向四川省成都市中级人民法院提起诉讼。两法院一审分别认定，四被告共同实施了专利侵权行为、技术秘密侵权行为，均判决停止侵害，并分别部分支持了有关损害赔偿请求。双方当事人对两案均不服，均提起上诉。最高人民法院二审认为，各被诉侵权人具有侵权的意思联络，主观上彼此明知，先后实施相应侵权行

为构成完整的侵权行为链，客观上分工协作，属共同故意实施侵权行为，应当对全部侵权损害承担连带责任。遂改判支持权利人的全部诉讼请求，判令侵权人以包括但不限于拆除的方式销毁侵权生产系统及有关技术秘密载体，共同连带赔偿权利人经济损失合计 2.18 亿元（其中，发明专利侵权案赔偿 1.2 亿元，技术秘密侵权案赔偿 9800 万元）。

【典型意义】

这是目前人民法院针对同一工程项目判赔额最高的知识产权侵权案件。权利人 A 公司为中外合资企业，B 公司为高新技术民营企业，侵权人之一 C 公司系国有上市企业。两案裁判不仅彰显了人民法院切实加强知识产权司法保护的坚定态度，也充分体现对内资和外资企业、国有和民营企业等各类企业的一体对待、平等保护。本案有关共同故意侵权及全部连带责任的认定、赔偿额计算的考量因素、停止侵害责任中销毁侵权载体的处理方式等，对于类似案件的处理具有参考意义。

“伸缩缝装置”标准必要专利侵权案

［徐某、宁波 A 科技实业集团有限公司与河北 B 橡胶制品有限责任公司、河北 C 路桥建设有限公司侵害发明专利权纠纷案］

《最高人民法院知识产权法庭典型案例（2022）》第 3 号

2023 年 3 月 30 日

【案号】

（2020）最高法知民终 1696 号

【基本案情】

徐某系专利号为 200410049491.5、名称为“一种特大抗挠变梳型桥梁伸缩缝装置”的发明专利权利人。涉案专利为交通运输部发布的《单元式多向变位梳形板桥梁伸缩缝装置》行业推荐性标准的标准必要专利。专利权人徐某及其任法定代表人的涉案专利独占被许可人 A 公司认为，C 公司在平赞高速公路工程中，使用了B公司按照上述标准制造并销售的伸缩缝装置，两公司构成对涉案专利权的侵害，遂向河北省石家庄市中级人民法院提起诉讼，请求判令两公司停止侵害并共同赔偿损失及维权合理开支300万元。一审法院认定，B公司、C公司侵害涉案专利权，判决B公司赔偿经济损失及维权合理开支10万元。徐某、A公司不服，提起上诉。最高人民法院二审认为，涉案专利为标准必要专利，推荐性标准中明确披露了涉案专利技术方案、专利号及权利人联系方式，且A公司曾于2016年函告B公司涉嫌侵害涉案专利权。B公司明知涉案专利的存在，非但没有主动寻求专利许可，还再次未经许可实施涉案专利，主观上存在明显过错。遂改判全额支持权利人300万元赔偿请求。

【典型意义】

本案二审在认定标准必要专利权人不存在过错、专利实施人存在明显过错的基础上，全额支持权利人的赔偿主张，明确标准必要专利侵权案件中确定损害赔偿责任时应当重点考虑当事人过错，凸显保护善意行为人的司法政策导向。

“动态密码USB线材”实用新型专利侵权案

[深圳市A智能科技有限公司与深圳市B电子科技有限公司等侵害实用新型专利权纠纷案]

《最高人民法院知识产权法庭典型案例（2022）》第4号

2023年3月30日

【案号】

（2022）最高法知民终124号

【基本案情】

A公司系专利号为201720131230.0、名称为“一种动态密码USB线材”的实用新型专利权利人。A公司认为B公司等实施了侵权行为，向广东省深圳市中级人民法院提起诉讼。B公司等抗辩称A公司同日申请了技术方案实质相同的涉案实用新型专利和关联实用新型专利，该关联专利权已被宣告无效，基于同样的理由，涉案专利权也应属无效，故应驳回 A 公司的诉讼请求。一审法院认定上述两专利技术方案实质相同，涉案专利权明显或者有极大可能归于无效，故判决驳回 A 公司的诉讼请求。A 公司不服，提起上诉。本案二审程序期间，B 公司对涉案专利提出无效宣告请求。最高人民法院二审认为，在涉案专利权稳定性存疑或有争议的情况下，后续审理程序存在多种可选择的处理方式时，人民法院可以酌情作出妥适处理。本案经释明，双方当事人针对专利权稳定性问题分别自愿作出相应的未来利益补偿承诺，最高人民法院基于基本案情、在案证据和双方承诺，采用了“先行裁驳、另行起诉”的处理方式，裁定撤销一审判决，驳回起诉。

【典型意义】

本案在涉案专利行政确权程序已经启动的情况下，人民法院首次尝试引导双方当事人针对确权程序结果的不确定性自愿作出未来利益补偿承诺。裁判明确专利侵权案件中，在涉案专利权稳定性存疑或有争议的情况下，基于公平和诚信的考虑，人民法院可鼓励和引导当事人自愿作出相关未来利益的补偿承诺或声明，既有效推进案件审理程序，又妥善平衡当事人实体利益。

“结固式锚栓”实用新型专利侵权案

［福州 A 自动化科技有限公司与上海 B 建筑技术有限公司、张某某侵害实用新型专利权纠纷案］

《最高人民法院知识产权法庭典型案例（2022）》第 5 号

2023 年 3 月 30 日

【案号】

（2021）最高法知民终 1066 号

【基本案情】

福州 A 公司系专利号为 201320534267. X、名称为“结固式锚栓”的实用新型专利权利人。福州 A 公司认为，上海 B 公司及其法定代表人张某某侵害涉案专利权，故向上海知识产权法院提起诉讼，请求判令其停止侵权并连带赔偿损失及维权合理开支 250 万元。一审法院认为，被诉侵权技术方案落入涉案专利保护范围，但上海 B 公司及张某某的抵触申请抗辩成立，故判决驳回福州 A 公司的诉讼请求。福州 A 公司不服，提起上诉。最高人民法院二审认为，有关抵触申请抗辩不能成立；可以认定具体实施侵权技术方案的上海 B 公司和提供该技术方案的张某某共同实施了侵害涉案专利权的行为；福州 A 公司主张以上海 B 公司和张某某对外宣传的经营规模作为损害赔偿计算依据，上海 B 公司和张某某虽抗辩该经营规模属于夸大宣传，但未提交证据证明其实际侵权经营规模。基于上述对外宣传经营规模，综合考虑其他在案因素，改判全额支持福州 A 公司 250 万元赔偿主张。

【典型意义】

本案结合被诉侵权人对外公开宣传内容确定侵权行为规模，并在此基础上综合确定赔偿数额，体现了人民法院加强知识产权保护、加大损害赔偿力度的司法导向，有效指引市场主体在商业活动中遵循诚信原则。此外，涉案专利产品虽为小部件、单价不高，但小专利也能获得高判赔，提示任何人都应尊重他人创新成果。

“气化炉除尘装置及系统”专利权权属两案

［某化学工程股份有限公司与某化工集团股份有限公司、
聊城市某化工工程设计有限责任公司
专利权权属纠纷两案］

《最高人民法院知识产权法庭典型案例（2022）》第 6 号
2023 年 3 月 30 日

【案号】

（2020）最高法知民终 1652 号、（2020）最高法知民终 1293 号

【基本案情】

涉案专利分别系专利号为 201620067057.8、名称为“一种合成气除尘系

统”及专利号为201720586771.2、名称为“一种气化炉出口气体喷淋装置”的实用新型专利。某公司认为，某化工集团公司、聊城某化工公司与其合作期间，违反保密义务约定，以某公司提供的技术申请涉案两专利，遂向山东省济南市中级人民法院提起诉讼，请求确认两专利权归某公司所有。一审法院认为，涉案专利技术方案是某化工集团公司、聊城某化工公司基于某公司技术方案的改进技术方案，但有关改进不具备实质性特点，故判决两涉案专利权归某公司所有。某化工集团公司、聊城某化工公司不服，提起上诉。最高人民法院二审认为，某化工集团公司、聊城某化工公司不能证明其在他人非公开技术方案的基础上作出的改进属于使发明创造具有实质性特点的创造性技术贡献。遂判决驳回上诉，维持原判。

【典型意义】

本案明确了以非公开技术方案的改进技术方案为保护对象的专利权权属纠纷中的证明责任，合理界定了技术来源方和技术改进方获得权利的基础，避免没有作出实质性技术贡献的主体通过申请专利将他人非公开技术方案据为己有，有力保护技术来源方的合法权益。本案曾入围“新时代推动法治进程2022年度十大案件”投票环节。

“缝合器与缝合针套件”专利权及专利申请权权属两案

［浙江某医疗技术有限公司与万某专利权及专利申请权权属纠纷两案］

《最高人民法院知识产权法庭典型案例（2022）》第7号

2023年3月30日

【案号】

（2022）最高法知民终1330号、（2022）最高法知民终2365号

【基本案情】

万某系专利号为202020661599.4、名称为“缝合器与缝合针套件”的实用新型专利权人，以及申请号为202010343019.1、名称为“缝合器、具有缝合器的治疗装置以及治疗系统”的发明专利申请人。某公司认为，万某曾系

该公司的法定代表人，其在职期间完成的上述两项发明创造属于职务发明，相关权利应归某公司所有，故向浙江省杭州市中级人民法院提起诉讼。一审法院以证据不足为由判决驳回诉讼请求。某公司不服，提起上诉。最高人民法院在二审程序中，全面梳理双方当事人一系列矛盾纠纷，帮助其厘清各自核心诉求，充分释明，耐心引导，一揽子化解双方全部关联纠纷，实现合作共赢。

【典型意义】

两案的成功调解，化解了双方当事人积累多年的矛盾和系列纠纷，充分体现了以和为贵、互利共赢的中华优秀传统文化，彰显了人民法院努力减轻当事人讼累、实质性化解纠纷的司法态度。

四、植物新品种

天津A科技有限公司与江苏B科技有限公司侵害植物新品种权纠纷案

《最高人民法院发布八起典型案例》第4号

2014年7月23日

【基本案情】

北方C工程技术中心（与辽宁省D研究所为一套机构两块牌子）、江苏徐淮地区徐州E研究所（以下简称徐州E所）共同培育成功的三系杂交粳稻9优418水稻品种于2000年11月10日通过国家农作物品种审定。9优418水稻品种来源于母本9201A、父本C418。2003年12月30日，辽宁D所向国家农业部提出C418水稻品种植物新品种权申请，于2007年5月1日获得授权，同日其许可天津A科技有限公司（以下简称A公司）独占实施C418植物新品种权。

2003年9月25日，徐州E所就其选育的徐9201A水稻品种向国家农业部申请植物新品种权保护，于2007年1月1日获得授权。2006年4月3日，徐州 E 所水稻室与 A 公司订立《关于“徐 9201A”引种使用协议》，约定：“徐 9201A 已申请国家品种权保护，按照知识产权保护要求，外单位引用仅可用于测交配组，不得用于商业开发，并保证不向第三方扩散；使用期间未经同意不得自行繁殖，否则追究侵权责任。”2008 年 1 月 3 日，徐州 E 所许可江苏 B 科技有限公司（以下简称 B 公司）独占实施徐 9201A 植物新品种权。

经审理查明，B 公司和 A 公司生产 9 优 418 使用的配组完全相同，都使用父本 C418 和母本徐 9201A。

A 公司、B 公司分别向法院提起诉讼，要求确认对方当事人侵犯其独占享有的父本 C418、母本徐 9201A 植物新品种权。

【裁判结果】

9 优 418 的合作培育源于 20 纪 90 年代国内杂交水稻科研大合作，本身系无偿配组。该品种性状优良，在江苏、安徽、河南等地广泛种植，受到广大种植农户的普遍欢迎，已成为中粳杂交水稻的当家品种。9 优 418 本身并无植物新品种权，该品种已进入公有领域，但之后辽宁 D 所与徐州 E 所又分别通过各自的行为使 9 优 418 品种间接获得法律保护。辽宁 D 所于 2003 年申请了父本 C418 的植物新品种权，即生产 9 优 418 使用父本 C418 需获得品种权人辽宁 D 所的授权许可；徐州 E 所亦于 2003 年申请了母本徐 9201A 的植物新品种权，而 B 公司在诉讼中认可目前已将未获品种权保护的母本 9201A 全部封存，故 A 公司只要生产 9 优 418 就只能使用母本徐 9201A。在二审期间，法院做了大量调解工作，希望双方当事人能够相互授权许可，使 9 优 418 这一优良品种能够继续获得生产，但双方当事人最终未能达成妥协。由于 A 公司与 B 公司之间不能达成妥协，致使 9 优 418 品种不能继续生产，不仅影响双方利益，实际上也已经损害了国家粮食生产安全，有损公共利益，且不符合当初辽宁 D 所与徐州 E 所合作育种的根本目的，也不符合促进植物新品种转化实施的根本要求。9 优 418 是三系杂交组合，综合双亲优良性状，杂种优势显著，在 9 优 418 配组中父本与母本具有相同的地位及作用。江苏省高级人民法院判决，9 优 418 水稻品种的合作双方徐州 E 所和辽宁 D 所及其本案当事人 B 公司和 A 公司均有权使用对方获得授权的亲本繁殖材料，且应当相互免除许可使用费，但仅限于生产和销售 9 优 418 这一水稻品种，不得用于其他商业目的。因 B 公司为推广 9 优 418 品种付出了许多商业努力并进行种植技术攻关，而 A 公司是在 9 优 418 品种已获得市场广泛认可的情况下进入该生产领域，其明显减少了推广该品种的市场成本，为体现公平合理，法院同时判令 A 公司给予 B 公司 50 万元的经济补偿。同时，因双方当事人各自生产 9 优 418，事实上存在着一定的市场竞争和利益冲突，法院告诫双方当事人应当遵守我国《反不正当竞争法》的相关规定，诚实经营，有序竞争，确保质量，尤其应当清晰标注各自的商业标识，防止发生新的争议和纠纷，共同维护好 9 优 418 品种的良好声誉。

【典型意义】

通常情况下，知识产权具有排他性，未经权利人许可，他人不得擅自使用知识产权，但知识产权制度的本质并不仅仅在于知识产权的保护，更重要的意义是要通过保护权利，促进知识产权的运用，实现知识产权的价值，推动科技发展和经济社会的进步。该案围绕 9 优 418 杂交水稻品种产生的争议，具有特殊的时代背景。9 优 418 系合作双方在 20 世纪 90 年代分别提供父本和母本合作攻关育成，但对该品种的后续生产及后续知识产权行使合作双方未作约定，导致本案双方当事人分获涉案父本和相关母本独占实施许可权后相互指控对方侵权。江苏省高级人民法院在调解双方相互达成授权许可不成的情况下，最终并未判令双方当事人停止侵权，均不得使用对方享有植物新品种权的亲本繁殖材料，而是以法律精神为指引，打破常规审判思路，借鉴知识产权法规定的强制许可制度，在平衡双方父本与母本对涉案品种生产具有相同价值的基础上，以司法裁判的方式直接判令双方当事人相互授权许可且互免许可费，促使已广为推广种植的优良杂交水稻品种 9 优 418 得以继续生产。这一裁判结果不仅从根本上符合双方的共同利益，更符合国家粮食生产安全的公共利益，亦体现了公平原则和鼓励植物新品种转化实施的基本司法价值导向。该案就涉案植物新品种权纠纷案件提出相互许可的裁判思路，得到双方当事人的认可并自动履行，说明裁判的法律效果与社会效果良好，而该案所体现出的探索与创新精神，对于司法解决类似知识产权争议亦具有积极的启示。

河北省 A 科学研究院、石家庄市 B 园林工程有限公司与 C 园林绿化管理处等侵害植物新品种纠纷再审案

［山东省高级人民法院（2014）鲁民再字第 13 号民事判决书］

《2016 年中国法院 10 大知识产权案件》第 9 号

2017 年 4 月 24 日

【案情摘要】

河北省 A 科学研究院（以下简称河北 A 科院）、石家庄 B 园林工程有限公司（以下简称 B 公司）系“美人榆”植物新品种权人，其认为 C 园林绿化管理处（以下简称 C 园林处）擅自在其管理的街道绿化带大量种植美人榆的行为侵害了其植物新品种权，请求判令 C 园林处停止侵权并支付品种使用费。吉林省长春市中级人民法院和吉林省高级人民法院相继作出一、二审判决驳回河北 A 科院、B 公司的诉讼请求。河北 A 科院、B 公司向最高人民法院申请再审，最高人民法院指定山东省高级人民法院再审审理本案。山东省高级人民法院再审认为，由于美人榆系无性繁殖，本身即为繁殖材料，所以，C 园林处的种植行为属于生产授权品种的繁殖材料的行为。虽然 C 园林处系事业单位法人，其具有建设城市园林绿地的职能，但是判断 C 园林处的行为是否具有商业目的不能仅以其主体性质来判断，而应当结合主体的行为进行综合判断。本案中，C 园林处存在大量种植美人榆用于街道绿化的行为，但其未能证明其种植美人榆的合法来源，C 园林处并不符合《植物新品种保护条例》第十条规定的可以自繁自用的主体身份，也不符合可以不经品种权人许可，不支付使用费的情况。所以，C 园林处没有从品种权人处购买美人榆，而擅自进行种植使用，不但损害了品种权人的利益，其自繁自用的行为也暗含了商业利益，应当认定为具有商业目的。故认定 C 园林处的行为构成侵权，河北 A 科院、B 公司关于支付品种使用费的请求应予支持，考虑到涉案品种的价值、C 园林处种植的范围以及其种植行为具有一定公益性质等因素，确定其支付品种使用费 20 万元。

【典型意义】

本案是对政府机关在履行职能时生产授权品种的繁殖材料等行为是否构成侵权的认定，其关于是否属于生产授权品种的繁殖材料以及是否具有商业目的的认定均具有一定典型意义和指导意义，有效地保护了品种权人的合法权益。

四川A科技有限公司与广西壮族自治区博白县B科学研究所、王某金、刘某卓、四川C科技种业有限公司侵害植物新品种权纠纷案

［广西壮族自治区高级人民法院（2017）桂民终95号民事判决书］

《最高人民法院办公厅关于印发2017年中国法院10大知识产权案件和50件典型知识产权案例的通知》第8号

2018年4月16日，法办〔2018〕66号

【案情摘要】

博Ⅲ优273获植物新品种权，品种权共有人为广西壮族自治区博白县B科学研究所（以下简称B农科所）、王某金、刘某卓。博ⅢA亦获植物新品种权，系博Ⅲ优9678、博Ⅲ优273的亲本，博ⅢA植物新品种的品种权人为B农科所。2003年11月2日，B农科所与四川C科技种业有限公司（以下简称C公司）签订《品种使用权转让协议书》（2003年协议），B农科所将“博Ⅱ优815”“博Ⅲ优273”的使用权转让给C公司独家使用开发。2007年11月16日，C公司与B农科所签订《协议》（2007年协议）约定，B农科所将博Ⅲ优9678、博Ⅱ优815的品种使用权转让给C公司独占使用开发（博Ⅱ优815仅限于广东区域），C公司继续享有博Ⅲ优273的使用开发权，B农科所不得将博Ⅲ优9678、博Ⅱ优815（只限广东区域）的品种权转让或授权给第三方，否则应赔偿C公司相关损失。本协议签订生效后，2003年协议终止执行。2008年1月7日，B农科所授权C公司生产经营博Ⅲ优9678、博Ⅲ优273。博ⅢA仅用于配组博Ⅲ优9678、博Ⅲ优273，不得作其他商业用途使用。授权起止时间从2008年1月7日至2012年12月31日止。四川A科技有限公

司（以下简称 A 公司）根据 C 公司的授权和“2007 年协议”的约定，经营博Ⅲ优 9678、博Ⅱ优 815 及博Ⅲ优 273 等品种。2011 年 11 月 2 日，C 公司分别致函 A 公司、B 农科所，决定从 2011 年 11 月 2 日起终止对 A 公司生产、经营博Ⅲ优 9678、博Ⅲ优 273 及博Ⅱ优 815（已退出市场）的授权，有关品种的生产、经营权为 C 公司独占所有。C 公司享有博Ⅲ优 273 的开发权，B 农科所不得再向 A 公司提供博Ⅲ优 9678、博Ⅲ优 273 及博Ⅱ优 815 的不育系、恢复系。B 农科所、王某金、刘某卓、C 公司主张 A 公司在 2011 年 11 月 2 日之后仍委托他人生产博Ⅲ优 9678、博Ⅲ优 273 种子的行为构成侵权，遂向法院提起诉讼。一审法院认为，A 公司的行为侵害了涉案植物新品种权，故判决 A 公司停止侵权行为、消除影响并赔偿经济损失 180 万元。二审法院认为，博ⅢA、博Ⅲ优 273 两个植物新品种因未按规定交纳年费于 2013 年 11 月 1 日公告终止，于 2014 年 12 月 4 日恢复权利；于 2015 年 11 月 1 日因未按规定交纳年费又公告终止。一审判决认定博ⅢA、博Ⅲ优 273 这两个植物新品种权仍然有效与本案事实不符，A 公司的相关上诉理由成立。对赔偿数额的确定，应综合考虑如下因素：当事人均认可的亩产量、销售价格以及 A 公司认可的生产面积；因 C 公司突然中止授权而使 A 公司不可避免遭受的损失；侵权持续期间；涉案植物新品种实施许可费的数额以及实施许可的种类、时间、范围等具体情节。据此，二审法院酌定 A 公司赔偿 B 农科所、王某金、刘某卓、C 公司经济损失人民币 40 万元。

【典型意义】

本案是涉植物新品种权保护的典型案例。侵害植物新品种权的行为司法实践中可分为两种类型，一是未经品种权人许可，为商业目的生产或销售授权品种的繁殖材料；二是未经品种权人许可，为商业目的将授权品种的繁殖材料重复使用于生产另一品种的繁殖材料。本案同时涉及以上两种侵权行为的判定，在法律适用方面具有典型性。此外，植物新品种权在保护期限内有可能间歇性地处于终止状态，这是其他类型的知识产权侵权诉讼所不具备的特殊性。本案裁判充分考虑植物新品种保护中的特殊因素，对侵权行为及赔偿数额作出了正确认定，对类似案件的裁判具有规则指引意义。

北京A有限公司、河南省B科学院与河南C股份有限公司侵害植物新品种权纠纷案

［河南省高级人民法院（2015）豫法知民终字第00356号民事判决书］

《最高人民法院办公厅关于印发2018年中国法院10大知识产权案件和50件典型知识产权案例的通知》第六号

2019年4月17日，法办〔2019〕113号

【案情摘要】

“郑单958”玉米杂交品种是由母本“郑58”与已属于公有领域的父本“昌7－2”自交系品种杂交而成。“郑58”和“郑单958”的植物新品种权人分别为河南C股份有限公司（以下简称C公司）和河南省B科学院（以下简称B科学院）。B科学院与北京A有限公司（以下简称A公司）签订《玉米杂交种“郑单958”许可合同》及补充协议，许可A公司在一定期限内销售“郑单958”玉米杂交种并约定许可费用，对于A公司为履行合同而进行制种生产过程中涉及第三方权益时应由A公司负责解决。A公司根据B科学院的授权，在取得《农作物种子经营许可证》后，开始在甘肃省大量生产、销售“郑单958”。C公司认为A公司未经许可，为商业之目的擅自使用“郑58”玉米自交系品种生产、繁育“郑单958”玉米杂交品种的行为，构成侵权并提起诉讼，要求A公司停止侵权、赔偿C公司4952万元，并要求B科学院承担连带责任。郑州市中级人民法院一审判决A公司赔偿损失及合理开支4952万元，B科学院在300万元内承担责任，驳回C公司其他诉讼请求。A公司和B科学院均提起上诉。河南省高级人民法院二审查明，B科学院和C公司实行相互授权模式，A公司接受许可生产过程中涉及第三方权益时应由A公司负责，与B科学院无关。故判决维持一审法院关于赔偿和合理支出的判项，撤销一审法院关于B科学院承担连带责任的判项。

【典型意义】

本案是关于在玉米杂交种生产中涉及杂交种和其亲本的关系问题而引发的植物新品种侵权纠纷。该案涉及的“郑单958”玉米杂交种，因是由母本

与父本自交系种杂交而成，只要生产繁育“郑单 958”玉米杂交种，就必须使用母本“郑 58”玉米自交系种。在生产繁育“郑单 958”玉米杂交种时，不仅要得到“郑单 958”杂交种权利人的许可，还要得到母本“郑 58”自交系种权利人的同意。法院考虑到加强植物新品种权保护有助于推动国家“三农”政策，A 公司已经取得“郑单 958”杂交种权人的授权许可，并已支付相应的使用费，为生产“郑单 958”杂交种花费了大量的人力物力，若禁止 A 公司使用母本“郑 58”自交种生产“郑单 958”玉米杂交种，将造成巨大的经济损失。因培育“郑单 958”玉米杂交种仍需要使用母本“郑 58”自交系种，通过支付一定的赔偿费能够弥补 C 公司的损失。综合以上因素，法院对 C 公司要求 A 公司停止使用“郑 58”自交系种生产“郑单 958”玉米杂交种的请求未予支持。但根据侵权人的主观过错、获利情况、不停止使用“郑 58”自交系种生产至保护期满的继续获利情况等因素，对权利人请求的 4952 万元的赔偿数额和合理支出予以全额支持，较好地平衡了各方当事人的利益。

河南 C 股份有限公司诉北京 A 有限公司、河南省 B 科学院侵害植物新品种权纠纷案

《最高人民法院发布人民法院种业知识产权司法保护典型案例》第一号

2021 年 9 月 7 日

【基本案情】

母本“郑 58”与已属于公有领域的父本“昌 7－2”杂交而成“郑单 958”玉米品种。“郑 58”和“郑单 958”的植物新品种权人分别为河南 C 股份有限公司（以下简称 C 公司）和河南省 B 科学院（以下简称 B 科学院）。B 科学院与北京 A 有限公司（以下简称 A 公司）签订《玉米杂交种“郑单 958”许可合同》及补充协议，许可 A 公司在一定期限内销售“郑单 958”玉米杂交种，A 公司为履行合同而进行制种生产过程中涉及第三方权益的由 A 公司负责。A 公司依据授权，在取得《农作物种子经营许可证》后，在甘肃省开始大量生产、销售“郑单 958”玉米杂交种。C 公司认为 A 公司在授权期限截止后，未经许可使用“郑 58”生产、繁育“郑单 958”玉米杂交种的行为，构成侵权，故诉请 A 公司停止侵权、赔偿 C 公司经济损失及合理开支

4952 万元，并要求 B 科学院承担连带责任。

【裁判结果】

河南省郑州市中级人民法院一审认为，A 公司在合同终止后继续使用“郑 58”必须重新取得品种权人许可。A 公司未取得 C 公司授权，在 C 公司发函后仍继续使用“郑 58”生产“郑单 958”，构成侵权。考虑到加强植物新品种权保护有助于推动国家“三农”政策，A 公司已经取得“郑单 958”品种权人的授权许可，并已支付相应的使用费，为生产“郑单 958”杂交种花费了大量的人力物力，若禁止 A 公司使用母本“郑 58”自交种生产“郑单 958”玉米杂交种，将造成巨大的经济损失，可采取支付一定的赔偿费的方式弥补 C 公司的损失，故判决 A 公司赔偿损失及合理开支 4952 万元，B 科学院在 300 万元内承担连带责任，驳回 C 公司的其他诉讼请求。A 公司和 B 科学院均提起上诉。河南省高级人民法院二审认为，B 科学院和 C 公司实行相互授权模式，A 公司生产过程中涉及第三方权益时应由 A 公司负责，与 B 科学院无关，故判决维持一审法院关于赔偿损失和合理支出的判项，撤销一审法院关于 B 科学院承担连带责任的判项。A 公司不服二审判决，向最高人民法院申请再审，最高人民法院驳回了 A 公司的再审申请。

【典型意义】

本案对杂交种生产中涉及杂交种及其亲本关系的植物新品种侵权纠纷具有指导意义。法律并不禁止利用授权品种进行育种及其他科研活动，但在新品种获得授权及通过品种审定后，该新品种的权利人及其被许可人面向市场推广该新品种，将他人已授权品种的繁殖材料重复用于生产该新品种的繁殖材料时，仍需经过作为父母本的已授权品种的权利人同意或许可。本案中，考虑到被许可人已经为杂交种繁育推广花费了大量的人力、物力，可以通过支付赔偿费用对亲本权利人的损失予以补偿。因此，在侵权损害赔偿确定时，综合侵权人的主观过错、获利情况、不停止使用亲本生产直至保护期满可以继续获利等因素，对权利人请求的 4952 万元的赔偿数额和合理支出予以了全额支持。本案判决在依法维护品种权人合法权益的同时，对鼓励培育及推广良种亦起到了积极的促进作用。

江苏省 A 种业科技有限公司诉江苏 B 农业产业发展有限公司侵害植物新品种权纠纷案

《最高人民法院发布人民法院种业知识产权司法保护典型案例》第二号

2021 年 9 月 7 日

【基本案情】

江苏省 A 种业科技有限公司（以下简称 A 公司）为水稻新品种“金粳 818”的独占实施被许可人，江苏 B 农业产业发展有限公司（以下简称 B 公司）未经许可，以线下门店推广以及在微信群内发布“农业产业链信息匹配”线上宣传等方式，寻找潜在的交易者，并对成为 B 公司会员的主体提供具体的侵权种子交易信息，在与买家商定交易价格、数量、交货时间后安排送货收款，对外销售白皮袋包装的“金粳 818”稻种。A 公司认为 B 公司的行为构成侵权，故诉请判令 B 公司停止侵权并赔偿经济损失 300 万元。B 公司辩称其仅是向作为农民的种子供需双方提供自留种子信息，由供需双方自行交易，并未销售被诉侵权“金粳 818”稻种。

【裁判结果】

江苏省南京市中级人民法院一审认为，B 公司为涉案种子交易的达成提供了积极有效的帮助。B 公司帮助销售种子的过程中，在销售主体、销售地域及销售数量上均不符合农民在当地集贸市场上合法交易个人自繁自用剩余常规种子的情形，构成侵权。综合考虑 B 公司侵权行为的情节，适用惩罚性赔偿确定损害赔偿数额，判决 B 公司停止侵权并赔偿经济损失及合理开支 300 万元。B 公司不服，提起上诉。最高人民法院二审认为，B 公司发布侵权种子销售具体信息，与购买者协商确定种子买卖的包装方式、价款和数量、履行期限等交易要素，销售合同已经依法成立，销售行为已经实施，应认定 B 公司构成销售侵权，对一审法院认定的帮助侵权予以纠正。B 公司没有获得种子生产经营许可证，违法销售“白皮袋”种子的行为，侵权行为严重，一审法院按照赔偿基数的 2 倍适用惩罚性赔偿正确，故判令驳回上诉，维持原判。

【典型意义】

本案对于被诉侵权人以通过信息网络途径组织买卖各方，以“农民”“种粮大户”等经营主体名义为掩护实施的侵权行为进行了准确定性。B公司发布侵权种子销售具体信息，与购买方协商确定种子买卖的包装方式、价款和数量、履行期限等交易要素，销售合同已经依法成立，B公司系被诉侵权种子的交易组织者、决策者，实施了销售行为，构成侵权。B公司并非农民，其发布和组织交易的种子销售信息所涉种子数量达数万斤，远远超出了农民个人自繁自用的数量和规模。在赔偿数额上，B公司表示自己不留存有关交易记录，无法提供相关账簿，故人民法院参考B公司宣传交易额过亿的资料，综合考虑侵权情节，推定其侵权获利超出100万元，并以100万元作为计算本案赔偿基数。B公司组织销售不标注任何产品信息的白皮袋侵权种子、未取得种子生产经营许可证但生产经营种子，违反种子法相关规定，属于侵权行为情节严重，依法适用惩罚性赔偿制度，在计算基数的2倍以上从高确定惩罚性赔偿数额，实际赔偿总额为补偿性赔偿数额的3倍，最终全额支持权利人的诉讼请求，判令B公司停止侵权并赔偿经济损失及合理开支300万元。

江苏A种业科技股份有限公司诉响水B种业有限公司侵害植物新品种权纠纷案

《最高人民法院发布人民法院种业知识产权司法保护典型案例》第三号

2021年9月7日

【基本案情】

江苏A种业科技股份有限公司（以下简称A种业公司）为小麦品种“淮麦33”的被许可人，其代理人与公证人员两次购买响水B种业有限公司（以下简称B公司）销售的“淮麦33”。A种业公司认为B公司的行为构成侵权，故诉请判令B公司停止侵权并赔偿损失。B公司辩称，其销售的是小麦商品粮，并未销售小麦种子。

【裁判结果】

江苏省南京市中级人民法院一审认为，依据 A 种业公司提供的证据材料，B 公司销售了被诉侵权产品，且被诉侵权产品的价格明显高于当年小麦商品粮价格，应当认定其销售的是“淮麦 33”小麦种子，故判决 B 公司立即停止销售侵权种子，赔偿 A 种业公司经济损失 100 万元。B 公司不服，提起上诉。江苏省高级人民法院二审认为，B 公司在公安机关的讯问笔录亦承认销售了被诉侵权种子，销售的品种、单价、数量与两份公证书记载的一致，B 公司销售的被诉侵权种子价格明显高于当年小麦商品粮的价格，一审法院认定其销售的是“淮麦 33”小麦种子并无不当，故判决驳回上诉，维持原判。

【典型意义】

侵害植物新品种权的生产、销售行为极为隐蔽，加之我国法律对于植物新品种的保护范围仅包括繁殖材料而不包括收获材料，对于既是品种权的繁殖材料也是收获材料的被诉侵权植物体，被诉侵权方往往抗辩所涉植物体是收获材料用作商品粮等消费品，试图逃避侵权指控。本案即属此类典型，人民法院在此类案件中作出侵权判定时必须加大事实查明力度，充分利用经验法则和专业常识，适时转移证明责任。小麦作物具有双重属性，既是收获材料又是繁殖材料。作为繁殖材料，小麦种子的纯度、发芽率、含水量等方面的要求均高于普通的商品粮，种子的生产成本和销售价格会明显高于商品粮。本案被诉侵权人否认销售的是种子，主张销售的是商品粮，但两次购买价格明显高于当年小麦商品粮的价格。在公证购买过程中，被诉侵权人的现场销售人员将进入购买现场人员的手机全部收走，具有违反交易惯例的反常行为。综合在案相关证据和查明的事实，人民法院最终认定被诉侵权人销售的是侵权种子，不是商品粮，属于侵害品种权的侵权行为。

四川 A 种业有限公司诉泸州 B 种业有限公司侵害植物新品种权纠纷案

《最高人民法院发布人民法院种业知识产权司法保护典型案例》第四号

2021 年 9 月 7 日

【基本案情】

四川省某种业有限责任公司、四川某大学农学院、宜宾市某科学院联合选育的“宜香优 2115”水稻于 2012 年 12 月 24 日通过农业部国家农作物品种审定委员会审定，并于 2016 年 3 月 1 日获得了植物新品种权。四川 A 种业有限公司（以下简称 A 公司）获得“宜香优 2115”独占生产、经营权以及市场维护、维权打假的权利。2018 年，A 公司发现泸州 B 种业有限公司（以下简称 B 公司）未经许可套牌销售“宜香优 2115”稻种，构成侵权，故诉请判令 B 公司停止侵权，销毁库存侵权稻种，赔偿损失 300 万元并刊登声明消除影响。

【裁判结果】

四川省成都市中级人民法院一审认为，（2018）农种检报字第 69 号、（2018）农种检报字第 70 号鉴定报告中送检的“宜香 5979”来源于 B 公司库存或销售网点，非来源于公证购买的销售网点，无法确定其送检的种子和被诉侵权的种子以及“宜香优 2115”具有一一对应关系，对上述鉴定报告未予采信。根据法院委托作出的（2019）农种检报字第 0066 号检验报告，B 公司生产、销售的“宜香优 5979”号水稻和案涉品种权相同，故对 A 公司关于 B 公司生产、销售侵害其植物新品种权繁殖材料的主张予以支持，判令 B 公司停止侵权、赔偿经济损失 70 万元和合理开支 8 万余元。B 公司不服，提起上诉。最高人民法院二审认为，泸州市农业局行政执法中的检验报告与法院委托鉴定意见，并非针对同一种子批的检验，二者得出不同结论，相互之间并不冲突，泸州市农业局行政执法中检验报告不能排斥法院委托鉴定意见，B 公司关于“宜香优 5979”未套牌“宜香优 2115”，没有侵权行为的上诉主张不成立，故判决驳回上诉，维持原判。

【典型意义】

本案是打击种子套牌侵权的典型案件，在种子行政主管机关送检形成的检验报告与人民法院委托的检测机关作出的检测报告得出不同结论的情况下，采纳人民法院委托检测机关作出的检测结论，认定套牌侵权成立。权利人针对侵害其植物新品种权的行为可以采取行政举报和提起侵权诉讼等不同的维权手段，本案对不同程序中的鉴定报告间的关系进行了明确。行政主管部门根据举报，对被诉侵权人进行执法检查，抽检被诉侵权人的库存种子送检形成的检验报告，本身具有合法性。针对同一侵权行为在行政查处程序中形成的检验报告与民事侵权纠纷案件具有关联性，相关检验报告可以在民事侵权纠纷案件中作为证据使用。针对不同批种子的检验，不同检测机构得出不同的结论，不能认为检验结论之间存在冲突。在没有证据证明多份检测报告系针对同一种子批，且相关证据显示送检样本来源不同、生产日期不同时，应认定多份检测报告并非针对同一种子批的检测，其得出的不同结论相互之间并不冲突。法院委托检测机构作出的检测报告程序规范合法，应予采纳。

厦门 A 五谷种苗有限公司诉酒泉 B 种业有限责任公司、甘肃省酒泉市肃州区金佛寺镇观山口村村民委员会侵害植物新品种权纠纷案

《最高人民法院发布人民法院种业知识产权司法保护典型案例》第五号

2021 年 9 月 7 日

【基本案情】

厦门 A 五谷种苗有限公司（以下简称厦门 A 公司）为玉米新品种“SBS902”的品种权人。甘肃省酒泉市肃州区金佛寺镇观山口村村民委员会（以下简称观山口村委会）在该村六社、七社组织生产“SBS902”玉米杂交种 400 余亩，该生产行为由酒泉 B 种业有限责任公司（以下简称 B 种业公司）委托，亲本由 B 种业公司提供。厦门 A 公司认为 B 种业公司为商业目的生产授权品种的行为侵害了其植物新品种权，观山口村委会明知 B 种业公司实施侵权行为而为其掩护，应承担连带责任，故诉请判令 B 种业公司停止侵权、

赔偿损失，观山口村委会对损失承担连带赔偿责任。

【裁判结果】

甘肃省兰州市中级人民法院一审认为，公证处在保全证据过程中对附近耕作及路上遇到的农户进行询问时，农户均陈述所在地属于观山口六组、七组，委托制种公司为B种业公司。该陈述与厦门A公司委托代理人后期询问的其他农户，六组、七组组长及村委会主任的陈述相互吻合。B种业公司亦认可其在观山口村六组、七组制种的事实，仅辩称在公证保全的地块并未委托制种，但并未提交证据证明在观山口村实际委托制种情况，故判令B种业公司停止侵权并赔偿经济损失50万元，观山口村委会对经济损失承担连带赔偿责任。B种业公司不服，提出上诉。最高人民法院二审认为，B种业公司在一审中并未提交相应的证据证明其答辩所主张的事实，其二审提交的玉米种子生产合同等证据，并未明确种植的具体地块，无法证明B种业公司实际生产品种及其所主张的实际生产面积，且缺乏付款和结算证据以及亲本发放、种子收购花名册等附件佐证，同时作为一审共同被告的观山口村委会对于一审判决并未上诉，二审又不出庭应诉，B种业公司在二审中提交的证据，不足以推翻一审法院认定的本案基本事实。故判决驳回上诉，维持原判。

【典型意义】

本案对于植物新品种侵权纠纷中委托制种行为的侵权判定具有指导意义。不签订制种合同、选定代理人发放繁殖材料、通过间接方式给付制种费用等方式，是实践中非法代繁行为所采取的普遍手段。这类侵权行为隐蔽，品种权人往往难以收集有效的直接证据，也难以追究真正侵权人的法律责任。根据案件相关事实和证据，适时转移举证责任，对于一味否定侵权事实但不提供相关证据的当事人，推定侵权事实成立，是降低品种权人维权难度的关键。本案中，品种权人提交种子生产合同、公证书等初步证据以证明制种公司委托制种行为构成侵权，制种公司虽然否认但无法对涉嫌侵权品种种植地块的制种情况进行说明，且未提供上述地块的亲本发放凭证及种子收购花名册等予以佐证，应当认定其行为构成侵害品种权的行为，依法承担侵权责任。

江苏省某种业科技有限公司诉秦某宏侵害植物新品种权纠纷案

《最高人民法院发布人民法院种业知识产权司法保护典型案例》第六号

2021 年 9 月 7 日

【基本案情】

江苏省某种业科技有限公司（以下简称某种业公司）为水稻新品种“南粳 9108”的独占实施许可人，有权以自己名义对侵害水稻“南粳 9108”植物新品种权的单位和个人追究法律责任。某种业公司认为秦某宏未经许可擅自生产、销售“南粳 9108”水稻种子的行为侵害了其独占实施的被许可权，诉请判令秦某宏停止侵权并赔偿经济损失 50 万元。秦某宏辩称，其利用自留种子生产商品粮的行为属于法律规定的“农民自繁自用”情形，不构成对“南粳 9108”水稻新品种权的侵害。

【裁判结果】

江苏省南京市中级人民法院一审认为，秦某宏通过土地流转，获得经转包的土地经营权达 973.2 亩，已不是以家庭联产承包责任制的形式签订农村土地承包合同的农民，而是一种新型的农业生产经营主体（俗称种粮大户）。该类经营主体将他人享有品种权的授权品种用于生产经营活动的，应当取得品种权人的许可，否则构成侵权。故判令秦某宏停止侵权并赔偿经济损失。最高人民法院二审认为，秦某宏经营的土地面积高达 900 余亩，其在该面积土地上进行耕种、收获粮食后售出以赚取收益的行为，不再仅仅是为了满足其个人和家庭生活的需要，而是具有商业目的。从秦某宏享有经营权的土地面积、种植规模、粮食产量以及收获粮食的用途来看，其已远远超出普通农民个人以家庭为单位、依照家庭联产承包责任制承包土地来进行种植的范畴，原审法院将其认定为一种新型农业生产经营主体，具有事实依据和法律依据。若允许秦某宏播种上述面积土地所使用的繁殖材料均由自己生产、自己留种而无须向品种权人支付任何费用，无疑会给包括某种业公司在内的涉案品种权利人造成重大经济损失，损害其合法权益。由于秦某宏在其通过转包获得经营权的973.2亩土地上进行耕种，未经许可生产“南粳9108”水稻种子并留作第二年播种使用的行为，不属于法律规定的“农民自繁自用”情形，应当取得涉案品种权利人的同意，并向品种权人或经授权的企业或个人支付费用。因现有证据仅能证明秦某宏存在生产行为，不能证明其实施了销售侵权种子的行为，故对原审判决赔偿数额予以酌情调整。

【典型意义】

本案进一步细化了“农民自繁自用”的适用条件，有助于解决司法实践中“农民”身份界定难、“自繁自用”行为界定难的问题，对准确适用“农民自繁自用授权品种的繁殖材料”具有指导意义。本案明确了“农民自繁自用”适用的主体应是以家庭联产承包责任制的形式签订农村土地承包合同的农民个人，不包括合作社、种粮大户、家庭农场等新型农业经营主体；适用的土地范围应当是通过家庭联产承包责任制承包的土地，不应包括通过各种流转方式获得经营权的土地；种子用途应以自用为限，除法律规定的可以在当地集贸市场上出售、串换剩余常规种子外，不能通过各种交易形式将生产、留用的种子提供给他人使用。本案中，被诉侵权人享有经营权的土地面积、种植规模、粮食产量以及收获粮食的用途足以表明其远远超出了农民个人以家庭为单位、依照家庭联产承包责任制承包土地来进行种植的范畴，不属于“农民自繁自用”的情形。

中国某科学院郑州某研究所诉郑州市某水果种植园侵害植物新品种权纠纷案

《最高人民法院发布人民法院种业知识产权司法保护典型案例》第七号

2021年9月7日

【基本案情】

中国某科学院郑州某研究所（以下简称郑州某研究所）为梨树新品种“丹霞红”的品种权人，郑州市某水果种植园（以下简称某水果种植园）未经许可将其购买的梨树苗进行栽苗、出售，且经品种鉴定报告显示编号为2－7的梨树样品与“丹霞红”对照差异位点数为0。郑州某研究所认为某水果种植园构成侵权，故诉请判令某水果种植园停止侵权并赔偿经济损失 50 万元。

【裁判结果】

河南省郑州市中级人民法院一审认为，某水果种植园在未经得郑州某研究所许可的情况下，将其购买的梨树苗进行栽苗并出售，且经品种鉴定报告显示编号为 2－7 的梨样品与“丹霞红”对照差异位点数为 0，其行为侵害了郑州某研究所享有的涉案品种权，构成侵权，应当承担相应的民事责任。据此判令某水果种植园停止侵权并赔偿郑州某研究所经济损失 4 万元。最高人民法院二审认为，涉案梨树中部分是某水果种植园购买“丹霞红”品种苗木后，利用 5 年的梨树作砧木嫁接而来，结合某水果种植园多次销售“丹霞红”品种苗木的行为及其销售数量，可以证明某水果种植园存在繁殖“丹霞红”品种的事实。某水果种植园未证明所购入的“丹霞红”苗木是经品种权人许可售出的，且其在本案中实施的不仅是销售行为，还存在对购入的“丹霞红”苗木进行进一步繁殖，并向他人销售从而获利的行为，显然侵害了品种权人的利益，应当认定属于侵权行为。故判决驳回上诉，维持原判。

【典型意义】

本案对于植物新品种侵权纠纷中合法来源抗辩和权利用尽抗辩的审查认定具有指导意义。被诉侵权人应对其主张的合法来源、权利用尽等不侵权抗辩承担举证责任。对于此类抗辩应作严格审查。被诉侵权人销售“丹霞红”苗木的数量超出其购买数量，足以认定其存在繁殖行为，不能适用合法来源及权利用尽抗辩。品种权通过保护繁殖材料来保护品种权人利益，而品种权的繁殖材料具有繁殖子代的特性。因此，与其他知识产权领域相比，植物新品种领域的权利用尽原则要受到更多限制，对于存在进一步繁殖后销售的行为，不适用权利用尽抗辩，避免出现以权利用尽为名严重影响品种权人利益的后果。

黑龙江某种业有限公司诉植物新品种复审委员会植物新品种申请驳回复审行政纠纷案

《最高人民法院发布人民法院种业知识产权司法保护典型案例》第八号

2021 年 9 月 7 日

【基本案情】

植物新品种复审委员会 2019 年 1 月 17 日作出《关于维持〈哈育 189 品种实质审查驳回决定〉的决定》，认定黑龙江某种业有限公司（以下简称某种业公司）于 2015 年 6 月 29 日提交“哈育 189”玉米品种权申请时，“利合 228”品种已于 2015 年 4 月 14 日公告初步审查合格，选择“利合 228”品种作为本申请的近似品种符合《植物新品种保护条例》规定。经原农业部植物新品种保护办公室前置审查，“哈育 189”品种不符合植物新品种保护条例关于授权的有关规定，某种业公司的复审理由不能成立，决定维持品种保护办公室作出的《哈育 189 品种实质审查驳回决定》，驳回某种业公司的复审请求。某种业公司不服，认为“利合 228”在国内首次申请品种审定或品种权保护的时间均晚于“哈育 189”，不能作为评价“哈育 189”特异性的近似品种，诉请判决撤销被诉决定，并判令植物新品种复审委员会重新作出决定。

【裁判结果】

北京知识产权法院一审认为，申请品种权的植物新品种是否具备特异性，其比较对象是递交申请以前的已知植物品种。“利合 228”品种权初审合格公告时间在“哈育 189”递交品种权申请之前，构成“哈育 189”品种权申请递交前已知的植物品种，可以作为判断“哈育 189”品种是否具有特异性的比较对象。本案品种权申请针对的是“哈育 189”，其何时申请品种审定对本案已知植物品种的判断不产生影响。综上，被诉决定选择“利合 228”作为“哈育 189”品种权申请的近似品种，符合法律规定。在此基础上，“哈育 189”品种并未明显区别于其递交申请以前已知的植物品种“利合 228”，被诉决定关于“哈育 189”品种不具备特异性的认定结论正确，故判决驳回某种业公司的诉讼请求。最高人民法院二审认为，“哈育 189”品种在 2015 年 6

月 29 日申请植物新品种权时，“利合 228” 品种已经完成了品种权申请初审，被诉决定将“利合 228” 玉米品种作为“哈育 189” 品种权申请日之前的已知品种，就其相关特征、特性进行测试，与申请品种进行性状对比，于法有据。根据鉴定，“哈育 189”“利合 228” 有差异性状，但差异不显著，且（2018）甘民终 695 号民事判决已认定，“利合 228” 与“哈育 189” 属于同一玉米品种，因此申请品种权的“哈育 189” 不具有明显区别于已知品种“利合 228” 的性状，不具备特异性，被诉决定和原审判决认定并无不当。故判决驳回上诉，维持原判。

【典型意义】

本案是植物新品种授权行政纠纷，判决阐明了植物新品种特异性判定中的已知品种的认定问题。品种特异性要求申请品种权的植物新品种应当明显区别于在递交申请以前已知的植物品种。因此，判断的基准时间是申请品种权的申请日，而非申请品种审定的时间。在特异性的判定中，确定在先的已知品种的目的是固定比对对象，即比较该申请品种与递交申请日以前的已知品种是否存在明显的性状区别。申请植物新品种权保护的品种在申请日之前进行品种审定、品种推广的时间，对判断其是否具备新颖性具有意义，但与选择确定作为特异性比较对象的已知品种并无关联，对特异性判断不产生影响。

江苏省 A 种业科技有限公司与江苏 B 农业科技有限公司、董某某、曹某某、杨某某侵害植物新品种权纠纷案

《最高人民法院发布第二批人民法院种业知识产权司法保护典型案例》第三号

2022 年 4 月 1 日

【基本案情】

江苏省 A 种业科技有限公司（以下简称 A 公司）为水稻新品种“南粳 9108” 的独占实施被许可人。2019 年 7 月 19 日，A 公司向江苏省盐城市农业行政执法支队举报江苏 B 农业科技有限公司（以下简称 B 公司）的法定代表人董某某等生产、销售假冒“南粳 9108” 水稻种子。江苏省盐城市农业农村

局进行调查后作出《案件处理意见书》，认定B公司、董某某、曹某某、杨某某等构成生产经营假种子的行为。A公司认为B公司、董某某、曹某某、杨某某未经许可生产、销售假冒“南粳9108”水稻种子，侵害其享有的独占实施权，导致其经济损失巨大，诉请判令B公司等四被告停止侵害，并连带赔偿经济损失300万元。

【裁判结果】

江苏省南京市中级人民法院一审认为，四被告未经许可生产、销售假冒“南粳9108”水稻种子，构成侵害“南粳9108”的行为，应当承担停止侵害、赔偿损失的民事责任。本案四被告生产、销售侵权种子数量、金额特别巨大，仅已查明的数量就达到150560斤至160560斤，销售金额达到393684元，且还存在真假混卖、多次销售、仓储巨大，以及种植后杂稻较多等危害粮食安全的严重情节。综合考量“南粳9108”植物新品种权的知名度较高，侵权人主观恶意较大、侵权情节严重等因素，判决四被告停止侵害，考虑惩罚性因素并适用法定赔偿确定四被告连带赔偿A公司经济损失300万元。一审判决后，四被告未提起上诉，并主动联系A公司履行判决。

【典型意义】

本案是司法与行政合力保护、严厉打击套牌侵权行为的典型案件。农业行政执法为民事诉讼固定了侵权证据，法院依当事人申请开具调查令，调取行政机关执法证据，并据此审查认定侵权事实。在认定侵权赔偿数额时，人民法院根据具体案情适用法定赔偿，并考虑适用惩罚性的因素，对权利人主张的300万元赔偿数额予以全额支持，取得了维护品种权及种业秩序的良好法律效果。

深圳市 A 实业有限公司与合肥 B 种子有限责任公司、霍邱县 C 种业有限责任公司侵害植物新品种权纠纷案

《最高人民法院发布第二批人民法院种业知识产权司法保护典型案例》第四号

2022 年 4 月 1 日

【基本案情】

深圳市 A 实业有限公司（以下简称 A 公司）为水稻新品种“黄华占”的独占实施被许可人。霍邱县 C 种业有限责任公司（以下简称 C 公司）未经许可销售了“黄华占”水稻种子，该种子系由合肥 B 种子有限责任公司（以下简称 B 公司）生产。B 公司曾与 A 公司签订调解协议，明确约定 B 公司不得再以任何方式销售“黄华占”水稻种子，如有违反，给予 A 公司不低于 100 万元的经济赔偿。B 公司确认，A 公司以其他销售商为被告提起的另两案诉讼中，被诉侵权种子亦系 B 公司在同一时期生产和销售的，但 B 公司在另两案中并非当事人。A 公司在本案中诉请，判令 B 公司、C 公司停止侵害，参照前述调解协议判令 B 公司、C 公司共同赔偿经济损失 100 万元及合理维权费用 5 万元。

【裁判结果】

安徽省合肥市中级人民法院一审认为，根据法院委托农业农村部植物新品种测试（杭州）分中心作出检验报告，被诉侵权种子与“黄华占”品种一致，B 公司、C 公司未经许可生产、销售授权品种的繁殖材料，构成侵权，故判令 B 公司、C 公司停止侵害，B 公司赔偿 A 公司经济损失 30 万元，C 公司赔偿 A 公司经济损失 4 万元。三方当事人均不服，提起上诉。最高人民法院二审认为，A 公司与 B 公司签订的调解协议系双方自愿达成，所约定的赔偿数额是就未来发生侵权时权利人因被侵权所受到的损失，或者侵权人因侵权所获得的利益预先达成的一种简便的计算和确定方法，约定的赔偿数额与现行法律规定不冲突，故对 A 公司请求参照调解协议判令 B 公司承担 100 万元经济损失的主张予以支持。综合考虑 B 公司侵权行为性质、侵权规模以及关联案件等因素，判决 B 公司赔偿 A 公司 100 万元经济损失及 5 万元合理维权

费用，C 公司在 4 万元范围内承担连带赔偿责任。

【典型意义】

本案全额支持了权利人的赔偿请求，对植物新品种侵权纠纷中约定赔偿数额的审查认定具有参考意义。基于举证困难、诉讼成本等因素的考虑，本案明确允许将当事人对侵权赔偿数额作出的约定作为计算损害赔偿数额的标准，有助于降低维权难度和简化赔偿数额的计算。同时，对于同一侵权人在同一时期的侵权行为引发的一系列案件，因其对权利人造成的损失具有一致性且难以分割，可在一个案件中一并确定赔偿数额。

酒泉市某种子有限责任公司与夏某某植物新品种临时保护期使用费和侵害植物新品种权纠纷案

《最高人民法院发布第二批人民法院种业知识产权司法保护典型案例》第五号

2022 年 4 月 1 日

【基本案情】

酒泉市某种子有限责任公司（以下简称某公司）为辣椒“华美 105”的植物新品种权人。某公司通过案外人王某向夏某某微信购买“华美 105”种子，王某先后向夏某某及其妻子转账 315000 元，从夏某某处购得辣椒种子。经鉴定，上述种子与“华美 105”品种基因指纹图谱带型一致，为同一品种。某公司认为夏某某未经许可生产、销售“华美 105”辣椒种子，诉请判令夏某某停止侵害，赔偿经济损失 300 万元。

【裁判结果】

山东省青岛市中级人民法院一审认为，公证处并未对该种子是否来源于夏某某进行公证，某公司提供的证据不足以证明公证处封存的种子由夏某某生产和销售。故判决驳回某公司的诉讼请求。某公司不服，提起上诉。最高人民法院二审认为，根据《最高人民法院关于审理侵害植物新品种权纠纷案件具体应用法律问题的若干规定（二）》第六条的规定，品种权人仅需提供初步证据证明被诉侵权品种繁殖材料使用的名称与授权品种相同即可。虽然某公司对收到被诉侵权种子的过程未予公证，但在案的微信聊天和打款记录等证据已能印证案外人王某向夏某某购买被诉侵权种子的关键事实，如种子种类、数量、价格、款项支付等，某公司已完成初步举证责任。经二审法院释明后，夏某某未能提交任何有效反证，应承担举证不能的不利后果。某公司虽未提供有关种子生产环节的直接证据，但基于在案证据可以认定被诉侵权种子系由夏某某生产。2019 年 11 月夏某某曾有“一年出 1 万多包，都用好几年了”的陈述，其行为可向前追溯 2 年至 3 年，涵盖 2017 年 3 月 1 日至 2018 年 7 月 20 日即“华美 105”植物新品种初步审查合格公告日至授权日期间。在向当事人释明后，二审法院将涉案品种的临时保护期使用费和侵权损害赔偿一并予以审理，并分别确定了数额，最终改判夏某某停止侵害，向某公司支付临时保护期使用费 45 万元、侵权赔偿数额 45 万元，合理维权费用 15 万元，共计 105 万元。

【典型意义】

本案在品种权人已尽力举证，在案证据能够达到初步证明标准的情形下，适时转移举证责任，由被诉侵权人对其举证不能承担相应的不利后果，彰显了种业知识产权司法保护的公平正义。同时，本案针对侵权人在植物新品种权授权前后的持续性行为，既准确界定侵权行为，解决侵权损害赔偿纠纷，又全面保护品种权人利益，确定临时保护期使用费，减轻当事人诉累，有效提高纠纷解决效率。

江苏 A 种业有限公司与扬州 B 种业有限公司、戴某某、杨某某、柏某某侵害植物新品种权纠纷案

《最高人民法院发布第二批人民法院种业知识产权司法保护典型案例》第六号

2022 年 4 月 1 日

【基本案情】

江苏 A 种业有限公司（以下简称 A 种业公司）为小麦“扬辐麦 4 号”的植物新品种权人。扬州 B 种业有限公司（以下简称 B 种业公司）未经品种权人许可，生产、销售“扬辐麦 4 号”侵权种子。戴某某、杨某某系 B 种业公

司原股东，未足额缴纳其所认缴的出资额，并在侵权行为发生后以零元对价将股权转让给明显无经营能力的柏某某，转让后B种业公司将注册资本由680万元变更为10万元。A种业公司诉请判令B种业公司停止侵害并赔偿经济损失200万元，戴某某、杨某某在认缴的出资范围内对B种业公司债务承担补充赔偿责任，柏某某对B种业公司债务承担连带赔偿责任。

【裁判结果】

江苏省南京市中级人民法院一审认为，B种业公司构成侵权，依法应当承担停止侵害、赔偿损失的民事责任，戴某某、杨某某在向柏某某转让B种业公司股权时尚未履行出资义务，应当承担补充赔偿责任，故判决B种业公司立即停止侵权行为，赔偿A种业公司经济损失（包含维权合理开支）20万元，戴某某、杨某某对该20万元中不能清偿的部分承担补充赔偿责任，柏某某对B种业公司债务承担连带赔偿责任。B种业有限公司、戴某某、杨某某不服，上诉认为其不构成侵权，且一审判决关于公司原股东戴某某、杨某某承担补充责任的认定适用法律错误。最高人民法院二审认为，一审判决关于构成侵权行为的认定正确。关于民事责任的承担，结合B种业公司在侵权事实发生前后一系列行为的连续性和目的性，公司原股东明显存在逃避出资的恶意，其恶意转让未届出资期限的股权，属于滥用其出资期限利益逃避债务。B种业公司减资后已不能偿付公司减资前产生的侵权之债，B种业公司原股东就公司不能清偿的部分应当承担补充赔偿责任。故判决驳回上诉、维持原判。

【典型意义】

本案对于植物新品种侵权纠纷中恶意逃避债务行为的民事责任认定具有参考意义。侵害品种权纠纷中，侵权主体往往较多且侵权方式隐蔽，一些实施侵权行为的股东通过恶意转让公司股权、虚构债务等手段逃避责任，导致权利人损失无法获得弥补。本案判决滥用权利逃避债务的原股东对于公司转让之前的侵权之债应当在公司不能清偿的部分承担补充赔偿责任，对利用公司制度逃避债务的侵权行为人敲响了警钟。

北京北方某种业有限责任公司与平顶山市卫东区某种植专业合作社侵害植物新品种权纠纷案

《最高人民法院发布第二批人民法院种业知识产权司法保护典型案例》第七号

2022 年 4 月 1 日

【基本案情】

北京北方某种业有限责任公司（以下简称某公司）为梨新品种“苏翠 1 号”在中国除江浙沪地区外的独占实施被许可人，该品种权使用费包含 100 万元门槛费和销售价格 6% 的提成费用。平顶山市卫东区某种植专业合作社（以下简称某合作社）未经许可对外销售梨树苗，经鉴定为新品种“苏翠 1 号”。某公司公证取证时，某合作社负责人自称“该基地种植大概 14 万棵苏翠 1 号”，某合作社认可曾参加政府采购并就该品种成交 2.5 万株。某公司诉请判令某合作社停止种植和销售“苏翠 1 号”梨树苗，赔偿经济损失及合理维权费用共计 300 万元。

【裁判结果】

河南省郑州市中级人民法院一审认为，某合作社未经许可对外销售梨树苗“苏翠 1 号”，其行为侵害了某公司在特定区域内对新品种“苏翠 1 号”的独占实施权，根据某合作社现有经营规模和侵权的性质、情节、后果等因素，判决某合作社停止生产、销售等侵权行为，并赔偿某公司经济损失及维权合理开支等共计 8 万元。双方当事人均不服一审判决确定的赔偿数额，提起上诉。最高人民法院二审认为，综合考量政府采购事实和成交情况、某合作社自述繁殖规模较大、“苏翠 1 号”品种权实施许可费以及某公司为维权支出的必要费用，一审法院酌定赔偿经济损失及维权合理开支 8 万元明显偏低，不足以弥补权利人的损失，实现震慑侵权行为的效果，故将一审判决赔偿数额变更为某合作社赔偿某公司经济损失 30 万元以及维权合理开支 1 万元。

【典型意义】

本案在依法适用法定赔偿时也体现了加大种业知识产权保护的精神。法定赔偿是在难以准确计算出侵权损害赔偿数额时的一种替代方法，人民法院在审判实践中应引导当事人通过各种方法尽量查明损失、获益等情况，切实有效保护权利人的合法权益，而不能简单适用法定赔偿。如确需适用法定赔偿，则应结合具体案情，综合考虑当事人举证难易程度、侵权行为的性质和情节、植物新品种实施许可费的数额等因素，依法确定合理的赔偿数额，赔偿数额一般应当包括权利人为制止侵权行为所支付的合理开支。本案二审逐一列举分析影响法定赔偿适用的具体情节，合理分配举证责任，有效弥补权利人损失并切实制裁侵权行为。

新乡市A农业科技有限公司与滑县B农业科技有限公司、冯某某、项城市秣陵镇C农资店植物新品种临时保护期使用费纠纷案

《最高人民法院发布第二批人民法院种业知识产权司法保护典型案例》第八号

2022年4月1日

【基本案情】

新乡市A农业科技有限公司（以下简称A公司）为小麦新品种“伟隆169”在河南省的独占实施被许可人并有权以自己的名义进行维权。滑县B农业科技有限公司（以下简称B公司）未经许可于2020年7月生产、销售了该授权品种的繁殖材料，项城市秣陵镇C农资店（以下简称C农资店）未经许可销售该授权品种的繁殖材料。A公司请求判令C农资店停止销售行为并赔偿30万元，B公司承担连带赔偿责任；B公司停止生产、销售行为并赔偿30万元，其股东冯某某承担连带赔偿责任。

【裁判结果】

河南省郑州市中级人民法院一审认为，在追偿期内，B公司未经品种权人许可，为商业目的生产、销售了涉案品种的繁殖材料，应当承担停止侵害、赔偿损失的责任。C农资店未经品种权人授权，以商业为目的销售了授权品种的繁殖材料，且未提供证据证明其销售小麦种子的合法来源，其未尽到合理的注意义务，主观上具有一定过错，依法应承担停止销售、赔偿损失的责

任。故判决 B 公司停止侵害、赔偿损失 10 万元，冯某某承担连带赔偿责任；C 农资店停止侵害、赔偿损失 5000 元。B 公司、冯某某不服，提起上诉。最高人民法院二审认为，“伟隆 169”小麦品种于 2018 年 1 月 1 日公告，2020 年 12 月 31 日被授予植物新品种权，B 公司的被诉生产行为发生于 2020 年 7 月，C 农资店被诉销售行为发生于 2020 年 9 月，本案系 A 公司对品种权初步审查合格公告之日至被授予品种权期间，就生产、销售该授权品种繁殖材料的行为主张追偿利益，属于植物新品种临时保护期使用费纠纷。B 公司在临时保护期内未经许可生产、销售“伟隆 169”，A 公司有权对此主张追偿利益损失。故判决驳回上诉，维持原判。

【典型意义】

本案是植物新品种临时保护期使用费纠纷，一、二审判决参照品种权实施许可费，结合品种类型、种植时间、经营规模、当时的市场价值等因素综合确定临时保护期使用费，对品种权人的智力成果提供全链条的保护，确保其经济利益得到充分补偿。

A 种业有限公司与山东 B 种业有限公司、汤某某侵害植物新品种权纠纷案

《最高人民法院发布第二批人民法院种业知识产权司法保护典型案例》第九号

2022 年 4 月 1 日

【基本案情】

A 种业有限公司（以下简称 A 公司）为黄瓜“德瑞特 79”的植物新品种权人。2018 年 8 月 15 日，A 公司经公证自汤某某处购买取得山东 B 种业有限公司（以下简称 B 种业公司）生产的“博盛 99”黄瓜种子。A 公司委托检测公司进行 DNA 谱带数据比对鉴定，结论为“博盛 99”与“德瑞特 79”黄瓜种子差异位点数为 0，判定为疑同品种。A 公司诉请判令 B 种业公司、汤某某停止侵害，赔偿经济损失 155 万元。

【裁判结果】

山东省济南市中级人民法院一审认为，A 公司单方委托的检验，其检测过程和检验方法缺乏公正性和权威性。法院依法委托农业农村部植物新品种测试中心进行了植物品种田间对比鉴定，对比结果为经 1 个生长周期 2 点测试，测试样品和对比样品（德瑞特 79）在 49 个测试性状中有 0 个性状有明显差异；测试样品与对比样品无明显差异。因 B 种业公司不能证明二者之间存在明显差异，故应认定二者为同一品种。一审判决 B 种业公司、汤某某停止侵害，B 种业公司赔偿经济损失及合理开支 39.2 万元。B 种业公司不服，提起上诉，二审期间申请撤回上诉并获准。

【典型意义】

本案是根据检测鉴定意见转移举证责任，降低品种权人证明难度的典型案件。本案中虽然对 50 个基本性状中的性状 35 “果实：表面斑块分布” 未予测试，但其余 49 个性状经测试未发现有明显差异。在此情形下，法院准确把握接近阈值的侵权认定标准，认定权利人已完成初步举证责任，适时转移举证责任，由被告对待测样品与对照样品在性状 35 存在差异点这一事实承担举证责任，并在被告举证不能的情况下，判令其承担举证不能的不利后果。

湖南某种业科学研究院与张某侵害植物新品种权纠纷案

《最高人民法院发布第二批人民法院种业知识产权司法保护典型案例》第十号

2022 年 4 月 1 日

【基本案情】

湖南某种业科学研究院（以下简称某研究院）为水稻“隆科 638S”的植物新品种权人。该品种可以作为母本与父本“R1377”组配，繁育“隆两优 1377”杂交水稻。2020 年 5 月，某研究院发现张某疑似利用“隆科 638S”母本进行育种。张某生产被诉种子并被行政机关查处。经鉴定，被诉种子样品与“隆两优 1377”系极近似品种或相同品种、与“隆科 638S”存在亲缘关系。某研究院向法院起诉，主张张某擅自使用“隆科 638S”进行繁殖制种的行为构成侵权，诉请判令张某停止侵害，销毁繁育的全部侵权种子及其全部母本“隆科 638S”种子，赔偿经济损失共 50 万元。

【裁判结果】

海南自由贸易港知识产权法院一审认为，根据某研究院提交的初步证据，被诉侵权水稻种子具有使用“隆科 638S”作为亲本繁育而来的极高可能性，在张某未提交相反证据证明其水稻种子来源于其他亲本的情形下，可以认定张某存在重复使用授权品种“隆科 638S”生产另一其他品种的行为。因张某未提供家庭承包土地的相关证据，且未能对其在三亚市组配繁育杂交水稻行为给予合理解释，故认定张某的行为属于未经许可为商业目的将授权品种的繁殖材料重复使用于生产另一品种的繁殖材料的侵权行为，应当承担停止侵害、赔偿损失等民事责任。一审判决后，双方当事人均未上诉。

【典型意义】

本案被诉侵权行为属于未经品种权人许可利用授权品种的繁殖材料重复使用于生产另一品种的繁殖材料的一种较为典型的植物新品种侵权行为。人民法院秉持有利于权利保护的原则，在被诉侵权种子与授权品种存在亲缘关系的鉴定意见基础上，将是否以授权品种作为母本生产被诉侵权种子的事实举证责任转移给被告，最终适用高度盖然性标准认定侵权成立。

江苏省 A 种业科技有限公司与江苏 B 农业产业发展有限公司侵害植物新品种权纠纷案

〔最高人民法院（2021）最高法知民终 816 号民事判决书〕

《2021 年中国法院 10 大知识产权案件》第四号

2022 年 4 月 21 日

【案情摘要】

江苏省 A 种业科技有限公司（以下简称 A 公司）为水稻新品种“金粳 818”的独占实施被许可人，江苏 B 农业产业发展有限公司（以下简称 B 公司）未经许可，以线下门店推广以及在微信群内发布“农业产业链信息匹配”线上宣传等方式，寻找潜在的交易者，收取会员费并向会员提供“金粳818”水稻种子交易信息，与买家商定交易价格、数量、交货时间，安排送货收款。A公司认为B公司的行为构成侵权，诉至江苏省南京市中级人民法院。一审法院认为，B公司并未直接销售涉案侵权种子，仅构成帮助侵权，判决B公司停止侵权，赔偿损失及合理支出300万元。B公司不服，提起上诉。最高人民法院二审认为，B公司在网络平台发布种子销售信息，与购买者协商确定种子包装方式、价款、数量、履行期限等交易要素，销售合同自合意达成时成立，B公司是交易组织者、决策者，应当认定其构成销售侵权而非帮助侵权；B公司发布和组织交易的种子远超农民自繁自用的合理规模，“农民自繁自用”不侵权抗辩不能成立。B公司未取得种子生产经营许可证并销售白皮袋侵权种子，属于侵权行为情节严重，且拒不提供有关账簿，一审判决按照赔偿基数的二倍适用惩罚性赔偿正确，最高人民法院二审判决驳回上诉、维持原判。

【典型意义】

本案是打击种子套牌侵权的典型案件。裁判对于借助互联网信息平台组织销售白皮袋种子，以“农民”“种粮大户”等经营主体名义掩护实施的侵权行为进行了准确认定，依法适用惩罚性赔偿，让侵权人付出沉重代价，体现了人民法院严格保护植物新品种权、促进农业科技创新的司法导向。

“YA8201”玉米植物新品种侵权案

［四川 A 科技股份有限公司与云南 B 种业有限公司、云南 C 种业有限公司侵害植物新品种权纠纷案］

《最高人民法院知识产权法庭典型案例（2022）》第 11 号

2023 年 3 月 30 日

【案号】

（2022）最高法知民终 783 号、（2022）最高法知民终 789 号

【基本案情】

A 科技公司系“YA8201”玉米植物新品种的品种权人。A 科技公司以 B 种业公司以商业为目的重复使用“YA8201”生产“金禾玉 618”和“金禾 880”玉米种子，C 种业公司向 B 种业公司出借农作物种子生产经营许可证为由，向云南省昆明市中级人民法院起诉，请求判令 B 种业公司、C 种业公司停止侵害并连带承担惩罚性赔偿责任。一审法院认为，B 种业公司构成侵权，C 种业公司构成帮助侵权，判令两公司停止侵害并在两案中分别连带承担惩罚性赔偿 10 万余元和 45 万余元。A 科技公司、B 种业公司均不服，提起上诉。最高人民法院二审认为，B 种业公司明知“YA8201”为 A 科技公司享有品种权的植物新品种，仍非法向他人租借农作物种子生产经营许可证，实施有关侵权行为，构成情节严重的故意侵权，应当从严适用惩罚性赔偿；B 种业公司拒不提供财务账簿，构成举证妨碍，可以采纳品种权人主张的利润，并考虑“YA8201”品种权对“金禾玉 618”“金禾 880”的贡献率，认定惩罚性赔偿计算基础。改判 B 种业公司在两案中分别赔偿 A 科技公司 69 万余元和 152 万余元；C 种业公司因非法出借农作物种子生产经营许可证应承担连带赔偿责任。

【典型意义】

两案系对租借农作物种子生产经营许可证的行为适用惩罚性赔偿的植物新品种侵权案件。两案中人民法院秉持有利于权利保护的司法理念，合理确

定亲本品种权对侵权利润的贡献率并从严适用惩罚性赔偿，为净化种子市场提供有力司法支持。同时，准确适用举证妨碍排除规则，为有效破解品种权人“举证难”问题开辟新路径。

“扬麦25”小麦植物新品种侵权案

［中国某集团有限公司江苏分公司与李某贵侵害植物新品种权纠纷案］

《最高人民法院发布第三批人民法院种业知识产权司法保护典型案例》第2号

2023年4月1日

一审：浙江省杭州市中级人民法院（2022）浙01知民初96号

【基本案情】

中国某集团江苏分公司获得品种权人许可，可以实施“扬麦25”小麦植物新品种权，并以自己名义进行维权。李某贵通过抖音软件发布视频面向种植户宣传“杨麦25，100斤白包装”。中国某集团江苏分公司经公证向李某贵购得被诉侵权种子，公证照片显示大量白皮袋包装货物，李某贵向取证人员宣称其销量大并保证出芽率。中国某集团江苏分公司起诉请求判令李某贵停止侵害，并适用惩罚性赔偿判令李某贵赔偿损失135万元和合理费用69400元。

【裁判结果】

浙江省杭州市中级人民法院一审认为，综合考虑“杨麦25”与“扬麦25”的字形相近、读音相同，李某贵经法院释明仍未举证证明实际存在“杨麦25”小麦品种，以及李某贵在取证过程中的具体情节，现有证据已经初步证明被诉侵权种子与授权品种为同一品种，提交反证推翻二者不具备同一性的责任在于李某贵。综合考虑李某贵在取证过程中表述的销售规模、侵权手段、销售侵权种子的价格、侵权行为的持续时间、地域范围等因素，按照侵权获利的计算方式确定支付补偿性赔偿数额为396000元。李某贵销售白皮袋种子属于侵权行为情节严重，确定惩罚性赔偿的倍数为2倍。最终判决李某贵停止侵害，并赔偿损失1188000元和维权合理开支69400元。一审宣判后，当事人均未提起上诉。

【典型意义】

本案是善用举证责任转移和因销售白皮袋种子适用惩罚性赔偿的植物新品种侵权案件。本案基于案情适时转移举证责任，有效降低品种权人维权难度。考虑侵权人存在销售白皮袋种子的严重侵权情节，在准确、合理确定赔偿基数的基础上依法适用惩罚性赔偿，取得了维护品种权人合法权益与重拳打击侵权行为的良好效果。

“郑麦 113”小麦植物新品种侵权案

［河南 A 种业有限公司与河南 B 种业有限公司、襄州区 C 田园农资经营店侵害植物新品种权纠纷案］

《最高人民法院发布第三批人民法院种业知识产权司法保护典型案例》第 4 号
2023 年 4 月 1 日

一审：河南省郑州市中级人民法院（2021）豫 01 知民初 256 号

【基本案情】

A 种业公司是“郑麦 113”小麦植物新品种的独占实施被许可人。A 种业公司在湖北省襄阳市襄州区 C 农资经营店通过公证保全方式购买的产品包装袋显示，种子名称为“郑麦 113”，相关生产主体名称、经营批号等信息均与 B 种业公司的信息一致。B 种业公司先前曾实施侵害涉案“郑麦 113”品种权的行为，并承诺若再次侵权自愿赔偿 A 种业公司 50 万元。A 种业公司起诉请求判令 B 种业公司、C 农资经营店停止侵害并赔偿损失和维权合理开支 70 万元。

【裁判结果】

河南省郑州市中级人民法院一审认为，B 种业公司生产、销售，C 农资经营店销售的被诉侵权种子外包装显著位置突出标注“郑麦 113”字样，侵害“郑麦 113”植物新品种权。考虑到 A 种业公司与 B 种业公司签订的承诺书中关于违约金明确约定为50万元，遂判决B种业公司、C农资经营店停止侵权行为，B种业公司赔偿损失50万元、C田园农资经营店赔偿损失3万元。B种业公司提起上诉后又撤回，一审判决已生效。

【典型意义】

本案系依据当事人就未来侵害植物新品种权约定的赔偿数额确定损害赔偿的案件。当事人明确约定的再次侵权应支付的赔偿数额系自愿达成，不违反法律、行政法规的强制性规定，依据该约定确定品种权侵权损害赔偿数额，既有利于简化侵权损害赔偿计算，节约司法资源，又有利于遏制重复侵权、恶意侵权，营造诚实守信的良好社会氛围。

“伟科609”玉米植物新品种侵权案

［河南A种业股份有限公司与青岛B种业有限公司、山东省C种业科技有限公司侵害植物新品种权纠纷案］

《最高人民法院发布第三批人民法院种业知识产权司法保护典型案例》第5号

2023年4月1日

二审：最高人民法院（2021）最高法知民终2487号

一审：山东省青岛市中级人民法院（2021）鲁02知民初29号

【基本案情】

A种业公司是“伟科609”玉米植物新品种的品种权人。山东省平度市综合行政执法局执法检查中发现B种业公司销售的玉米种子并非标注的“豫禾868”，属于假种子，遂对B公司作出行政处罚。嗣后，A种业公司起诉，主张B种业公司销售的“豫禾868”实际是“伟科609”，C种业公司是“豫禾868”的生产、加工和供应单位，请求判令两公司停止侵害，并赔偿损失。

【裁判结果】

山东省青岛市中级人民法院一审认为，山东省平度市综合行政执法局依法查扣B种业公司销售的“豫禾868”玉米繁殖材料经鉴定与“伟科609”构成近似品种，C 种业公司和 B 种业公司的行为构成侵害涉案品种权。C 种业公司拒绝提供其生产、销售侵权品种繁殖材料的数量，综合考虑侵权的性质、期间、销售范围等因素，判决 C 种业公司、B 种业公司停止侵害，C 种业公司赔偿损失和维权合理开支 40 万元。A 种业公司、C 种业公司不服，提起上诉，二审判决驳回上诉，维持原判。

【典型意义】

本案是行政保护与司法保护有效衔接、优势互补的范例。案件处理充分体现出行政查处的及时高效与司法审判的定分止争相辅相成、相得益彰。通过行政机关的先行查处，既有效制止侵权行为并防止权利人损失扩大，又能及时固定侵权证据，便于后期诉讼中通过司法鉴定确定同一性，准确认定侵权行为，有利于形成行政和司法保护合力。

“都蜜 5 号”甜瓜植物新品种临时保护期使用费案

［A 种业科技有限公司与新疆 B 农业科技发展有限公司植物新品种临时保护期使用费纠纷案］

《最高人民法院发布第三批人民法院种业知识产权司法保护典型案例》第 6 号
2023 年 4 月 1 日

一审：海南自由贸易港知识产权法院（2021）琼 73 知民初 24 号

【基本案情】

A 种业公司与他人联合培育“都蜜 5 号”甜瓜植物新品种，并依约取得维权打假的授权。该品种公告日为 2019 年 5 月 1 日，授权日为 2021 年 6 月 18 日。2019 年 12 月 13 日，A 种业公司公证购买到“世纪蜜二十五号”甜瓜种子，生产商标注为新疆 B 农科公司。经农业农村部植物新品种测试中心鉴定，测试样品“世纪蜜二十五号”与“都蜜 5 号”的 65 个基本件状表现均无明显差异。A 种业公司起诉请求，判令新疆 B 农科公司停止侵害，赔偿损失并承担维权合理开支。

【裁判结果】

海南自由贸易港知识产权法院一审认为，新疆B农科公司未经许可，在“都蜜5号”植物新品种的临时保护期内生产、繁殖、销售与“都蜜5号”为同一品种的“世纪蜜二十五号”，应当向A种业公司支付临时保护期使用费。A种业公司基于正当理由提起诉讼所产生的合理费用，应当予以支持，由新疆B农科公司适当分担。综合考虑甜瓜作为经济作物的属性、被诉侵权种子的销售情况等因素，判决新疆B农科公司支付A种业公司临时保护期使用费及合理开支共计35万元。

【典型意义】

本案是涉及植物新品种临时保护期使用费的案件。对于品种权人在临时保护期使用费纠纷中的维权合理开支予以支持，体现了对品种权人的全面保护。该案判决生效后促成双方当事人达成临时保护期使用费支付协议以及品种权许可协议，实现了法律效果和社会效果的有机统一。

“鲁葫1号”西葫芦植物新品种侵权案

［山东省A有限公司与山东B种业集团有限公司、平原县C种业发展有限公司侵害植物新品种权纠纷案］

《最高人民法院发布第三批人民法院种业知识产权司法保护典型案例》第7号
2023年4月1日

二审：最高人民法院（2022）最高法知民终1296号
一审：山东省济南市中级人民法院（2021）鲁01知民初1047号

【基本案情】

山东A公司是“鲁葫1号”西葫芦植物新品种的品种权人。山东A公司以B种业公司、C种业公司生产、销售包装标注有“鲁葫1号”品种名称的西葫芦种子的行为构成侵权为由，起诉请求判令停止侵害，并赔偿损失。

【裁判结果】

山东省济南市中级人民法院一审认为，被诉侵权品种的产品包装显著位置标注“鲁葫 1 号”，在品种名称位置亦标注了相同字样，应当认定构成侵权，判决 B 种业公司与 C 种业公司停止侵害，分别赔偿 50 万元与 3000 元。B 种业公司、C 种业公司不服，上诉主张在其涉案产品包装上使用“鲁葫 1 号”的行为是对其注册商标“鲁葫”的合理使用，不构成侵权。最高人民法院二审认为，授权品种名称是区别于其他植物品种的法定标志，在商业用途上具有标识品种特质的功能。B 种业公司在品种名称的标注中使用“鲁葫 1 号”，以及将其注册商标“鲁葫”不规范使用为“鲁葫 1 号”的行为，实为指示商品品种而非指向商品来源。遂判决驳回上诉，维持原判。

【典型意义】

本案是以使用注册商标为名实施侵害植物新品种权的案件。人民法院准确适用新的侵害植物新品种权司法解释关于被诉侵权品种繁殖材料使用的名称与授权品种相同时推定两者为同一品种的规定，认定被诉侵权品种繁殖材料即为授权品种繁殖材料。同时，对于不规范使用注册商标，以使用商标之名行侵权之实的行为依法予以严惩，使得侵权人以使用注册商标为名掩饰侵权的行为无处遁形。

“彩甜糯6号”杂交玉米亲本植物新品种侵权案

[荆州市甲农业科技有限公司与郑州市乙种业有限公司、甘肃丙农业科技有限公司侵害植物新品种权纠纷案]

《最高人民法院知识产权法庭典型案例（2022）》第13号

2023年3月30日

【案号】

（2022）最高法知民终13号

【基本案情】

甲农科公司系“T37”和“WH818”玉米植物新品种的品种权共有人，其使用上述品种作为父母本选育的“彩甜糯6号”通过国家玉米品种审定。甲农科公司认为，郑州市乙种业公司生产并销售、丙农科公司销售的“彩甜糯866”种子是重复使用“T37”和“WH818”作为亲本生产的繁殖材料，侵害了涉案植物品种权，故向河南省郑州市中级人民法院提起诉讼，请求判令两公司停止侵害，共同赔偿经济损失20万元及维权合理开支2万元。一审法院判决驳回诉讼请求。甲农科公司不服，提起上诉。最高人民法院二审认为，被诉侵权玉米种子与“彩甜糯6号”属于基因型相同或极近似品种，基于玉米遗传规律，可以初步推定被诉侵权玉米种子使用了与“彩甜糯6号”相同父母本。重复使用授权品种繁殖材料生产另一品种繁殖材料的侵权行为人不得销售其生产的该另一品种的繁殖材料，是制止生产者侵权行为、防止侵权损失扩大的应有之义。遂改判郑州市乙种业公司停止生产、销售“彩甜糯866”种子，并全额支持权利人的赔偿请求。同时，对于郑州市乙种业公司、丙农科公司未经审定推广主要农作物种子的涉嫌违法行为线索，依法移送行政主管部门处理。

【典型意义】

人民法院结合玉米遗传规律适时转移举证责任，运用事实推定认定被诉杂交玉米种与授权品种的亲子关系，为品种权人提供了有利保护。同时，判令重复使用授权品种繁殖材料生产另一品种繁殖材料的侵权行为人停止对该另一品种繁殖材料的销售行为，进一步扩展了品种权保护环节，为品种权人提供了有力保护。此外，将未经审定推广玉米种子的违法行为线索移送行政主管部门处理，也体现了加强司法保护与行政执法的有机衔接，推动构建知识产权大保护格局。

“裕丰 303”玉米植物新品种侵权案

［北京某种业有限公司与吴某寿侵害植物新品种权纠纷案］

《最高人民法院发布第三批人民法院种业知识产权司法保护典型案例》第 9 号

2023 年 4 月 1 日

二审：最高人民法院（2021）最高法知民终 2105 号

一审：甘肃省兰州市中级人民法院（2020）甘 01 知民初 14 号

【基本案情】

某种业公司系“裕丰 303”玉米植物新品种的品种权人。吴某寿未经许可，擅自繁育涉案品种的玉米种子达 207 亩，农业执法部门对上述种子果穗进行了灭活处理。某种业公司认为吴某寿的行为侵害了涉案品种权，起诉请求判令吴某寿赔偿损失并承担维权合理开支共计 315500 元。

【裁判结果】

甘肃省兰州市中级人民法院一审认为，吴某寿虽实施了侵权行为，但该侵权行为已经停止，某种业公司无证据证明其因侵权行为遭受的损失和吴某寿的侵权获利，结合侵权种子已经灭活、无法作为繁殖材料流入市场的实际情况，涉案侵权行为并未对某种业公司造成损害结果，故对某种业公司赔偿损失的诉讼请求不予支持，酌情认定吴某寿承担合理开支 5000 元。某种业公司提起上诉。最高人民法院二审认为，即便作为繁殖材料的被诉侵权玉米种子因被灭活处理最终没有流入种子市场，也不意味着品种权人没有因其市场被挤占而遭受损失，吴某寿应当承担赔偿责任。故改判吴某寿赔偿某种业公司损失 207000 元、合理开支 5000 元。

【典型意义】

本案彰显了全面维护品种权人合法利益的司法导向。判决澄清了侵害植物新品种权案件中责令采取灭活措施与赔偿损失两种民事责任之间的适用关系，明确侵权繁殖材料被灭活处理后侵权人仍应承担赔偿损失责任，体现了依法全面维护品种权人利益的司法理念。

"杨氏金红 1 号"猕猴桃植物新品种侵权案

［四川甲猕猴桃种植有限责任公司与马边彝族自治县乙猕猴桃专业合作社侵害植物新品种权纠纷案］

《最高人民法院知识产权法庭典型案例（2022）》第 12 号

2023 年 3 月 30 日

【案号】

（2022）最高法知民终 211 号

【基本案情】

甲猕猴桃种植公司为"杨氏金红 1 号"猕猴桃植物新品种实施被许可人，经品种权人授权可以自己名义维权。甲猕猴桃种植公司以乙猕猴桃合作社未经许可种植涉案授权品种猕猴桃树 7000 株为由，向四川省成都市中级人民法院提起诉讼，请求判令乙猕猴桃合作社无须停止侵权，但向其支付许可使用费至不再种植或品种权保护期限届满为止。一审法院判决乙猕猴桃合作社支付甲猕猴桃种植公司 2019 年 12 月 18 日至 2021 年 7 月 16 日期间的品种许可使用费 11 万余元；从 2021 年 7 月 17 日起，按每株每年 10 元的标准支付许可使用费至停止种植之日，最长不超过授权品种保护期限；并支付本案维权合理开支 3 万元。乙猕猴桃合作社不服，提起上诉。最高人民法院二审认为，乙猕猴桃合作社的种植行为不属于"私人非商业性使用"，应当认定为未经许可生产繁殖授权品种繁殖材料的侵权行为；对于多年生植物，应当肯定和鼓励品种权人以给付许可使用费的请求代替停止侵害请求。在确定许可使用费时，既要尊重授权品种的市场价值，也要保障种植者通过勤勉劳动、科学管理从种植行为中可以获得的合理预期利益。因一审确定的许可使用费标准已考虑了上述因素，遂判决驳回上诉，维持原判。

【典型意义】

本案涉及无性繁殖品种的种植行为侵权判断，同时人民法院根据当事人的诉讼请求，鼓励以许可使用费代替停止侵权，既有效维护品种权人合法权利，又合理兼顾种植户的经济利益，有利于在切实保护种业知识产权的同时避免资源浪费，发挥多年生植物的长久经济效益，实现多方共赢。

“鲁丽”苹果植物新品种侵权案

［威海某苗木繁育有限公司与河南省某生态农业有限责任公司侵害植物新品种权纠纷案］

《最高人民法院发布第三批人民法院种业知识产权司法保护典型案例》第 11 号

2023 年 4 月 1 日

二审：最高人民法院（2022）最高法知民终 435 号

一审：河南省郑州市中级人民法院（2021）豫 01 知民初 1818 号

【基本案情】

某苗木公司是“鲁丽”苹果植物新品种的品种权人。某苗木公司以某生态农业公司未经许可繁殖、销售“鲁丽”种苗，侵害其植物新品种权为由，起诉请求判令某生态农业公司停止侵害，并赔偿损失及维权合理开支。

【裁判结果】

河南省郑州市中级人民法院一审认为，某生态农业公司繁殖“鲁丽”苹果树苗具有高度盖然性，判令其停止侵害并赔偿某苗木公司损失 10 万元及维权合理开支 8500 元。某生态农业公司不服，提起上诉，主张其种植“鲁丽”苹果树目的是“挂果”而非生产繁殖。最高人民法院二审认为，种植无性繁殖授权品种的行为是否属于繁殖授权品种繁殖材料的侵权行为，可以综合考虑被诉侵权人的主体性质、行为目的、规模、是否具有合法来源等因素作出判断。某生态农业公司是果树育种和育苗的经营主体，其持有的“鲁丽”苹果树没有合法来源，其种植“鲁丽”苹果树的动机是为获取商业利益，明显不属于私人的非商业目的，其种植行为构成繁殖授权品种繁殖材料的侵权行为。遂判决驳回上诉，维持原判。

【典型意义】

本案系关于种植行为侵权定性的案件。判决在新的侵害植物新品种权司法解释关于种植行为规定的基础上，进一步细化了判断种植无性繁殖授权品种行为是否构成侵权的考量因素，有助于切实降低无性繁殖品种权利人的维权难度，有效加大无性繁殖品种司法保护力度。

“希森6号”马铃薯植物新品种侵权案

［乐陵某马铃薯产业集团有限公司与唐某侵害植物新品种权纠纷案］

《最高人民法院发布第三批人民法院种业知识产权司法保护典型案例》第12号

2023年4月1日

一审：四川省成都市中级人民法院（2020）川01知民初244号

【基本案情】

某马铃薯公司是“希森6号”马铃薯植物新品种的品种权人。某马铃薯公司主张，唐某无任何合法的经营手续，私自以“希森6号”名义销售马铃薯种子，四川省广汉市农业农村局查封了唐某销售的马铃薯种子，经某农业质量检测有限公司检测显示，待测样品与对照样品“希森6号”为同一品种。四川省广汉市农业农村局作出行政处罚决定认为，唐某销售的种子没有使用说明或者标签内容，违反《种子法》相关规定，决定罚款15000元。某马铃薯公司起诉，请求判令唐某立即停止侵害，并赔偿损失。

【裁判结果】

四川省成都市中级人民法院一审认为，判断被诉侵权人销售的植物体是繁殖材料还是收获材料，应当以行为人在交易中的外在表示为准。唐某以马铃薯种子经销商的身份面对购买者，并且其在行政调查程序中认可其向案外人销售“希森 6 号”种子，足以认定唐某销售了侵害“希森 6 号”的繁殖材料，遂判决唐某停止侵害并赔偿损失 6 万元。一审宣判后，当事人均未上诉。

【典型意义】

本案是被诉侵权物既可以作为繁殖材料又可以作为收获材料时侵权定性的案件。对于以块茎进行无性繁殖的马铃薯，其繁殖材料和收获材料的表现形式相同，人民法院基于被诉侵权人实施的行为、在行政处罚中的陈述、被诉侵权物的价格等因素，准确认定被诉侵权物系授权品种繁殖材料，有效打击了侵权行为。

“中柑所 5 号”柑橘植物新品种侵权案

［重庆某果业有限公司与重庆某农业开发有限公司
侵害植物新品种权纠纷案］

《最高人民法院发布第三批人民法院种业知识产权
司法保护典型案例》第 13 号
2023 年 4 月 1 日

二审：最高人民法院（2022）最高法知民终 782 号
一审：重庆市第五中级人民法院（2021）渝 05 民初 3309 号

【基本案情】

某果业公司获得品种权人许可，可以对“中柑所 5 号”柑橘植物新品种进行繁育和推广，并以自己名义进行维权。某果业公司以某农业开发公司未经许可繁殖、销售“中柑所 5 号”种苗，侵害其植物新品种权为由，起诉请求判令某农业开发公司停止侵害，并赔偿损失及维权合理开支。

【裁判结果】

重庆市第五中级人民法院一审认为，某农业开发公司销售“金秋砂糖桔”苗木侵害了“中柑所5号”植物新品种权，判决其停止侵害并赔偿损失及维权合理开支共计5万元。某农业开发公司不服，上诉主张对照样本来源不明，并非标准样品，不能证明被诉侵权品种与授权品种具有同一性。最高人民法院二审认为，对于审批机关没有保存标准样品、以无性繁殖方式扩繁的果树作物而言，在品种权审查中现场考察指向的母树和通过母树的繁殖材料扩繁的其他个体，可以作为确定授权品种保护范围的繁殖材料。遂判决驳回上诉，维持原判。

【典型意义】

本案是涉及未保存标准样品的无性繁殖品种的侵权案件。判决明确了未保存标准样品的以无性繁殖方式进行扩繁的植物新品种权保护范围的确定方法，有效解决了对照样品的确定和来源问题。本案裁判反映出人民法院在现有制度下积极保护无性繁殖授权品种权利人合法权益的司法态度。

未经品种权人许可销售种子应依法承担赔偿责任

——某马铃薯产业集团公司与唐某侵害植物新品种权纠纷案

《最高人民法院发布涉农民事典型案例》第9号

2024年1月23日

【基本案情】

2019年1月31日，某马铃薯产业集团公司“某某6号”马铃薯品种被授予植物新品种权，品种权号为CNA＊＊＊＊.9。唐某在无任何合法经营手续以及品种权人许可的情况下，擅自以“某某6号”马铃薯品种的名义销售马铃薯种子，某马铃薯产业集团公司发现后，向当地公安局举报，公安局将唐某销售的马铃薯种子进行查封保存并送至专业机构进行抽样检测，检测报告显示该样品与“某某6号”为同一品种。某马铃薯产业集团公司以唐某侵犯其植物新品种权为由诉至法院，请求判令唐某承担侵权责任。

【裁判结果】

审理法院认为，某马铃薯产业集团公司研发的马铃薯种子属于受法律保护的植物新品种，依法享有品种权的处分、收益等权益。唐某未经品种权人许可销售案涉马铃薯种子并获利，侵犯了某马铃薯产业集团公司的植物新品种权并造成马铃薯产业集团公司损失，应予赔偿。法院判决唐某立即停止销售侵权马铃薯种子，赔偿某马铃薯产业集团公司经济损失 6 万元。

【典型意义】

种子是农业的“芯片”，加强种业知识产权保护是推进种业振兴、农业现代化的重要环节，在促进国家粮食安全和农业高质量发展中发挥着极其关键的作用。唐某未经品种权人许可销售马铃薯种子，侵犯了某马铃薯产业集团公司案涉植物新品种权，依法应当停止侵权并承担民事赔偿责任。本案裁判有力维护了品种权人的知识产权，为种子销售商合法经营提供了规则指引，对规范种子市场秩序、促进种业创新具有重要意义。

“五山丝苗”水稻植物新品种实施许可合同、侵权两案

［某农业高科技股份有限公司与安徽某种业股份有限公司植物新品种权实施许可合同、侵害植物新品种权纠纷两案］

《最高人民法院发布第四批人民法院种业知识产权司法保护典型案例》第 1 号

2024 年 3 月 17 日

一审：安徽省高级人民法院（2022）皖民初 2 号、（2022）皖民初 3 号

【基本案情】

广东某水稻研究所系“五山丝苗”水稻植物新品种的品种权人。2011 年 10 月 24 日，广东某水稻研究所授予安徽某种业股份有限公司“五山丝苗”水稻植物新品种除广东省区域外的独家实施许可权。2016 年 4 月，安徽某种业股份有限公司与某农业高科技股份有限公司签订《使用水稻常规品种“五山丝苗”配组协议》，授权某农业高科技股份有限公司及其子公司湖南某种业

公司使用“五山丝苗”与其自身拥有知识产权的水稻不育系测配组合。自2018年后，双方在协议履行中发生争议，安徽某种业股份有限公司认为某农业高科技股份有限公司及其子公司未经授权私自繁殖生产“五山丝苗”繁殖材料，并重复使用“五山丝苗”作为亲本生产诸多杂交水稻品种，系侵权行为；某农业高科技股份有限公司则称其已按协议约定向安徽某种业股份有限公司全额支付了“五山丝苗”品种使用费，对自己研发配组的15个新的杂交水稻品种享有包括自繁“五山丝苗”的完全生产经营权。安徽某种业股份有限公司以某农业高科技股份有限公司及湖南某种业公司侵害其植物新品种权为由提起赔偿3亿元的侵权诉讼，某农业高科技股份有限公司以安徽某种业股份有限公司单方违约为由提起继续履行植物新品种实施许可合同的违约诉讼。

【裁判结果】

安徽省高级人民法院依法提级审理两案，以实质性化解争议为目标，深入分析研判案情，耐心细致进行调解，最终促成双方在法院主持下签订和解协议。该院于2023年11月27日作出裁定，准许双方当事人分别撤诉。

【典型意义】

本案被业界称为“中国种业知识产权第一大案”，诉讼双方均是种业头部企业，案情复杂，争议巨大，社会关注度较高。人民法院充分发挥审判职能作用，践行司法为民宗旨，秉持“双赢多赢共赢”“案结事了政通人和”的新时代公正司法理念，牢固树立“如我在诉”意识，努力促成双方和解撤诉，彻底解决宿怨，实现共赢发展。

“丹玉 405 号”玉米植物新品种侵权案

［辽宁某种业科技公司与凌海某种业科技公司、青岛某农技公司侵害植物新品种权纠纷］

《最高人民法院发布第四批人民法院种业知识产权司法保护典型案例》第 2 号

2024 年 3 月 17 日

二审：最高人民法院（2022）最高法知民终 2907 号

【基本案情】

辽宁某种业科技公司系“丹玉 405 号”玉米植物新品种的品种权人。凌海某种业科技公司未经授权，在“丹玉 405 号”品种获得授权后即以“紫光 4 号”名称套牌侵害“丹玉 405 号”品种权，并于 2015 年被法院判决认定构成侵权；此后，又于 2019 年、2020 年分别以“锦玉 118”“安玉 13”“丹玉 606 号”名称继续实施套牌生产、销售“丹玉 405 号”品种的侵权行为。凌海某种业科技公司不仅存在以非法获取的原种进行生产的行为，还在与辽宁某种业科技公司签订协议后，不履行协议，继续以多个名称套牌侵权，委托他人无证生产“丹玉 405 号”，并且在法院已经认定构成侵权后重复侵权。青岛某农技公司是被诉侵权种子的销售商。辽宁某种业科技公司提起侵权诉讼，请求判令凌海某种业科技公司、青岛某农技公司停止侵权，共同赔偿经济损失和合理开支共计 300 万元（以 150 万元为赔偿基数，以 1 倍计算惩罚性赔偿）。一审法院认为本案无法确定惩罚性赔偿的计算基数，适用法定赔偿判决凌海某种业科技公司停止侵权并赔偿经济损失及合理开支共 100 万元。

【裁判结果】

最高人民法院二审认为，凌海某种业科技公司的侵权行为时间长、地域广、规模大，且多次实施套牌侵权、重复侵权，侵权行为屡禁不止，侵权故意明显，侵权情节恶劣，应当承担惩罚性赔偿责任。凌海某种业科技公司自认 2019 年非法使用 2000 斤“丹玉 405 号”原种；2019 年繁育 400 亩，参考 400 亩能够收获的“丹玉 405 号”种子数量及销售毛利，已基本满足辽宁某种业科技公司主张的150万元的赔偿基数。一审判决以无法确定赔偿基数为由对辽宁某种业科技公司的惩罚性赔偿请求不予支持，适用法律不当。遂改判全额支持辽宁某种业科技公司300万元的赔偿请求。

【典型意义】

本案明确惩罚性赔偿基数可以基于在案证据裁量确定，而不能简单以难以精确计算即适用法定赔偿。本案裁判体现了人民法院全面落实惩罚性赔偿制度的努力，依法降低了权利人的维权难度，有效发挥出惩罚性赔偿的威慑力，切实让侵权人付出沉重代价。

“奥黛丽”辣椒植物新品种侵权案

［某种苗北京公司与赤峰某农业科技公司、盘山县某农资经销店侵害植物新品种权纠纷］

《最高人民法院发布第四批人民法院种业知识产权司法保护典型案例》第3号

2024年3月17日

二审：最高人民法院（2023）最高法知民终12号

【基本案情】

某种苗北京公司系“奥黛丽”辣椒植物新品种的品种权人。2020年3月，该公司公证购买了2包“青椒3756”种子，包装标识显示生产商为“赤峰某农业科技公司”。某种苗北京公司将“青椒3756”种子与“奥黛丽”授权品种进行委托鉴定，结论为近似品种。2020年6月28日，赤峰某农业科技公司与某种苗北京公司、寿光某种子有限公司签订《协议》，约定：“赤峰某农业科技公司承诺自2021年1月1日起，不再使用、生产、销售‘奥黛丽’品种种子和种苗……如果发生赤峰某农业科技公司违反本协议下其所作的承诺和义务，应向某种苗北京公司支付违约金200万元。”2021年4月23日，某种苗北京公司公证保全其向盘山县某农资经销店预订“青椒3756”的过程，以及赤峰某农业科技公司在其官方网站、某网站以及名称为“某种子种苗公司”的微信公众号发布的宣传文章数篇。某种苗北京公司提起侵权诉讼，请求判令赤峰某农业科技公司和盘山县某农资经销店停止侵权，并共同赔偿某种苗北京公司经济损失以及合理开支总计 220 万元。一审法院判决赤峰某农业科技公司和盘山县某农资经销店停止侵权并赔偿经济损失及合理开支共 20 万元。

【裁判结果】

最高人民法院二审认为，涉案《协议》约定了赤峰某农业科技公司再次侵权时其应当承担的责任。《协议》签订后，赤峰某农业科技公司不仅没有停止已发生的侵权行为，还实施了新的侵权行为，明显具有侵权故意。根据查明的事实，可以推算赤峰某农业科技公司侵权获利已超过某种苗北京公司主张的经济损失 200 万元，应当将双方在协议中约定的 200 万元作为确定赔偿数额的重要参考。遂改判赤峰某农业科技公司赔偿某种苗北京公司经济损失 200 万元，合理开支 1 万元，盘山县某农资经销店对其中的 20 万元承担连带责任。

【典型意义】

本案明确侵权人与品种权人就未来可能发生的侵权的损害赔偿达成事前约定，在后续侵权纠纷中可以作为确定侵权赔偿数额的重要参考。这一裁判规则，不仅有利于破解侵权赔偿举证难题，切实加大对权利人合法权益的保护，而且有利于促进种子企业诚信经营和善意履约。

"菏豆 33 号"大豆植物新品种权侵权案

［山东某种业科技公司与河南某种业公司、舞钢某农业科技公司、永城市某农贸销售部侵害植物新品种权纠纷］

《最高人民法院发布第四批人民法院种业知识产权司法保护典型案例》第 4 号

2024 年 3 月 17 日

一审：河南省郑州市中级人民法院（2021）豫 01 知民初 1078 号

二审：最高人民法院（2021）最高法知民终 2410 号

【基本案情】

山东某种业科技公司系“菏豆33号”大豆植物新品种独占实施许可合同的被许可人，其从永城市某农贸销售部公证购买到包装袋标注有“郑9805”“经营公司：河南某种业公司”“生产公司：舞钢某农业科技公司”等字样的大豆种子。使用手机微信扫描被诉种子包装袋上的“产品信息追溯码”，显示有“品种名称：郑9805”“生产经营者：河南某种业公司”等信息。舞钢某农业科技公司的2020年“郑9805”大豆种子《产地检疫合格证》载明：种植面积2000亩，总产量60万千克，种植地点河南省平顶山市舞钢市。经鉴定，被诉侵权种子与授权品种“菏豆33号”为极近似或相同品种。山东某种业科技公司提起侵权诉讼，请求判令河南某种业公司、舞钢某农业科技公司、永城市某农贸销售部停止侵权，共同赔偿损失305万元。一审法院判决河南某种业公司、舞钢某农业科技公司赔偿经济损失100万元；永城市某农贸销售部赔偿经济损失1万元。

【裁判结果】

最高人民法院二审认为，被诉侵权种子包装标注信息、防伪验证情况与河南某种业公司、舞钢某农业科技公司的包装袋完全一致，应认定两公司存在共同实施侵权行为。根据《植物检疫条例》第十八条的规定，未依照规定办理植物检疫证书或者在报检过程中弄虚作假的，应当承担行政甚至刑事责任。舞钢某农业科技公司作为专业经营种子的经营者，在办理《产地检疫合格证》过程中应当遵守上述规定。在无相反证据的情况下，应当认定《产地检疫合格证》记载内容的真实性；同时，即使《产地检疫合格证》所载明产量为预估产量，也是基于种植面积及相关品种的亩产量所作的合理估算，以记载的种植面积、总产量推算侵权种子数量具有合理性。一审法院结合《产地检疫合格证》载明的种植面积、总产量，推算出舞钢某农业科技公司繁育的被诉侵权种子达60万千克；参考“菏豆33号”品种实施许可的时间、范围、种类，被诉侵权种子的销售价格等因素，酌定河南某种业公司、舞钢某农业科技公司赔偿经济损失100万元，永城市某农贸销售部赔偿经济损失1万元，并无不当。二审判决驳回上诉，维持原判。

【典型意义】

本案明确在无反驳证据的情况下，可以基于侵权种子的《产地检疫合格证》的记载，合理估算侵权种子数量，进而合理确定侵权赔偿数额。判决彰显出人民法院强化种子行政管理和执法过程中形成的证据的运用，积极采用具有合理性的证据和计算方法确定赔偿数额，确保权利人得到足额赔偿，切实维护权利人合法权益。

"利合 328" 玉米植物新品种侵权案

［甲种业公司与内蒙乙种业公司、丙种子门市
侵害植物新品种权纠纷］

《最高人民法院发布第四批人民法院种业知识产权司法保护典型案例》第 5 号
2024 年 3 月 17 日

二审：最高人民法院（2022）最高法知民终 1336 号

【基本案情】

甲种业公司是"利合 328"玉米植物新品种的实施许可合同的被许可人，并获授权以自己名义提起诉讼。甲种业公司起诉主张，内蒙乙种业公司生产、销售名为"华瑞 638"实为"利合 328"的种子侵害其植物新品种权，请求判令内蒙乙种业公司停止侵权，赔偿经济损失及维权合理开支共计 100 万元。在上诉期间，甲种业公司补充主张，内蒙乙种业公司在一审判决后还大量销售"利合 328"杂交种特定亲本组合的繁殖材料，继续侵害"利合 328"的植物新品种权，请求在二审中一并予以考虑。一审法院判决内蒙乙种业公司赔偿经济损失及合理开支共 20 万元。

【裁判结果】

最高人民法院二审认为，杂交种授权品种的繁殖材料是指能够繁殖出与该杂交种相同特征、特性的植物体，通常是该杂交种的特定亲本组合杂交生产而来的 F1 代，而不包括生产该杂交种的特定亲本组合。"利合 328"是特

定的亲本组合“NP01185×NP01154”繁育而来的杂交种授权品种，其繁殖材料是指与“利合328”品种的特征、特性相同的植物体，而不是指用于生产“利合328”的特定亲本组合本身。生产杂交种必定需要重复使用其特定亲本组合，被诉侵权人明知特定亲本组合系用于生产杂交种，仍销售该特定亲本组合，积极追求他人生产杂交种的后果，属于帮助他人实施侵害杂交种品种权的行为，应当与生产该杂交种繁殖材料的行为人承担连带责任。内蒙乙种业公司在一审判决作出后以销售“利合328”特定亲本组合的方式帮助他人生产“利合328”，构成侵权且数量较大，综合考虑其存在套牌侵权、持续侵权等侵权情节，对甲种业公司100万元的赔偿请求予以全额支持。

【典型意义】

本案明确对于明知特定亲本组合系用于生产授权杂交种仍予以销售的，属于帮助他人实施侵害杂交种品种权的行为，应当承担侵权连带责任。判决向前延伸了杂交种品种权的维权环节，体现了人民法院全链条保护植物新品种权、切实加大保护力度的司法态度。

“登海605”玉米植物新品种侵权案

［山东某种业股份有限公司与河南某农业科技有限公司、刘某堂侵害植物新品种权纠纷］

《最高人民法院发布第四批人民法院种业知识产权司法保护典型案例》第6号

2024年3月17日

二审：最高人民法院（2022）最高法知民终293号

【基本案情】

山东某种业股份有限公司系“登海605”玉米植物新品种的品种权人。刘某堂于2015年底开始生产经营种子，购买用白皮袋包装的种子后，使用并不真实存在的品种名称对种子重新进行包装并对外销售。2018年，刘某堂成立河南某农业科技有限公司，以其配偶作为一人股东和法定代表人。公司成立后未办理农作物种子生产经营许可证，生产经营活动主要由刘某堂实际控制。（2021）豫 1122 刑初 185 号刑事判决认定，刘某堂采取标签与种子不符的方法将种子销售到河南、山东等地，销售金额达 112040 元，其行为构成生产、销售伪劣产品罪。山东某种业股份有限公司提起民事侵权诉讼，主张刘某堂和其实际控制的河南某农业科技有限公司共同侵害了涉案品种的植物新品种权，请求判令立即停止侵权并连带承担 3 倍惩罚性赔偿责任共计 60 万元。一审法院判决刘某堂赔偿经济损失及合理开支共 7 万元。

【裁判结果】

最高人民法院二审认为，刘某堂为河南某农业科技有限公司的实际控制人，该公司是刘某堂为了实施侵权行为而专门设立的，公司成立后刘某堂作为实际控制人实施被诉侵权行为，既体现了河南某农业科技有限公司的意志，也体现了刘某堂的个人意志，该公司已经成为刘某堂实施被诉侵权行为的工具；公司成立后受刘某堂实际控制主要从事侵权行为，构成以侵害品种权为业。刘某堂与河南某农业科技有限公司构成共同侵权，依法应当承担相应的法律责任。同时，该公司还存在未取得农作物种子生产经营许可证即生产经营玉米种子的情节；刘某堂还存在假冒其他公司名义，使用不存在的品种名称销售种子的行为，被判处生产、销售伪劣产品罪，可见其侵权行为情节恶劣。山东某种业股份有限公司主张河南某农业科技有限公司、刘某堂侵害“登海 605”品种权种子的数量为 5 吨，并未明显超出已经查明的被诉侵权行为规模，根据在案证据可合理推定销售“登海 605”的利润为每公斤 27 元，据此计算品种权人的实际损失为 13.5 万元；以此作为赔偿基数，支持品种权人关于 3 倍惩罚性赔偿的诉讼主张，并确定合理开支为 6 万元。遂改判全额支持山东某种业股份有限公司经济损失及合理支出共计 60 万元的赔偿请求，刘某堂与河南某农业科技有限公司承担连带责任。

【典型意义】

本案重点阐释了实际控制人与法人构成共同侵权并应承担连带赔偿责任的问题，强化对侵权企业实际控制人的法律责任追究，切实提高侵权代价，有力促进净化种业市场环境。

“万糯 2000”玉米植物新品种侵权案

［河北某种业有限公司与安某成侵害植物新品种权纠纷］

《最高人民法院发布第四批人民法院种业知识产权司法保护典型案例》第 7 号

2024 年 3 月 17 日

二审：最高人民法院（2021）最高法知民终 2166 号

【基本案情】

河北某种业有限公司系“万糯 2000”玉米植物新品种的品种权人。安某成等八人租赁了马某山等四户农户承包的共 140 余亩土地，安某成在其中决定种植的品种，联系、提供亲本，向农户支付土地流转费等，并个人租赁土地 18.7 亩。经检测，租赁土地上种植的玉米种子与“万糯 2000”品种的标准样品为极近似或相同品种。河北某种业有限公司提起侵权诉讼，主张安某成组织、主导包括自己在内的八人在各自租赁的土地上擅自非法生产、繁殖“万糯 2000”玉米种子，构成侵权，请求判令安某成立即停止侵权并赔偿河北某种业有限公司损失 50 万元。河北某种业有限公司未针对安某成之外的其他七人提起诉讼。一审法院仅判令安某成对其在个人承包的土地上擅自非法生产、繁殖“万糯 2000”的行为承担侵权责任。

【裁判结果】

最高人民法院二审认为，在多人生产、繁殖被诉侵权种子的群体行为中起到组织、主导作用的组织者，应对被组织者直接实施的全部被诉侵权行为承担相应责任。因安某成在八人承包的土地上进行制种的行为中起到组织和主导作用，该八人的被诉侵权行为造成的全部损失没有超出安某成的主观预见范围，故安某成不仅应对自己承包的土地承担责任，还应对其余七人所承包土地的被诉侵权行为承担相应责任。河北某种业有限公司主张的每亩平均产量没有明显超出甘肃省河西地区玉米制种的一般平均产量，且有证据支持，可以采信。在确定种植面积的基础上，河北某种业有限公司因被诉侵权行为遭受的实际损失已经超出了 50 万元。遂改判全额支持河北某种业有限公司的赔偿请求。

【典型意义】

本案判令组织者对被组织的全部植物新品种侵权行为承担侵权责任，让侵权组织者、主导者付出更大代价，体现了行为危害性与法律责任相适应的法律精神，有利于精准有效制裁侵权行为。

"远科 105"玉米植物新品种侵权案

［某种业公司与新疆某农业发展公司等侵害植物新品种权纠纷］

《最高人民法院发布第四批人民法院种业知识产权司法保护典型案例》第 8 号

2024 年 3 月 17 日

一审：新疆维吾尔自治区乌鲁木齐市中级人民法院（2022）新 01 知民初 7 号

二审：最高人民法院（2023）最高法知民终 1484 号

【基本案情】

某种业公司是"远科 105"玉米植物新品种的品种权人。其提起诉讼，主张新疆某农业发展公司以"永玉 3 号"为名侵害"远科 105"植物新品种权，请求判令新疆某农业发展公司停止侵权，赔偿经济损失及维权合理开支共计 300 万余元。新疆某农业发展公司对外销售的"永玉 3 号"玉米种子中既存在真实的"永玉 3 号"玉米种子，也存在与"远科 105"具有同一性的侵权种子，其通过在种子包装袋上加以三颗红色五角星"★★★"和"精品专供"字样对其侵权种子进行管控。一审法院判决新疆某农业发展公司赔偿经济损失及维权合理开支共 50 万余元。

【裁判结果】

最高人民法院二审认为，新疆某农业发展公司以"真假混卖"的方式实施套牌侵权行为，手段隐蔽，逃避种子行政监管和法律制裁的主观意图明显，给品种权人维权举证带来更大困难和成本，侵权恶意明显，在确定赔偿数额时应当将此情节予以重点考量并加大赔偿力度。一审判决确定的损害赔偿数额及维权合理开支具有事实和法律依据。遂判决驳回上诉，维持原判。

【典型意义】

本案系侵权人以“真假混卖”的方式实施套牌侵权，行为极具迷惑性，逃避侵权制裁的主观意图明显。本案强调在确定赔偿数额时应当将类似情节予以重点考量以加大赔偿力度，切实维护品种权人的合法权益。

“先玉 335”玉米植物新品种侵权案

［敦煌某良种公司与吉林某种业公司、桦甸某农资商店侵害植物新品种权纠纷］

《最高人民法院发布第四批人民法院种业知识产权司法保护典型案例》第 9 号

2024 年 3 月 17 日

二审：最高人民法院（2022）最高法知民终 2719 号

【基本案情】

敦煌某良种公司经品种权人授权生产经销“先玉 335”玉米植物新品种，并有权以自己名义维权。其在桦甸某农资商店处公证购买了外包装标识为吉林某种业公司生产的“岭单 86”玉米杂交种，并将其送至北京玉米检测中心进行检验，结论为与“先玉 335”授权品种为极近似或相同品种。敦煌某良种公司起诉主张，吉林某种业公司、桦甸某农资商店的生产、销售行为侵犯了敦煌某良种公司的合法权益，请求判令二者停止侵权并赔偿经济损失及维权合理开支共 100 万元。诉讼过程中，吉林某种业公司辩称，其基于自己合法品种的真实交易向桦甸某农资商店提供 10 个替换包装袋防止原有包装袋破损，并不存在侵权行为；桦甸某农资商店则自认被诉侵权种子系其擅自使用吉林某种业公司包装袋，套装其他种子后进行销售。一审法院判决桦甸某农资商店赔偿经济损失 20 万元。

【裁判结果】

最高人民法院二审认为，涉案被诉侵权种子的包装袋正面及背面印有“某种业”标识，包装袋底部标注及微信二维码扫描结果显示，生产经营者为“吉林某种业公司”。吉林某种业公司并无证据证明桦甸某农资商店以吉林某种业公司的包装袋包装、销售的种子并非来自吉林某种业公司，应当认定吉林某种业公司为被诉侵权种子的生产者。即便吉林某种业公司向桦甸某农资商店提供包装袋的行为真实，吉林某种业公司明知桦甸某农资商店没有种子生产经营许可证，无分装散装种子进行销售的资质，依然向其提供包装袋，其对包装袋的使用未履行任何监管义务，对套装其他种子的侵权行为实际上持放任态度，客观上导致损害结果发生，亦应当就此承担相应法律责任。结合桦甸某农资商店自认其存在套牌侵权的事实，应认定吉林某种业公司与桦甸某农资商店共同实施了被诉侵权行为。遂改判吉林省某种业公司、桦甸某农资商店停止侵权并共同赔偿敦煌某良种公司经济损失及合理开支共 20 万元。

【典型意义】

本案二审判决强调，种子包装袋是生产经营管理中的重要环节，种子生产企业理应对其严格管控，对包装袋上标注内容的真实性和包装内种子的质量负责。二审判决明确，一般情况下可以依据种子包装袋标注的信息认定种子生产者；人民法院对于种子生产者以防止破损为由向销售商提供空包装袋、没有参与侵权行为的辩称不应轻易采信，更不能简单以此为由免除其侵权责任。本案判决对于严格规范种子包装、标签管理、净化种业市场，具有参考价值。

“中科发5号”水稻植物新品种侵权案

［五常某种业公司与前郭县某种业公司、前郭县某农资商店侵害植物新品种权纠纷］

《最高人民法院发布第四批人民法院种业知识产权司法保护典型案例》第10号

2024年3月17日

一审：吉林省长春市中级人民法院（2022）吉01知民初21号

【基本案情】

五常某种业公司系“中科发5号”水稻植物新品种的独占实施被许可人。前郭县某种业公司的实际控制人为王某，该公司取得的农作物种子生产经营许可证的生产经营范围不包括“中科发5号”水稻品种。前郭县某农资商店系由王某经营的个体工商户，系前郭县某种业公司的指定销售商。五常某种业公司从前郭县某农资商店购得“中发5”种子50斤，经鉴定与“中科发5号”为极近似或相同品种。五常某种业公司起诉主张，前郭县某种业公司、前郭县某农资商店侵害“中科发5号”品种权，请求判令二者停止侵权并连带赔偿经济损失90万元。

【裁判结果】

吉林省长春市中级人民法院一审认为，前郭县某种业公司未经许可，生产“中科发5号”水稻种子，构成侵犯植物新品种权，依法应当承担侵权责任。王某系前郭县某种业公司的实际控制人和前郭县某农资商店的实际经营者，在接受当地公安部门讯问时供述，被诉侵权“中发5”水稻种子系由其自行种植获取，该种子的生产基地、加工设备、储存库房等均系前郭县某种业公司所有。被诉侵权种子由前郭县某种业公司指定的销售商前郭县某农资商店对外销售。前郭县某种业公司和前郭县某农资商店一个进行生产、一个进行销售，二者分工合作，相互配合存在共同侵权的故意，故二者依法应当承担连带责任。综合考虑涉案植物新品种权的类型，侵权经营规模、销售价格、侵权行为性质、情节以及品种权人维权合理支出等因素，酌情确定前郭县某种业公司、前郭县某农资商店共同赔偿五常某种业公司15万元。一审宣判后，当事人均未提起上诉。

【典型意义】

本案判决指出，不同主体在生产、销售授权品种繁殖材料过程中分工明确、互相配合，应当认定有关主体构成共同侵权。人民法院依据事实认定生产商和销售商存在共同故意并判令承担连带责任，为品种权人提供了更充分的法律保障。

“博洋9”甜瓜植物新品种侵权案

［天津某种业公司与寿光市某种苗公司、刘某胜植物新品种临时保护期使用费纠纷及侵害植物新品种权纠纷］

《最高人民法院发布第四批人民法院种业知识产权司法保护典型案例》第11号

2024年3月17日

一审：山东省青岛市中级人民法院（2022）鲁02知民初160号

二审：最高人民法院（2023）最高法知民终478号

【基本案情】

天津某种业公司为“博洋9”甜瓜植物新品种的品种权人。其主张寿光市某种苗公司未经授权销售名称为“博洋9”的甜瓜种苗，刘某胜是寿光市某种苗公司的唯一股东和实际控制人，应对该公司的侵权行为承担连带责任，请求判令寿光市某种苗公司、刘某胜立即停止侵权，并支付临时保护期使用费50万元、侵权经济损失100万元、合理开支4.29万元。一审法院判决寿光市某种苗公司支付天津某种业公司临时保护期使用费3万元，赔偿经济损失12万元及合理开支2.69万元，刘某胜对此承担连带责任。

【裁判结果】

最高人民法院二审认为，购买者从品种权人或经其许可的人合法获得种子后，将种子培育成种苗后进行销售，并非侵权行为；但是，如果用来培育种苗的种子无证据证明来源于品种权人，将来源非法的种子培育成种苗的相关生产、繁殖和销售行为则构成侵权。虽然查明寿光市某种苗公司、刘某胜从天津某种业公司的合法经销商处购买了共计6万粒“博洋9”甜瓜种子，但其对外宣传称，一年销售三四十万株“博洋9”种苗，明显已经超出其合法购买种子的数量，故一审判决认定寿光市某种苗公司、刘某胜存在侵害“博洋9”品种权的生产、销售、许诺销售行为，结论并无不当；判决其连带承担支付临时保护期使用费、赔偿侵权损失及制止侵权的合理开支共计17.69万元，数额亦无不妥。遂判决驳回上诉，维持原判。

【典型意义】

本案判决对于销售蔬菜瓜果种苗的经营主体将购买的种子培育成种苗进行销售是否构成权利用尽的问题予以了明确。同时认定，当销售数量远超适用权利用尽的范围时，仍然构成侵权，并可以被诉侵权人宣传销售的数量作为确定赔偿数额的依据。这一判决有利于加强对品种权人的司法保护和促进市场经营者诚信规范经营。

“澳甜糯 75”玉米植物新品种侵权案

［天津市某种子有限公司与重庆某农业发展有限公司、南京某种业有限公司、合川区某农资经营部侵害植物新品种权纠纷］

《最高人民法院发布第四批人民法院种业知识产权司法保护典型案例》第 12 号

2024 年 3 月 17 日

一审：江苏省南京市中级人民法院（2022）苏 01 民初 3881 号

【基本案情】

天津市某种子有限公司系“澳甜糯 75”玉米品种的普通实施许可被许可人，并获授权以自己的名义提起侵权诉讼。该公司从合川区某农资经营部公证购买“优某升”牌“甜加糯 968”玉米种子 3 袋，上述种子包装袋显示南京某种业有限公司为生产商，重庆某农业发展有限公司为分装销售商，上述种子经鉴定为“澳甜糯 75”授权品种。天津市某种子有限公司提起侵权诉讼，请求判令重庆某农业发展有限公司、南京某种业有限公司、合川区某农资经营部停止侵权并赔偿经济损失及合理开支 50 万元。重庆某农业发展有限公司以被诉侵权种子是其将南京某种业公司生产的“六朝”牌“甜加糯 968”原包装更换为被诉侵权种子包装进行销售为由，抗辩其不构成侵权。南京某种业公司认可曾向重庆某农业发展有限公司销售“六朝”牌“甜加糯 968”玉米种子，同时辩称重庆某农业发展有限公司更换包装销售“优某升”牌“甜加糯 968”玉米种子并未征得其同意，且“六朝”牌“甜加糯 968”玉米种子与“澳甜糯 75”授权品种属于不同品种。

【裁判结果】

江苏省南京市中级人民法院一审认为，重庆某农业发展有限公司所称其将南京某种业有限公司“六朝”牌“甜加糯 968”品种原包装更换为“优某升”牌“甜加糯 968”包装的行为，并不属于法律规定的可以分装情形，属于生产经营假种子。现有证据不能证明重庆某农业发展有限公司涉案“优某升”牌玉米种子系来源于南京某种业有限公司，且“六朝”牌“甜加糯968”玉米种子与“澳甜糯75”玉米种子差异性明显，系不同品种。遂判决重庆某农业发展有限公司停止侵权，并赔偿天津市某种子有限公司经济损失及维权合理开支共12万元。一审宣判后，各方当事人均未提起上诉。

【典型意义】

本案判决将被诉侵权人抗辩所谓分装销售他人生产的种子但不能证明种子真实来源的行为认定为被诉侵权人的生产经营行为，对于打击非法分装和掩饰侵权的行为，促进市场规范经营具有参考意义。

“济麦22”小麦植物新品种权合同纠纷案

［山东某良种有限公司与聊城某种业有限公司植物新品种实施许可合同纠纷］

《最高人民法院发布第四批人民法院种业知识产权司法保护典型案例》第13号

2024年3月17日

一审：山东省济南市中级人民法院（2022）鲁01知民初271号

二审：山东省高级人民法院（2022）鲁民终2117号

【基本案情】

山东省某研究所与山东某良种有限公司签订《植物新品种委托开发经营协议》，将“济麦22”品种权以独占许可方式授予山东某良种有限公司行使，并同意山东某良种有限公司再许可或以其他形式允许他人生产经营。此后，山东某良种有限公司与聊城某种业有限公司签订协议，授权后者生产经营“济麦22”等小麦种子，并约定后者生产的“济麦22”小麦大田用种经营范围为冠县，经营方式为小麦统一供种项目的供种到户模式，如后者擅自将小麦统一供种项目用种子以市场销售渠道销售，或者在冠县小麦统一供种项目终止后继续销售等，山东某良种有限公司有权单方解除协议，已经收取的农技推广费、履约保证金等不予退还，聊城某种业有限公司还应支付违约金 50 万元至 300 万元。合同履行中，山东某良种有限公司分别在冠县之外的多地购买到聊城某种业有限公司生产的“济麦 22”。山东某良种有限公司以聊城某种业有限公司违约为由提起诉讼，请求判令解除涉案协议，聊城某种业有限公司停止生产经营、繁殖、销售“济麦 22”小麦品种，并支付违约金及合理开支共计 150 万元，聊城某种业有限公司交纳的履约保证金 3 万元不予退还。一审法院判决解除涉案协议，聊城某种业有限公司支付山东某良种有限公司违约金 50 万元，履约保证金 3 万元不予退还。

【裁判结果】

山东省高级人民法院二审认为，涉案协议约定聊城某种业有限公司生产的“济麦 22”小麦大田用种经营范围及经营方式，并约定山东某良种有限公司具有特定条件下的合同解除权。山东某良种有限公司在冠县之外通过市场渠道购买到“济麦 22”小麦种子，虽然聊城某种业有限公司辩称系其他经销商购种后销售至冠县之外，但缺乏证据且协议明确约定上述行为为违约行为，其不构成违约的主张不能成立，应承担相应违约责任，山东某良种有限公司有权要求解除协议。遂判决驳回上诉，维持原判。

【典型意义】

本案通过准确界定品种权人与被许可人的权利义务范围，对品种权人要求被许可人承担违约责任的诉求依法予以支持，体现了从合同法角度对品种权的有效保护。

五、集成电路布图设计

甲光电科技（上海）股份有限公司与深圳市乙科技有限公司、上海丙电子零件有限公司侵害集成电路布图设计专有权纠纷上诉案

［上海市高级人民法院（2014）沪高民三（知）终字第12号民事判决书］

《2014年中国法院10大知识产权案件》第5号

2015年4月20日

【案情摘要】

甲光电科技（上海）股份有限公司（以下简称甲公司）完成了集成电路布图设计ATT7021AU的设计（以下简称甲布图设计），并获得布图设计登记证书。甲公司发现，深圳市乙科技有限公司（以下简称乙公司）未经其许可复制其布图设计并制造含有该布图设计的集成电路芯片RN8209、RN8209G（以下简称被诉侵权芯片），且与上海丙电子零件有限公司（以下简称丙公司）销售被诉侵权芯片。甲公司诉至法院，请求判令两被告承担侵权责任。乙公司和丙公司共同辩称，被诉侵权芯片的布图设计系乙公司自主开发，并获得了登记证书；被诉侵权芯片的布图设计与甲布图设计不同；甲布图设计不具有独创性，属于常规设计，请求驳回甲公司诉讼请求。上海市第一中级人民法院一审判决甲公司停止侵权、赔偿损失及合理费用合计320万元。甲公司、乙公司均不服，提起上诉。上海市高级人民法院经审理认为：第一，由于集成电路布图设计的创新空间有限，在布图设计侵权判定中对于两个布图设计构成相同或者实质性相似的认定应采用较为严格的标准，然而被诉侵权芯片的相应布图设计仍与甲布图设计中的“数字地轨与模拟地轨衔接的布图”和“独立升压器电路布图”构成实质性相似。第二，乙公司在本案中提交的证据材料不足以证明甲布图设计中的“数字地轨与模拟地轨衔接的布图”和“独立升压器电路布图”是常规设计。第三，受保护的布图设计中任何具有独创性的部分均受法律保护，而不论其在整个布图设计中的大小或者所起

的作用；乙公司对甲布图设计进行部分复制，既不是为个人目的，亦不是单纯为评价、分析、研究、教学等目的，而是为了研制新的集成电路以进行商业利用；乙公司认可其接触了甲布图设计，而非通过反向工程获得，故无论被诉侵权芯片的布图设计是否具有独创性，乙公司的行为均不适用《集成电路布图设计保护条例》第二十三条第二项的规定，已经侵犯了甲布图设计专有权。第四，考虑被确认侵权的两部分布图设计在被诉侵权芯片中所起的作用确非核心和主要作用且所占的布图面积确实较小，以及乙公司通过直接复制甲公司相应布图设计所节约的研发投入和缩短的研发时间，一审酌情判决乙公司赔偿甲公司包括合理支出在内的经济损失 320 万元，并无不当。故二审法院判决驳回上诉，维持原判。

【典型意义】

本案是一起十分典型的集成电路布图设计侵权纠纷。本案被告主张，集成电路布图设计侵权判断标准应有相似度的概念，一项集成电路布图设计在没有自身独创设计的前提下，完全抄袭他人布图设计或与他人布图设计构成实质性相似的，才构成对他人集成电路布图设计专有权的侵害。二审法院认为，根据《集成电路布图设计保护条例》的规定，未经权利人许可，复制权利人受保护的布图设计的任何具有独创性的部分，均构成侵权。该侵权判断标准强化了对于集成电路布图设计创新的激励。同时，本案对于侵权判断中“实质性相似”采用严格的认定标准。本案判决意在平衡权利人与竞争者之间的利益，促进集成电路布图设计行业健康发展。

“锂电池保护芯片”集成电路布图设计侵权案

《最高人民法院知识产权法庭2020年10件技术类知识产权典型案例》第八号

2021年2月26日

【案号】

（2019）最高法知民终490号

【基本案情】

甲公司于2012年4月22日申请登记了名称为“集成控制器与开关管的单芯片负极保护的锂电池保护芯片”的集成电路布图设计，该集成电路布图设计专有权至今处于有效状态。甲公司主张乙公司、户某某等未经许可复制、销售的芯片与涉案集成电路布图设计实质相同，构成对其集成电路布图设计专有权的侵害，故诉至深圳中院，请求判令停止侵权，赔偿损失及维权合理费用100万元。深圳中院认为，被诉侵权芯片与涉案布图设计具有独创性的部分实质相同，构成侵权，判决乙公司赔偿甲公司经济损失50万元；户某某、黄某东、黄某亮对上述赔偿承担连带责任。乙公司、户某某、黄某东、黄某亮不服，向最高人民法院提起上诉。最高人民法院知识产权法庭经审理，依法驳回上诉，维持原判。

【典型意义】

该案是最高人民法院受理的首例侵害集成电路布图设计专有权纠纷二审案件。该案判决明确了集成电路布图设计登记行为的性质，以及集成电路布图设计独创性判断的基本思路，依法保护了集成电路布图设计权利人的利益，对于规范集成电路产业的创新发展具有指导意义。

苏州甲电子科技有限公司与深圳乙科技有限公司、户某欢、黄某东、黄某亮侵害集成电路布图设计专有权纠纷案

［最高人民法院（2019）最高法知民终 490 号民事判决书］

《2020 年中国法院 10 大知识产权案件》第四号

2021 年 4 月 16 日

【案情摘要】

苏州甲电子科技有限公司（以下简称甲公司）申请登记了名称为“集成控制器与开关管的单芯片负极保护的锂电池保护芯片”的集成电路布图设计。甲公司认为，深圳乙科技有限公司（以下简称乙公司）、户某欢、黄某东、黄某亮未经许可，复制、销售的芯片与涉案集成电路布图设计实质相同，侵害了涉案集成电路布图设计专有权，故诉至广东省深圳市中级人民法院。一审法院认为，经鉴定，被诉侵权芯片与涉案布图设计具有独创性的部分实质相同，构成侵权，判决乙公司赔偿甲公司经济损失 50 万元；户某欢、黄某东、黄某亮对上述赔偿承担连带责任。乙公司、户某欢、黄某东、黄某亮不服，提起上诉称：涉案布图设计图样的纸件不清晰，不应得到保护；不能以芯片样品确定布图设计专有权的保护范围，且涉案布图设计不具有独创性。最高人民法院经审理认为，集成电路布图设计的保护并不以公开布图设计的内容为条件。集成电路布图设计的保护对象是为执行某种电子功能而对于元件、线路所作的具有独创性的三维配置，对于独创性的证明，不能过分加大权利人的举证责任。权利人主张其布图设计的三维配置整体或者部分具有独创性应受保护时，应当对其独创性进行解释或者说明，然后由被诉侵权人提供相反证据，在此基础上综合判断该布图设计的三维配置是否具备独创性。故驳回上诉，维持原判。

【典型意义】

本案是一起典型的侵害集成电路布图设计专有权纠纷案。判决厘清了集成电路布图设计登记行为的性质，明确了集成电路布图设计独创性判断的基

本思路，对司法实践中的难点问题作出具体指引，有力地维护了集成电路布图设计权利人的利益。充分体现了人民法院加大对关键领域、重点环节知识产权司法保护力度，促进自主创新，提升核心竞争力的使命担当。

六、商业秘密

鹤壁市某材料有限公司与宋某超、鹤壁某科技有限公司、李某发侵害商业秘密纠纷案

［河南省高级人民法院（2016）豫民终347号民事判决书］

《最高人民法院办公厅关于印发2017年中国法院10大知识产权案件和50件典型知识产权案例的通知》第9号

2018年4月16日，法办〔2018〕66号

【案情摘要】

宋某超自2006年起在鹤壁市某材料有限公司（以下简称某材料公司）任业务员，主要负责部分省份的销售及客户拓展工作。某材料公司与宋某超先后签订两份劳动合同，并约定有保密条款和竞业限制条款。某材料公司对其经营信息制定有保密制度，对客户及潜在客户信息采取了必要的保密措施，同时向宋某超及其他业务员支付了保密费用。鹤壁市某商贸有限公司（以下简称某公司，即鹤壁某科技有限公司前身）成立于2011年6月22日，经营范围为钢材、建材、五金交电、涂板、反光护栏。在某公司经营期间，宋某超以宋翔名义参与办理某公司工商登记手续的相关工作。某公司银行往来账目显示，自2011年8月1日至2015年7月31日期间，某公司与某材料公司的多笔交易客户重合，宋某超以个人名义从某公司账户取款多次。某材料公司遂以侵害商业秘密为由，将宋某超等诉至法院。一审法院认为，宋某超、某公司对某材料公司的商业秘密构成共同侵权。二审法院认为，根据某材料公司所提供的交易记录及客户来往票据，其中“品种”“规格”“数量”能够说明客户的独特需求，“成交日期”能够反映客户要货的规律，“单价”能够说明客户对价格的承受能力和价格成交底线，“备注”反映了客户的特殊信

息。这些内容构成了某材料公司经营信息的秘密点。上述经营信息涉及的客户已与某材料公司形成了稳定的供货渠道，保持着良好的交易关系，在生产经营中具有实用性，能够为某材料公司带来经济利益、竞争优势。某材料公司为上述经营信息制定了具体的保密制度，对客户及潜在客户信息采取了必要的保密措施，并与宋某超明确约定了保密条款、竞业限制条款，向宋某超及其他业务员支付了相应的保密费用，可以证明某材料公司为上述经营信息采取了合理保密措施。综上，可以认定某材料公司制作的客户名单构成商业秘密。宋某超负有对某材料公司的忠实义务，其中包括对工作中接触到的经营信息进行保密的义务，其明知公司的相关管理规定及客户名单的非公开性和商业价值，但仍私自与某材料公司的客户进行交易，且与某公司来往频繁，构成披露、使用、允许他人使用某材料公司经营信息的行为，侵害了某材料公司的商业秘密。某公司不正当地获取、使用了宋某超所掌握的某材料公司拥有的商业秘密。宋某超、某公司对某材料公司的商业秘密构成共同侵权。因某公司已变更为某科技公司，故侵权责任应由某科技公司承担。

【典型意义】

本案是涉及商业秘密保护的典型案例。商业秘密案件因证据复杂、隐蔽，通常审理难度较大。特别是，因员工离职等带来的商业秘密保护问题一直是司法实践中的难点。本案判决对商业秘密案件中“不为公众所知悉”“保密措施”“商业价值”以及赔偿责任的确定等重要法律问题，结合案情进行了细致和全面的阐释，对类似案件的审理具有较强的规则指引意义。此外，本案还着重强调了员工离职后的保密义务，倡导了诚信的价值取向。

涉“万糯2000”育种材料商业秘密纠纷案

《人民法院依法保护民营企业产权和企业家权益典型案例》第5号

2023年7月31日

【案例索引】

最高人民法院（2022）最高法知民终147号

【基本案情】

河北甲种业有限公司（以下简称甲种业公司）是全国首家专门从事鲜食玉米种子研究开发和生产经营的专业种子公司，该公司研究开发有包括“万糯2000”在内的多个鲜食玉米植物新品种。“万糯2000”于2015年9月2日通过国家农作物品种审定，于2015年11月1日取得植物新品种权，品种来源为“W67”×“W68”。甲种业公司于2020年10月16日向甘肃省兰州市中级人民法院起诉，主张其系玉米植物新品种“万糯2000”的亲本“W68”的技术秘密权利人，武威市乙种业有限责任公司（以下简称乙种业公司）侵害“W68”的技术秘密，应当承担有关侵权责任。该院认为，乙种业公司构成对“W68”技术秘密权益的侵害，判决其停止侵权，赔偿经济损失及维权合理开支共计150.5万元。乙种业公司不服，向最高人民法院提起上诉，主张“W68”作为亲本不属于商业秘密的保护客体。

最高人民法院认为，通过育种创新活动获得的具有商业价值的育种材料，在具备不为公众所知悉并采取相应保密措施等条件下，可以作为商业秘密依法获得法律保护。判决驳回上诉，维持原判。最高人民法院明确：作物育种过程中形成的育种中间材料、自交系亲本等，不同于自然界发现的植物材料，是育种者付出创造性劳动的智力成果，承载有育种者对自然界的植物材料选择驯化或对已有品种的性状进行选择而形成的特定遗传基因，该育种材料具有技术信息和载体实物兼而有之的特点，且二者不可分离。通过育种创新活动获得的具有商业价值的育种材料，在具备不为公众所知悉并采取相应保密措施等条件下，可以作为商业秘密依法获得法律保护。

【社会影响】

“万糯 2000”育种材料商业秘密纠纷案是最高人民法院审理的第一起涉及育种材料商业秘密的案件，本案以商业秘密为视角，明确了育种材料亲本商业秘密的保护条件和保护路径，明晰了秘密性、保密措施的认定等方面的裁判思路，回答了育种创新成果保护领域的诸多共性问题。由于目前绝大多数种业企业均对植物新品种的亲本作为商业秘密予以保护，本案裁判规则将对种业企业的经营方式提供指引和参考，帮助种业企业建立起规范完善的商业秘密保护制度，最终促进育种材料研发创新，助力我国种业高质量发展。

【典型意义】

“万糯 2000”育种材料商业秘密纠纷案明确了玉米自交系亲本作为商业秘密的保护条件和意义，是人民法院综合运用植物新品种权、商业秘密等多种知识产权保护手段保护育种成果的积极探索，有利于有效激励育种原始创新、持续创新，促进构建多元化、立体式的农作物育种成果综合法律保护体系。随着我国农业专业化和商业化的发展进程，育种创新主体需要为育种创新链条中的不同环节构建立体化、多元化的保护机制，有效的知识产权保护机制不但能够为育种创新成果提供直接有效的法律保护，而且能够有效增加特定产品的商业附加值，提升特定产品的市场价值和市场竞争能力，从而为种业创新发展提供源源不断的动力。人民法院通过知识产权审判为创新型民营企业助力赋能，保证确有创新性的育种创新成果获得知识产权保护，鼓励民营企业通过商业秘密、植物新品种、专利等多种知识产权手段保护育种创新成果，构建符合企业发展和需求的全链条立体化知识产权保护机制。

甲传媒集团有限公司与北京乙文化传媒股份有限公司侵害商业秘密纠纷案

［北京市朝阳区人民法院（2017）京0105民初68514号民事判决书］

《人民法院电影知识产权保护典型案例》第7号

2023年11月3日

【基本案情】

甲传媒集团有限公司（以下简称甲公司）系电影《悟空传》的著作权人，其将该影片音频后期制作事宜委托北京乙文化传媒股份有限公司（以下简称乙公司）执行，双方签订合同并约定有保密条款。在合同履行过程中，乙公司违反保密约定将部分工作外包给案外人实际完成，并将甲公司交付的电影素材以“WKZ”（即电影名称的拼音首字母）命名，通过百度网盘传输给案外人。该影片素材留存百度云盘期间，被不法分子破解，致使涉案电影在公映前通过互联网流出。甲公司诉至法院，请求判令乙公司停止披露涉案影片商业秘密的不正当竞争行为，公开发表声明消除影响，赔偿经济损失。

【裁判结果】

北京市朝阳区人民法院经审理认为，乙公司违反保密约定向案外人披露涉案影片素材，并将素材上传至百度网盘并最终导致素材泄露于互联网，该两项行为均构成侵犯商业秘密。判决乙公司赔偿甲公司经济损失300万元及维权支出30万余元，并公开声明消除影响。一审判决后，当事人均未上诉。

【典型意义】

本案是在电影制作过程中，对素材作为商业秘密予以保护的典型案例。影片素材属于商业秘密，参与电影制作过程的主体众多，参与电影制作的各方人员在电影制作全环节均负有严格的保密义务，违反保密义务即应当承担相应法律责任。本案判决有利于促进电影制作过程的规范化和法治化，有利于保护参与电影制作的相关权利人的权利，有利于促进电影行业的繁荣发展。

“香兰素”技术秘密高额判赔案

《最高人民法院知识产权法庭2020年10件技术类知识产权典型案例》第二号

2021年2月26日

【案号】

（2020）最高法知民终1667号

【基本案情】

嘉兴某化工公司与上海某公司共同研发了乙醛酸法生产香兰素工艺，并将之作为技术秘密保护。该工艺实施安全、易于操作、效果良好，相比传统工艺优越性显著，嘉兴某化工公司基于这一工艺一跃成为全球最大的香兰素制造商，占据了香兰素全球市场约60%的份额。嘉兴某化工公司、上海某公司认为某集团公司、某科技公司、某公司、傅某某、王某某未经许可使用其香兰素生产工艺，侵害其技术秘密，故诉至浙江高院，请求判令停止侵权，赔偿经济损失及合理开支5.02亿元。浙江高院认定侵权成立，判令停止侵权、赔偿经济损失300万元及维权合理开支50万元。浙江高院在作出一审判决的同时，作出行为保全裁定，责令某科技公司、某公司立即停止使用涉案技术秘密，但某科技公司、某公司并未停止使用行为。除王某某外，本案各方当事人均不服一审判决，向最高人民法院提出上诉。二审中，嘉兴某化工公司、上海某公司上诉请求的赔偿额降至1.77亿元。最高人民法院知识产权法庭根据权利人提供的经济损失相关数据，综合考虑涉案技术秘密商业价值巨大、侵权规模大、侵权时间长、拒不执行生效行为保全裁定性质恶劣等因素，改判某集团公司、某公司、傅某某、某科技公司及其法定代表人王某某连带赔偿权利人经济损失1.59亿元。同时，法庭决定将本案涉嫌犯罪线索向公安机关移送。

【典型意义】

该案系我国法院生效判决赔偿额最高的侵害商业秘密案件。最高人民法院知识产权法庭通过该案判决，依法保护了重要产业核心技术，切实加大了对恶意侵权的打击力度，明确了以侵权为业公司的法定代表人的连带责任，依法将涉嫌犯罪线索移送公安机关，推进了民事侵权救济与刑事犯罪惩处的衔接，彰显了人民法院严格依法保护知识产权、严厉打击恶意侵权行为的鲜明司法态度。

“卡波”技术秘密惩罚性赔偿案

《最高人民法院知识产权法庭2020年10件技术类
知识产权典型案例》第三号
2021年2月26日

【案号】

（2019）最高法知民终562号

【基本案情】

广州某公司、九江某公司主张华某、刘某、安徽某公司、吴某某、胡某某、朱某某、彭某侵害其“卡波”制造工艺技术秘密，向广州知识产权法院提起诉讼，请求判令停止侵权、赔偿损失、赔礼道歉。广州知识产权法院认定被诉侵权行为构成对涉案技术秘密的侵害，考虑侵权故意和侵权情节，适用了2.5倍的惩罚性赔偿。广州某公司、九江某公司和安徽某公司、华某、刘某均不服一审判决，向最高人民法院提起上诉。最高人民法院知识产权法庭二审认为，被诉侵权行为构成对涉案技术秘密的侵害，但一审判决在确定侵权赔偿数额时未充分考虑涉案技术秘密的贡献程度，确定惩罚性赔偿时未充分考虑侵权行为人的主观恶意程度和举证妨碍行为等，遂在维持一审判决关于停止侵权判项基础上，以顶格5倍计算适用惩罚性赔偿，改判安徽某公司赔偿广州某公司、九江某公司经济损失3000万元及合理开支40万元，华某、刘某、胡某某、朱某某对前述赔偿数额分别在500万元、3000万元、100万元、100万元范围内承担连带责任。

【典型意义】

该案系最高人民法院作出的首例惩罚性赔偿案。该案判决充分考虑了被诉侵权的主观恶意、举证妨碍行为以及被诉侵权行为的持续时间、侵权规模等因素，适用了惩罚性赔偿，最终确定了法定的惩罚性赔偿最高倍数 5 倍的惩罚倍数，明确传递了加强知识产权司法保护力度的强烈信号。

广州某公司等与安徽某公司等侵害技术秘密纠纷案

《侵害知识产权民事案件适用惩罚性赔偿典型案例》第一号

2021 年 3 月 15 日

【基本案情】

广州某公司、九江某公司主张华某、刘某、安徽某公司、吴某某、胡某某、朱某某、彭某侵害其“卡波”制造工艺技术秘密，向广州知识产权法院提起诉讼，请求判令停止侵权、赔偿损失、赔礼道歉。广州知识产权法院认定被诉侵权行为构成对涉案技术秘密的侵害，考虑侵权故意和侵权情节，适用了 2. 5 倍的惩罚性赔偿。广州某公司、九江某公司和安徽某公司、华某、刘某均不服一审判决，向最高人民法院提起上诉。最高人民法院二审认为，被诉侵权行为构成对涉案技术秘密的侵害，但一审判决在确定侵权赔偿数额时未充分考虑涉案技术秘密的贡献程度，确定惩罚性赔偿时未充分考虑侵权行为人的主观恶意程度和以侵权为业、侵权规模大、持续时间长、存在举证妨碍行为等严重情节，遂在维持一审判决关于停止侵权判项基础上，以顶格 5 倍计算适用惩罚性赔偿，改判安徽某公司赔偿广州某公司、九江某公司经济损失 3000 万元及合理开支 40 万元，华某、刘某、胡某某、朱某某对前述赔偿数额分别在 500 万元、3000 万元、100 万元、100 万元范围内承担连带责任。

【典型意义】

该案系最高人民法院作出判决的首例知识产权侵权惩罚性赔偿案。该案判决充分考虑了被诉侵权人的主观恶意、以侵权为业、举证妨碍行为以及被诉侵权行为的持续时间、侵权规模等因素，适用了惩罚性赔偿，最终确定了法定的惩罚性赔偿最高倍数（5 倍）的赔偿数额，明确传递了加强知识产权司法保护力度的强烈信号。

“优选锯”侵害技术秘密纠纷案

——技术秘密侵权行为认定及责任承担

《人民法院反垄断和反不正当竞争典型案例》第1号

2021年9月27日

【案号】

（2019）最高法知民终7号

【基本案情】

甲（上海）机械有限公司（以下简称甲公司）是一家制造、销售优选锯产品的公司，该公司主张其享有“边测量边锯切”的技术秘密，李某某、周某等人从甲公司离职后成立了上海乙机械有限公司（以下简称乙公司），并利用甲公司的技术秘密制造、销售优选锯产品。寿光市丙木业股份有限公司（以下简称丙公司）使用优选锯产品亦构成侵权。二审中，根据当事人的申请，最高人民法院组织各方当事人进行现场勘验并进行技术比对。最高人民法院经审理认为，根据二审勘验的实验结果，被诉侵权产品的锯切方式和结果遵循了涉案技术秘密的工艺流程，并且实现了涉案技术秘密的技术效果，属于侵害技术秘密的行为，故撤销一审判决，判令乙公司停止侵权，赔偿经济损失及合理开支600万元。同时，针对丙公司无正当理由毁损人民法院查封证据的行为，对丙公司作出罚款决定。

【典型意义】

本案涉及复杂的技术事实查明与法律适用问题，通过多次庭审逐步明确技术秘密的实质内涵，借助现场勘验手段查明侵权事实，合理分配举证责任减轻权利人的举证负担，充分彰显了严惩不诚信行为、维护公平竞争秩序的司法导向。同时，针对当事人毁损重要证据的行为作出的罚款决定也表明了人民法院倡导诚实守信、惩戒失信，构建知识产权诉讼诚信体系的司法态度。

安徽某精细化工有限公司、华某、刘某、胡某、朱某等侵害技术秘密案

《人民法院充分发挥审判职能作用保护产权和企业家合法权益典型案例（第三批）》第四号

2021 年 5 月 19 日

【基本案情】

2012 年至 2013 年期间，华某在广州某高新材料股份有限公司工作期间，利用其卡波产品研发负责人的身份，以撰写论文为由向任职单位的子公司九江某高新材料有限公司的生产车间主任李某索取了卡波生产工艺技术的反应釜和干燥机设备图纸，还违反公司管理制度，多次从其办公电脑里将公司的卡波生产项目工艺设备的资料拷贝到外部存储介质中。华某非法获取公司卡波生产技术中的生产工艺资料后，先后通过 U 盘拷贝或电子邮件发送的方式将公司的卡波生产工艺原版图纸、文件发送给刘某、朱某、胡某等人，并且对卡波生产工艺技术进行了使用探讨，后由胡某对设计图进行修改，并负责相关设备的采购。以刘某为法定代表人的安徽某精细化工有限公司利用华某非法获取的卡波生产工艺及设备技术生产卡波产品，并向国内外销售。广州某高新材料股份有限公司、九江某高新材料有限公司诉至法院。

【裁判结果】

一审法院认为，在案证据可以证明安徽某精细化工有限公司、华某、刘某、胡某、朱某存在侵犯广州某高新材料股份有限公司、九江某高新材料有限公司技术秘密的行为，应按照侵权获利的 2.5 倍取整后确定侵权惩罚性赔偿数额，华某、刘某、胡某、朱某承担部分连带责任。广州某高新材料股份有限公司、九江某高新材料有限公司、安徽某精细化工有限公司、华某、刘某提起上诉。最高人民法院二审后认为，安徽某精细化工有限公司、华某、刘某、胡某、朱某的侵权行为事实清楚，原审法院认定的侵权获利数额应当按照被侵害技术秘密的贡献程度调减为 600 万元，但安徽某精细化工有限公司本身以侵权为业，且在其前法定代表人因相关刑事犯罪被判处刑罚后仍持

续生产，并销售至20余个国家和地区，足见侵权主观故意之深重、侵权行为后果之严重。因此对本案改判适用顶格（5倍）的惩罚性赔偿。同时鉴于刘某作为安徽某精细化工有限公司的前法定代表人，在侵权过程中作用明显，改判其对全部赔偿数额承担连带责任。

【典型意义】

习近平总书记在中央政治局第二十五次集体学习上强调要抓紧落实知识产权惩罚性赔偿制度。《反不正当竞争法》明确规定了经营者恶意实施侵犯商业秘密行为的惩罚性赔偿。《产权保护意见》也要求，对情节严重的恶意侵害知识产权行为实施惩罚性赔偿。本案系最高人民法院判决的首例依法适用惩罚性赔偿的知识产权案件，在惩罚性赔偿的适用条件方面探索了侵权情节严重程度与惩罚性赔偿倍数之间的对应关系，充分发挥了惩罚性赔偿制度在有效保护权利人、威慑遏制侵权行为发生、警示潜在侵权人等方面的作用，对于推动知识产权侵权惩罚性赔偿制度的落实落细，加大知识产权保护力度，鼓励民营企业创新发展，激发社会创新活力方面具有积极意义。

嘉兴市某化工有限责任公司、上海某新技术有限公司与某集团有限公司等侵害技术秘密纠纷案

[最高人民法院（2020）最高法知民终1667号民事判决书]

《2021年中国法院10大知识产权案件》第二号

2022年4月21日

【案情摘要】

嘉兴市某化工有限责任公司（以下简称嘉兴某化工公司）、上海某新技术有限公司拥有使用乙醛酸法制备香兰素工艺的技术秘密。嘉兴某化工公司基于该工艺一跃成为全球最大的香兰素制造商，占全球市场约60%的份额。某集团有限公司（以下简称某集团公司）及其法定代表人等通过嘉兴某化工公司香兰素车间副主任非法获取了该技术秘密，并使用该技术秘密工艺大规模生产香兰素产品，导致香兰素产品价格下滑、嘉兴某化工公司的市场份额缩减。嘉兴某化工公司等遂诉至法院。一审法院认定某集团公司等构成侵害部

分技术秘密，判决其停止侵害、赔偿经济损失 350 万元，同时作出行为保全裁定，责令立即停止侵害涉案技术秘密。一审判决后，某集团公司继续实施侵权行为。双方当事人提起上诉。最高人民法院二审认为，某集团公司系其法定代表人为侵权而设立的企业，且其法定代表人积极参与侵权行为的实施，故某集团公司与其法定代表人构成共同侵害全部技术秘密，应当承担连带赔偿责任。根据权利人提供的经济损失数据，综合考虑涉案技术秘密商业价值大、侵权情节恶劣、被告拒不执行人民法院行为保全裁定等因素，改判某集团公司及其法定代表人等连带赔偿 1.59 亿元。

【典型意义】

该案是人民法院历史上生效判决确定赔偿数额最高的侵害商业秘密案件。该案裁判提高了侵权违法成本，切实保护了重要产业核心技术，对于在侵害技术秘密案件中认定损害赔偿具有参考意义。人民法院还依法将涉嫌犯罪线索移送公安机关，推进了民事侵权救济与刑事犯罪责任追究的衔接，彰显了严格依法保护知识产权、严厉打击侵权行为的鲜明司法态度。

“胍基乙酸”侵害技术秘密纠纷案

——被许可人保密义务的认定

《人民法院反不正当竞争典型案例》第 9 号

2022 年 11 月 17 日

【案号】

最高人民法院（2020）最高法知民终 621 号［北京甲生物技术股份有限公司诉石家庄乙氨基酸有限公司、河北丙生物科技有限公司侵害技术秘密纠纷案］

【基本案情】

甲公司的主营业务为饲料添加剂研发、生产、销售，其拥有盐酸胍－氯乙酸法的发明专利权，并将甘氨酸－单氰胺法作为技术秘密予以保护。2010年 6 月，甲公司与乙公司分别签订开发胍基乙酸项目的战略合作协议和委托加工协议，约定乙公司为甲公司加工饲料级胍基乙酸产品，并提供生产设备、场地等支持。协议同时明确，乙公司应严格控制胍基乙酸生产技术外泄，也不得向第三方出售，否则应赔偿甲公司的经济损失，合同及保密期限为3年。2012年6月，甲公司将生产工艺提供给乙公司。后双方于2014年6月终止合作关系。2016年下半年开始，甲公司发现，丙公司在宣传、销售其饲料级胍基乙酸产品时，宣称生产工艺来自于甲公司、乙公司或与两公司有关。同时，丙公司出具的产品分析报告显示，该公司销售的胍肌乙酸（饲料级）产品质量与战略合作协议相符。丙公司为乙公司的关联企业。甲公司遂提起本案诉讼，主张乙公司、丙公司共同侵害了甲公司胍基乙酸产品的技术秘密，请求判令两公司停止侵权行为并连带赔偿经济损失及合理费用。一审法院认为，乙公司、丙公司的行为均构成对甲公司涉案技术秘密的使用和披露，判决乙公司、丙公司停止侵害并共同赔偿甲公司经济损失。乙公司、丙公司不服，提起上诉。最高人民法院二审认为，结合本案具体证据和事实，可以认定在战略合作协议、委托加工协议约定的保密期限届满后，虽然乙公司的约定保密义务终止，但其仍需承担侵权责任法意义上不得侵害他人合法权益的消极不作为义务，以及基于诚信原则产生的合同约定的保密期限届满后的附随保密义务；技术许可合同约定的保密期限届满后，乙公司仅可以自己使用相关技术秘密，不得许可他人使用、披露相关技术秘密。最高人民法院终审判决，撤销一审判决相关判项，改判乙公司停止允许他人使用涉案技术秘密，丙公司停止使用涉案技术秘密，并共同赔偿甲公司经济损失。

【典型意义】

本案是制止侵害技术秘密行为的典型案例。二审判决明确，技术秘密许可合同约定的保密期间届满后，被许可人的约定保密义务终止，但其仍需承担不得侵害他人合法权益的不作为义务和基于诚信原则的附随保密义务。本案对于倡导诚信原则、加大商业秘密保护力度具有典型意义。

杂交玉米植物新品种亲本“W68”技术秘密侵权案

［河北甲种业有限公司与武威市乙种业有限责任公司
侵害技术秘密纠纷案］

《最高人民法院发布第三批人民法院种业知识产权司法保护典型案例》第 3 号
2023 年 4 月 1 日

二审：最高人民法院（2022）最高法知民终 147 号
一审：甘肃省兰州市中级人民法院（2020）甘 01 知民初 61 号

【基本案情】

甲种业公司是“万糯 2000”玉米植物新品种的品种权人，同时主张其系“万糯 2000”的亲本“W68”的技术秘密权利人。甲种业公司起诉乙种业公司侵害“W68”的技术秘密，请求判令其承担有关侵权责任。

【裁判结果】

甘肃省兰州市中级人民法院一审认为，乙种业公司构成对“W68”技术秘密权益的侵害，判决其停止侵害，赔偿经济损失及维权合理开支共计 150.5 万元。乙种业公司不服，提起上诉，主张“W68”作为亲本不属于商业秘密的保护客体。最高人民法院二审认为，通过育种创新活动获得的具有商业价值的育种材料，在具备不为公众所知悉并采取相应保密措施等条件下，可以作为商业秘密依法获得法律保护。遂判决驳回上诉，维持原判。

【典型意义】

本案是最高人民法院审理的第一起涉及育种材料的商业秘密案件。判决明确了杂交玉米植物新品种的亲本作为商业秘密的保护条件和保护路径，是人民法院综合运用植物新品种、专利、商业秘密等多种知识产权保护手段保护育种成果的积极探索，有利于激励育种原始创新、持续创新，构建多元化、立体式的育种成果综合法律保护体系。

"芯片量产测试系统"侵害技术秘密行为保全措施案

——侵害技术秘密案件中行为保全措施的适用

《人民法院反不正当竞争典型案例》第10号

2022年11月17日

【案号】

最高人民法院（2020）最高法知民终1646号［甲科技股份有限公司诉彭某、珠海乙半导体有限公司侵害技术秘密纠纷案］

【基本案情】

彭某曾为甲公司员工，并担任高级系统设计工程师，双方签订了《员工保密协议》。在甲公司工作期间，彭某参与了"芯片量产测试系统"等涉案技术信息的研发工作，后离职进入乙公司工作。甲公司以彭某、乙公司侵害其技术秘密为由，提起诉讼。一审法院认为，甲公司提供的证据不足以证明彭某、乙公司披露、使用了涉案技术信息，遂判决驳回甲公司的全部诉讼请求。甲公司不服一审判决，向最高人民法院提起上诉，并提出责令彭某、乙公司不得披露、使用、允许他人使用涉案技术信息的行为保全申请。最高人民法院二审认为，基于本案现有证据，可以认定涉案技术信息确有被非法持有、披露、使用的可能，故一审法院应对彭某、甲公司是否存在侵害商业秘密的行为重新予以审查。最高人民法院在将本案发回重审的同时，裁定彭某、乙公司在生效判决作出前不得披露、使用、允许他人使用涉案技术信息。彭某、乙公司不服该行为保全裁定，申请复议。最高人民法院经审查驳回其复议请求。

【典型意义】

本案系人民法院首次在案件发回重审的同时裁定采取行为保全措施的典型案例，体现了人民法院加强知识产权司法保护的积极探索。案件发回重审时采取临时行为保全措施，有效降低了涉案技术信息再次被非法披露、使用的风险，为商业秘密权利人提供了强有力的保护。人民法院结合案件情况，及时采取行为保全措施，对于提高商业秘密保护的及时性和有效性具有示范意义。

“必沃”技术秘密许可使用合同纠纷案
——商业秘密刑民交叉案件的处理

《人民法院反垄断和反不正当竞争典型案例》第 2 号

2021 年 9 月 27 日

【案号】

（2019）最高法知民终 333 号

【基本案情】

宁波甲股份有限公司（以下简称甲公司）认为宁波乙纺织机械有限公司（以下简称乙公司）违反协议约定，利用甲公司要求保密的技术图纸生产横机设备的行为，侵害了甲公司的商业秘密，遂诉至法院。浙江省宁波市公安局针对乙公司涉嫌侵犯商业秘密罪有关事项立案侦查。一审法院认为，浙江省宁波市公安局侦查的事实涵盖了涉案协议和图纸相关内容，故裁定移送公安机关处理。乙公司不服，向最高人民法院提起上诉。最高人民法院二审认为，本案系甲公司以乙公司违反合同约定为由所提起的合同之诉，系技术秘密许可使用合同法律关系。而浙江省宁波市公安局所立案侦查的乙公司涉嫌商业秘密犯罪，系乙公司涉嫌侵犯甲公司商业秘密的侵权法律关系。二者所涉法律关系不同，并非基于同一法律事实所产生的法律关系，分别涉及经济纠纷和涉嫌经济犯罪，仅是二者所涉案件事实具有重合之处。一审法院应将与本案有牵连，但与本案不是同一法律关系的犯罪嫌疑线索、材料移送浙江省宁波市公安局，但也应继续审理本案所涉技术秘密许可使用合同纠纷，故裁定撤销一审裁定，指令一审法院审理。

【典型意义】

该案深入贯彻中央关于保护产权及保护企业家权益、构建良好法治营商环境的司法政策要求，明确了商业秘密刑民交叉案件的处理原则，既避免了民事诉讼当事人以涉嫌犯罪为由干扰民事诉讼程序的正常进行，保证民事案件的公正和及时处理，也避免了公安机关以经济纠纷为由拒绝刑事立案，导致刑事责任与民事责任混淆，影响司法公正和权威。

杂交玉米植物新品种亲本“W68”技术秘密侵权案

［河北甲种业有限公司与武威市乙种业有限责任公司
侵害技术秘密纠纷案］

《最高人民法院知识产权法庭典型案例（2022）》第14号

2023年3月30日

【案号】

（2022）最高法知民终147号

【基本案情】

甲种业公司是“万糯2000”玉米植物新品种的品种权人和“万糯2000”的亲本“W68”的技术秘密权利人。其以乙种业公司侵害技术秘密为由，向甘肃省兰州市中级人民法院提起诉讼，请求判令乙种业公司承担有关侵权责任。一审法院认为，乙种业公司构成对“W68”技术秘密权益的侵害，判决其停止侵害，赔偿经济损失及维权合理开支共计150.5万元。乙种业公司不服，提起上诉，主张“W68”作为亲本不属于商业秘密的保护客体。最高人民法院二审认为，作物育种过程中形成的育种中间材料、自交系亲本等，是育种者付出创造性劳动的智力成果，具有技术信息和载体实物兼而有之的特点，且二者不可分离；如其具备不为公众所知悉并采取相应保密措施等条件，可以作为商业秘密依法获得法律保护。遂判决驳回上诉，维持原判。

【典型意义】

本案是最高人民法院审理的第一起涉及育种材料的商业秘密案件。判决明确了杂交玉米植物新品种的亲本作为商业秘密的保护条件和保护路径，是人民法院综合运用植物新品种、专利、商业秘密等多种知识产权保护手段保护育种成果的积极探索，有利于激励育种原始创新、持续创新，推动构建多元化、立体式的育种成果综合法律保护体系。

“油气微生物勘探”技术秘密侵权案

［甲地质微生物技术（北京）有限公司与乙能源科技（北京）有限责任公司、罗某某、李某、胡某某、张某某等侵害技术秘密纠纷案］

《最高人民法院知识产权法庭典型案例（2022）》第 15 号

2023 年 3 月 30 日

【案号】

（2021）最高法知民终 1363 号

【基本案情】

甲公司为油气微生物勘探相关技术秘密权利人，其以前员工罗某某、李某、胡某某、张某某违反保密义务将涉案技术秘密披露给乙公司使用为由，向北京知识产权法院提起诉讼。一审法院判决乙公司、罗某某、李某停止侵害，乙公司、李某连带赔偿经济损失 50 万元并支付维权合理开支 25 万元。甲公司、乙公司、罗某某、李某均不服，提起上诉。最高人民法院二审认为，本案系因前员工组建新公司并侵害原任职公司技术秘密引发的案件，乙公司在实际经营中使用甲公司的技术秘密，具有明显的主观恶意，且考虑油气微生物勘探领域经营者较少，市场竞争并不充分，可以推定乙公司不当攫取了原本属于甲公司的交易机会，应将其全部获利作为侵权获利。遂改判全额支持了甲公司的上诉请求。

【典型意义】

本案明确侵权人有明显过错且侵权行为直接决定商业机会时，原则上可以将全部获利作为侵权获利，即实质认定侵权利润全部来自于涉案技术秘密。裁判释放了切实加强技术秘密保护，有力维护公平竞争的强烈信号。

“有客多”小程序源代码技术秘密侵权案

［深圳甲网络科技股份有限公司与浙江乙数智科技股份有限公司、浙江丙信息技术股份有限公司侵害技术秘密纠纷案］

《最高人民法院知识产权法庭典型案例（2022）》第16号

2023年3月30日

【案号】

（2021）最高法知民终2298号

【基本案情】

甲公司为“有客多”小程序源代码技术秘密的权利人。该公司主张乙公司与其签订《花儿绽放源代码使用许可合同》并依约获取涉案软件源代码后，违反合同约定保密义务，在公共网站披露该源代码，故向广东省深圳市中级人民法院提起诉讼，请求判令乙公司及其唯一股东丙公司连带赔偿经济损失5000余万元并消除影响。一审法院判决乙公司、丙公司连带赔偿500万元。甲公司、乙公司、丙公司均不服，提起上诉。最高人民法院二审认为，涉案软件源代码构成技术秘密，乙公司披露涉案软件源代码的行为构成技术秘密侵害；甲公司单方委托鉴定机构就涉案技术秘密商业价值出具的鉴定意见中，多项数据存疑，不应予以采信；综合考虑涉案技术秘密的研究开发成本、实施该项技术秘密的收益、可得利益、可保持竞争优势的时间等因素，一审法院酌定的损害赔偿数额并无明显不当。遂判决驳回上诉，维持原判。

【典型意义】

本案明确涉及非法披露行为的技术秘密侵权案件中，应当以被披露技术秘密的商业价值为基础，综合考虑案件具体情况，确定损害赔偿数额。技术秘密商业价值的认定存在多种路径，本案在认可鉴定评估是可选方式的同时，进一步明确了难以采信有关鉴定意见时，酌定技术秘密商业价值的综合考量因素。

“光激化学发光分析系统通用液”技术秘密侵权纠纷案

——构成技术秘密的技术方案的认定

《2023 年人民法院反垄断和反不正当竞争典型案例》第 7 号

2023 年 9 月 14 日

【案号】

最高人民法院（2020）最高法知民终 1889 号［甲诊断技术（上海）有限公司与程某、成都乙生物科技有限公司侵害技术秘密纠纷案］

【基本案情】

甲诊断技术（上海）有限公司（简称甲公司）系“光激化学发光分析系统通用液”技术秘密权益人。甲公司前员工程某离职后进入成都乙生物科技有限公司（简称乙公司），并向乙公司披露前述技术秘密。乙公司使用前述技术秘密生产体外诊断试剂盒并予销售。甲公司以程某、乙公司前述行为构成对其技术秘密权益的侵害为由提起本案诉讼。上海知识产权法院一审判令程某、乙公司停止侵害涉案技术秘密并共同赔偿甲公司经济损失 100 万元、维权合理费用 30 万元。程某、乙公司不服，提起上诉。

最高人民法院二审认为，技术秘密通常体现在图纸、工艺规程、质量标准、操作指南、实验数据等技术资料中，权利人为证明其技术秘密的存在及其内容，通常会在体现上述技术秘密的载体文件基础上，总结、概括、提炼其需要保护的技术秘密信息，其技术秘密既可以是完整的技术方案，也可以是构成技术方案的部分技术信息。权利人在从其技术资料等载体中总结、概括、提炼秘密信息时，应当允许将其具有秘密性的信息结合现有技术及公知常识形成一个完整的技术方案请求保护。权利人从其不为公众所知的工艺规程、质量控制标准等技术文件中合理提炼出的技术方案，只要不为社会公众所普遍知悉和容易获得，即可作为技术秘密予以保护。甲公司主张以 8 个完整的技术方案作为技术秘密予以保护。经审查，其中的微粒 CV 值、粒径等技术信息在相关技术文件中均有对应记载，甲公司结合本领域的现有技术、公知常识，能够合理总结与提炼出上述技术方案，可以作为技术秘密予以保护。

最高人民法院二审判决驳回上诉，维持原判。

【典型意义】

本案是制止侵害技术秘密行为的典型案例。侵害技术秘密案件审理过程中，技术秘密不为公众所知悉的特征，使技术秘密内容的查明问题一直成为司法实践中的难点。本案中，人民法院明确了权利人所主张的构成技术秘密的技术方案可以是在多份不同技术文件中记载的不为公众所知悉的技术信息的基础上加以合理总结、概括与提炼的技术方案。本案裁判对于合理分配侵害技术秘密案件的举证责任、切实提高对技术秘密合法权益的司法保护力度具有示范意义。

七、特许经营合同

南京某连锁发展有限公司、江苏某工贸有限公司与南京某首饰有限责任公司、南京某首饰总公司特许经营合同纠纷上诉案

[江苏省高级人民法院（2012）苏知民终字第0154号民事判决书]

《2014年中国法院10大知识产权案件》第3号

2015年4月20日

【案情摘要】

南京某首饰有限责任公司（以下简称某首饰公司）、南京某首饰总公司（以下简称某总公司）系“宝庆”系列注册商标的权利人。南京某连锁发展有限公司（以下简称连锁公司）、江苏某工贸有限公司（以下简称某公司）自2005年开始与某首饰公司、某总公司签署了一系列合作协议，以特许经营的方式进行合作。在双方合作期间，“宝庆”品牌获得了巨大发展，年销售额达数十亿元，但双方后因协商合资失败而最终导致合作关系破裂。某总公司、某首饰公司遂以某连锁公司存在多种违约行为且构成根本违约为由，发函要求解除双方的合作协议，并同时在江苏多地法院提起商标侵权系列诉讼。而

某连锁公司、某公司亦诉至法院，要求确认解除协议通知无效。江苏省南京市中级人民法院就双方争议的特许经营合同纠纷案作出一审判决，确认某首饰公司、某总公司提出的解除涉案协议无效，并驳回某连锁公司其他诉讼请求。双方均不服，提起上诉。江苏省高级人民法院在充分衡量双方发生纠纷的原因、某连锁公司多种违约行为的性质及程度、某连锁公司违约擅自开店的数量、双方对“宝庆”品牌的贡献等因素的基础上，合理平衡双方利益，通过判决明确界定了双方合作关系的性质以及某总公司、某首饰公司的权利边界和某连锁公司合法经营行为的法律边界，在对一审裁判理由中所确定的某连锁公司对某商标合理使用范围予以纠正的基础上，维持了一审确认解除协议无效的判决。根据在特许经营合同纠纷案中所确定的裁判规则，即凡是未经许可，某连锁公司擅自使用某商标开店经营的，构成商标侵权，判令停止侵权、赔偿损失；凡是已经过许可的，某连锁公司可以继续经营，二审法院对双方之间系列商标侵权纠纷作出相应的终审判决。

【典型意义】

对于此类双方以特许经营为基础的合作纠纷，特别是合作已久、品牌声誉及市场获得巨大增长、裁判结果涉及双方重大利益的案件，法院并没有采取简单的裁判方式，而是充分运用司法智慧，以利益平衡为指引，探索了一种更加理性的纠纷解决思路，即在判决不予解除合同、要求双方继续合作的同时，通过判决进一步划清双方权利义务关系的边界：一方面，确保特许人对特许经营资源特别是商标等知识产权的绝对控制，明确被特许人应当依约诚信经营，不能突破被特许人的权利范围，试图攫取特许人的知识产权利益；另一方面，则要求对于被特许人依约诚信经营的，特许人亦应当按合同约定继续允许并正常审批，无正当理由不得拒绝许可，不得不当损害被特许人的合法权益。根据特许经营合同纠纷判决中确立的上述裁判规则，双方之间系列商标侵权纠纷亦得到妥善处理。案件裁判结果对“宝庆”品牌未产生重大市场波动，也没有造成双方市场利益的重大失衡。双方对终审判决都没有申请再审。

八、不正当竞争

申请人美国某公司、某（中国）研发有限公司与被申请人黄某炜行为保全申请案

《最高人民法院公布八起知识产权司法保护典型案例》第1号

2013年10月22日

【基本案情】

被申请人于2012年5月入职某中国公司，双方签订了《保密协议》。2013年1月，被申请人从某中国公司的服务器上下载了48个申请人所拥有的文件（申请人宣称其中21个为其核心机密商业文件），并将上述文件私自存储至被申请人所拥有的设备中。经交涉，被申请人签署同意函，承认下载了33个属于公司的保密文件，并承诺允许申请人指定的人员检查和删除上述文件。此后，申请人曾数次派员联系被申请人，但被申请人拒绝履行同意函约定的事项。申请人于2013年2月27日致信被申请人宣布解除双方劳动关系。2013年7月，美国某公司、某中国公司以黄某炜侵害技术秘密为由诉至上海市第一中级人民法院，同时提出行为保全申请，请求法院责令被申请人黄某炜不得披露、使用或者允许他人使用从申请人处盗取的21个商业秘密文件。为此，申请人向法院提供了涉案21个商业秘密文件的名称及内容、承诺书等证据材料，并就上述申请提供了担保金。

【裁判结果】

上海市第一中级人民法院审查认为，申请人提交的证据能够初步证明被申请人获取并掌握了申请人的商业秘密文件，由于被申请人未履行允许检查和删除上述文件的承诺，致使申请人所主张的商业秘密存在被披露、使用或者外泄的危险，可能对申请人造成无法弥补的损害，符合行为保全的条件。2013年7月31日，该院作出民事裁定，禁止被申请人黄某炜披露、使用或允许他人使用申请人美国某公司、某中国公司主张作为商业秘密保护的21个

文件。

【典型意义】

2012 年《民事诉讼法》增加规定了行为保全制度，将其适用范围扩大到全部民事案件领域。行为保全措施是权利人在紧急情况下保护其权利的有效手段。人民法院根据当事人申请积极合理采取知识产权保全措施，可以充分利用保全制度的时效性，提高知识产权司法救济的及时性、便利性和有效性，对于加大知识产权保护力度具有重要促进意义。本案系我国首例依据 2012 年修改的《民事诉讼法》在商业秘密侵权诉讼中适用行为保全措施的案件，凸显了人民法院顺应社会需求，依法加强知识产权司法保护的实践努力。

甲公司、乙公司与丙公司、丙计算机公司不正当竞争纠纷案

《最高人民法院发布五起典型案例》第 2 号

2014 年 4 月 30 日

【基本案情】

丙公司、丙计算机公司是提供互联网综合服务的互联网公司，A 即时通信软件和 A 即时通信系统是其核心产品和服务。2010 年 10 月 29 日，丙公司等发现甲公司通过 www. 360. cn 网站向用户提供乙公司开发的 B 软件的下载，并通过各种途径进行推广宣传。丙公司等认为该软件直接针对 A 软件，通过虚假宣传，鼓励和诱导用户删除 A 软件中的增值业务插件、屏蔽其客户广告，同时将甲公司产品和服务嵌入丙公司 A 软件界面，借机宣传和推广自己的产品。丙公司等认为甲公司等前述行为不仅破坏了其合法的经营模式，导致其产品和服务的完整性和安全性遭到严重破坏，其公司商业信誉和商品声誉亦遭到严重损害，以甲公司等行为违反了公认的商业道德，构成不正当竞争等为由，诉至广东省高级人民法院，请求法院判令二被告：1. 立即停止涉案不正当竞争行为，包括但不限于停止开发、传播和发行 B 及相关软件，停止已发行和传播的 B 软件现有功能，停止诋毁原告及原告的产品和服务的行为；2. 连续三个月在相关网站和报纸上就其不正当竞争行为向原告赔礼道歉，消

除影响；3. 连带赔偿原告经济损失人民币 1 亿 2500 万元；4. 承担原告维权支出的合理费用及全部诉讼费用。

【裁判结果】

经广东省高级人民法院一审、最高人民法院二审，法院审理认为：市场经济是由市场在资源配置中起决定性作用，自由竞争能够确保市场资源优化配置，但市场经济同时要求竞争公平、正当和有序。经营者在市场交易中，应当遵循自愿、平等、公平、诚实信用的原则，遵守公认的商业道德。违反反不正当竞争法的规定，损害其他经营者的合法权益，扰乱社会经济秩序的行为属于不正当竞争。本案甲公司等为达到其商业目的，诱导并提供工具积极帮助用户改变 A 软件的运行方式，并同时引导用户安装 B 安全卫士，替换 A 软件安全中心，破坏了 A 软件相关服务的安全性并对 A 软件整体具有很强的威胁性，减少了丙公司经济收益和增值服务交易机会，违反了诚信原则和公认的商业道德。甲公司等无事实依据地宣称 A 软件会对用户电脑硬盘隐私文件强制性查看，并且以自己的标准对 A 软件进行评判并宣称 A 存在严重的健康问题，造成了用户对 A 软件及其服务的恐慌及负面评价，该评论已超出正当商业评价、评论的范畴，突破了法律界限。甲公司等在经营 B 软件时，将自己的产品和服务嵌入 A 软件界面，取代了 A 软件的部分功能，其根本目的在于依附 A 软件强大用户群，通过对 A 软件及其服务进行贬损的手段来推销、推广 B 安全卫士，从而增加自己市场交易机会并获取市场竞争优势，此行为本质上属于不正当地利用他人市场成果，为自己谋取商业机会从而获取竞争优势的行为。违反了诚信和公平竞争原则，构成不正当竞争。判决：1. 甲公司、乙公司连带赔偿丙公司、丙计算机公司经济损失及合理维权费用共计 500 万元。2. 甲公司、乙公司连续 15 日在其网站（www. 360. cn、www. 360. com）首页显著位置，在新浪网（www. sina. com）、搜狐网（www. sohu. com）和网易网（www. 163. com）网站首页显著位置，连续 7 日在《法治日报》和《中国知识产权报》第一版显著位置就其不正当竞争行为向丙公司、丙计算机公司赔礼道歉，消除影响。

【典型意义】

此案为 2013 年最高人民法院公众开放日公开庭审案件，亦是最高人民法院审理的第一起涉及互联网领域不正当竞争的二审案件。本案涉诉双方均为互联网相关领域的重要企业，案件审理结果广受业界、学界等多方关注。通过该案的审理，最高人民法院澄清并确立了相关市场竞争规则，对相关互联网企业之间开展有序竞争，促进市场资源优化配置具有里程碑意义。该案公开宣判后，相关新闻媒体网站纷纷深度报道，网友亦对该案判决高度赞誉。

某科技（深圳）有限公司、深圳市某计算机系统有限公司与北京某科技有限公司、某软件（北京）有限公司不正当竞争纠纷上诉案

［最高人民法院（2013）民三终字第 5 号民事判决书］

《2014 年中国法院 10 大知识产权案件》第 1 号

2015 年 4 月 20 日

【案情摘要】

北京某科技有限公司、某软件（北京）有限公司（以下合称甲公司等）针对某科技（深圳）有限公司、深圳市某计算机系统有限公司（以下合称乙公司等）的 A 软件专门开发了 B 软件，在相关网站上宣传 B 软件全面保护 A 软件用户安全，并提供下载。在安装了 B 软件后，该软件会自动对 A 软件进行体检，以红色字体警示用户 A 存在严重的健康问题，以绿色字体提供一键修复帮助，同时将“没有安装 B 安全卫士，电脑处于危险之中；升级 A 安全中心；阻止 A 扫描我的文件”列为危险项目；查杀 A 木马时，显示“如果您不安装 B 安全卫士，将无法使用木马查杀功能”，并以绿色功能键提供 B 安全卫士的安装及下载服务；经过一键修复，B 软件将 A 软件的安全沟通界面替换成 B 软件界面。乙公司等以上述行为构成不正当竞争为由，提起诉讼。广东省高级人民法院一审认为，甲公司等前述行为构成不正当竞争行为；其针对乙公司等的经营，故意捏造、散布虚伪事实，损害了该公司的商业信誉和商品声誉，构成商业诋毁。遂判决甲公司等公开赔礼道歉、消除影响，并连带赔偿经济损失及合理维权费用共计 500 万元。甲公司等不服，提起上诉。最高人民法院二审认为，在市场竞争中，经营者通常可以根据市场需要和消费者需求自由选择商业模式，这是市场经济的必然要求。乙公司等使用的免

费平台与广告或增值服务相结合的商业模式是本案争议发生时互联网行业惯常的经营方式，也符合我国互联网市场发展的阶段性特征。这种商业模式并不违反《反不正当竞争法》的原则精神和禁止性规定，乙公司等以此谋求商业利益的行为应受保护，他人不得以不正当干扰方式损害其正当权益。甲公司等前述行为破坏 A 软件及其服务的安全性、完整性，干扰了其正当经营活动，损害了其合法权益。甲公司等前述行为根本目的在于依附 A 软件强大用户群，通过对 A 软件及其服务进行贬损的手段来推销、推广 B 安全卫士，从而增加甲公司等的市场交易机会并获取市场竞争优势，此行为本质上属于不正当地利用他人市场成果、为自己谋取商业机会从而获取竞争优势的行为，违反了诚信和公平竞争原则，构成不正当竞争。最高人民法院判决驳回上诉，维持原判。

【典型意义】

本案中，最高人民法院明确了互联网市场领域商业诋毁行为的认定规则，其根本要件是相关经营者的行为是否以误导方式对竞争对手的商业信誉或者商品声誉造成了损害。最高人民法院指出，经营者为竞争目的对他人进行商业评论或者批评，尤其要善尽谨慎注意义务；互联网的健康发展需要有序的市场环境和明确的市场竞争规则作为保障，竞争自由和创新自由必须以不侵犯他人合法权益为边界。最高人民法院在本案中明确了互联网市场领域技术创新、自由竞争和不正当竞争的关系，本案对相关互联网企业之间开展有序竞争、促进市场资源优化配置具有里程碑意义。

北京甲信息技术有限公司与广州市乙信息技术有限公司不正当竞争纠纷上诉案

［广东省高级人民法院（2013）粤高法民三终字第 565 号民事判决书］

《2014 年中国法院 10 大知识产权案件》第 4 号

2015 年 4 月 20 日

【案情摘要】

2005 年 5 月 9 日，庄某超注册了“qunar. com”域名并创建了“去哪儿”

网。北京甲信息技术有限公司（以下简称甲公司）于 2006 年 3 月 17 日成立后，“qunar. com”域名由庄某超转让给该公司。经过多年使用，“去哪儿”“去哪儿网”“qunar. com”等服务标识成为知名服务的特有名称。广州市乙信息技术有限公司（以下简称乙公司）的前身成立于 2003 年 12 月 10 日，后于 2009 年 5 月 26 日变更为现名，经营范围与甲公司相近。2003 年 6 月 6 日，“quna. com”域名登记注册，后于 2009 年 5 月转让给乙公司。乙公司随后注册了“123quna. com”“mquna. com”域名，并使用“去哪”“去哪儿”“去哪网”“quna. com”名义对外宣传和经营。甲公司以乙公司上述行为构成不正当竞争为由，请求判令乙公司停止不正当竞争行为并赔偿损失 300 万元等。广州市中级人民法院一审认为，乙公司使用“去哪”“去哪儿”“去哪网”“quna. com”服务标记的行为构成对甲公司知名服务特有名称的侵害，乙公司在其企业字号中使用“去哪”字样的行为构成不正当竞争，乙公司使用“quna. com”“123quna. com”“mquna. com”域名的行为构成对甲公司域名权益的侵害。遂判决乙公司停止使用上述企业字号、服务标记、域名，并限期将上述域名移转给甲公司；乙公司赔偿甲公司经济损失 35 万元。乙公司不服一审判决提出上诉。广东省高级人民法院二审认为，乙公司使用“去哪”企业字号和“去哪”标识等构成不正当竞争行为。乙公司对域名“quna. com”享有合法权益，使用该域名有正当理由，根据《最高人民法院关于审理涉及计算机网络域名民事纠纷案件适用法律若干问题的解释》第四条规定，不构成不正当竞争，乙公司随后注册“123quna. com”“mquna. com”域名也应当允许注册和使用。双方均享有来源合法的域名权益，需要彼此容忍、互相尊重、长期共存，一方不能因为在经营过程中知名度提升，就剥夺另一方的生存空间；另一方也不能恶意攀附知名度较高一方的商誉，以谋取不正当的商业利益。据此，乙公司虽然有权继续使用“quna. com”等域名，但是也有义务在与域名相关的搜索链接及网站上加注区别性标识，以使消费者将上述域名与甲公司“去哪儿”“去哪儿网”“qunar. com”等知名服务特有名称相区分。二审法院维持了一审判决关于乙公司停止使用“去哪”企业字号及“去哪”等标识的判项；撤销了乙公司停止使用“quna. com”等域名并限期将上述域名移转给甲公司的判项，并把赔偿数额相应调整为 25 万元。

【典型意义】

本案区分了域名近似与商标近似判断标准的不同，以及权利冲突处理原则。乙公司使用了在先注册的域名“quna. com”，甲公司经营的“去哪网”属于知名服务的特有名称，并注册了域名“qunar. com”。两个域名仅相差一个字母“r”，构成相近似的域名，但法院认为可以长期共存，依据在于：一是域名具有全球唯一性，由于域名有长度限制，全球域名注册的最大容量不超过43亿，如果规定近似域名不得注册，从经济学角度是没有效益的。二是域名由计算机系统识别，计算机对非常相似的域名也可以精确地区分开来，绝不会出现混淆情况。电子技术手段和感觉感官在精确性上的巨大差异是造成域名近似与商标近似判断标准不同的主要原因。

北京甲科技有限公司诉北京乙科技有限公司不正当竞争纠纷案

《最高人民法院发布14起北京、上海、广州知识产权法院审结的典型案例》第6号

2015年9月9日

【基本案情】

乙公司是“极路由”路由器的生产者和销售者。“极路由”路由器用户在极路由云平台下载安装“屏蔽视频广告”插件后，通过“极路由”路由器上网，可屏蔽甲网站视频的片前广告。甲公司认为，乙公司生产销售的“极路由”路由器通过安装“屏蔽视频广告”插件过滤了甲网站视频的片前广告，构成不正当竞争，遂提起诉讼，请求法院判令乙公司停止不正当竞争行为、消除影响、赔偿损失210万余元。

【裁判结果】

北京市海淀区人民法院一审认为，乙公司为获取商业利益，利用“屏蔽视频广告”插件直接干预甲公司的经营行为，超出正当竞争合理限度，违反诚信原则和公认的商业道德，构成不正当竞争。乙公司不服一审判决，提起上诉。北京知识产权法院二审认为，经营者向网络用户提供服务应当遵守相应的规则，不应当以影响其他竞争者正当合法的经营模式为代价获取自身利益，乙公司以强行改变甲公司经营模式的方式向用户提供服务，损害了甲公

司的正当利益，必将导致甲公司因难以支付高额的版权使用费而难以为继，网络用户的利益最终将受到不利影响，乙公司的行为具有不正当性。遂判决驳回上诉，维持一审判决。

【典型意义】

近年来，网络环境下竞争纠纷日趋激烈，新型不正当竞争行为层出不穷，法律定性较为困难。审理法院通过分析网络经营者的主观恶意、被诉行为对他人合法经营模式的侵害、消费者最终利益的影响等，认定被诉行为构成不正当竞争。本案判决对于网络环境下竞争关系的认定和竞争行为正当性的判断等均具有一定指导意义。

广东甲饮料食品有限公司与广州乙产业有限公司、丙集团有限公司擅自使用知名商品特有包装装潢纠纷两案

［最高人民法院（2015）民三终字第 2、3 号民事判决书］

《最高人民法院办公厅关于印发 2017 年中国法院 10 大知识产权案件和 50 件典型知识产权案例的通知》第 1 号

2018 年 4 月 16 日，法办〔2018〕66 号

【案情摘要】

2012 年 7 月 6 日，丙集团有限公司（以下简称丙集团）与广东甲饮料食品有限公司（以下简称甲公司）分别向法院提起诉讼，均主张享有“红罐王老吉凉茶”知名商品特有包装装潢的权益，并据此指控对方生产销售的红罐凉茶商品的包装装潢构成侵权。一审法院认为，“红罐王老吉凉茶”包装装潢的权益享有者应为丙集团，广州乙产业有限公司（以下简称乙公司）经丙集团授权生产销售的红罐凉茶不构成侵权。由于甲公司不享有涉案包装装潢权益，故其生产销售的一面“王老吉”、一面“加多宝”和两面“加多宝”的红罐凉茶均构成侵权。一审法院遂判令甲公司停止侵权行为，刊登声明消除影响，并赔偿丙集团经济损失 1.5 亿元及合理维权费用 26 万余元，同时驳回甲公司的诉讼请求。甲公司不服两案一审判决，向最高人民法院提起上诉。

最高人民法院终审判决认为，本案中的知名商品为“红罐王老吉凉茶”，在红罐王老吉凉茶产品的罐体上包括“黄色王老吉文字、红色底色等色彩、图案及其排列组合等组成部分在内的整体内容”，为知名商品特有包装装潢。丙集团与甲公司均主张对红罐王老吉凉茶的特有包装装潢享有权益，最高人民法院对此认为，结合红罐王老吉凉茶的历史发展过程、双方的合作背景、消费者的认知及公平原则的考量，因丙集团及其前身、甲公司及其关联企业，均对涉案特有包装装潢权益的形成、发展和商誉建树，各自发挥了积极的作用，将涉案特有包装装潢权益完全判归一方所有，均会导致显失公平的结果，并可能损及社会公众利益。因此，涉案知名商品特有包装装潢权益，在遵循诚信原则和尊重消费者认知并不损害他人合法权益的前提下，可由丙集团与甲公司共同享有。在此基础上，丙集团与甲公司相互指控对方生产销售的红罐凉茶商品构成擅自使用他人知名商品特有包装装潢的主张，均不能成立，对丙集团及甲公司的诉讼请求均予以驳回。

【典型意义】

最高人民法院公开开庭审理、宣判王老吉与加多宝包装装潢纠纷两案，新闻媒体、社会公众高度关注。两案宣判后，《人民日报》、中央电视台、新华社等主流媒体均在第一时间进行了报道。社会舆论高度赞赏最高人民法院判决“用法治收获双赢”，凸显“司法智慧”。境内外媒体高度肯定本案判决对类似案件审判起到的指导作用，认为本案具有重大标杆意义。与此同时，判决释放出“平等保护不同产权”的积极信号，推动行业不断向前发展，受到社会各界认可。此外，两案的判决结果也获得了双方当事人的尊重，实现了法律效果与社会效果的统一。

甲（北京）文化传播有限公司诉乙（北京）科技有限公司、丙（北京）文化产业有限公司擅自使用知名服务特有名称纠纷案

《最高人民法院发布第一批涉互联网典型案例》第 7 号

2018 年 8 月 16 日

【基本案情】

2013 年 6 月，甲（北京）文化传播有限公司（以下简称甲公司）联合北京青年报社等发起“为你读诗”公益诗歌艺术活动；同时甲公司创建微信公众号“为你读诗”，每天以配乐加朗读的形式推送一期读诗作品，同时以视频的形式展现所朗诵内容的字幕。另外，每期读诗作品中还配有图文，包括对诗歌及作者、朗诵者的介绍，所诵读诗歌的文字内容等。截至 2014 年 9 月 16 日，甲公司共发布 473 期节目，诗歌朗读者含各行业精英与明星。因参与诗歌朗诵者的名人效应，自 2013 年 7 月至 2014 年 9 月，新华网、网易读书频道、光明网、《北京青年报》《人民日报海外版》、新浪网、中国新闻网等媒体对参与朗诵诗歌者的朗诵活动以及微信公众号“为你读诗”进行了报道。截至本案起诉，微信公众号“为你读诗”的关注者数量显示已达 136 万余人，热门作品显示日均阅读和点播量超 10 万次。微信公众号“为你读诗”中作品在腾讯视频栏目下显示累计播放量超过 1 亿次。2014 年 9 月 16 日，某（北京）音乐创意有限公司在苹果应用商店推出为你读诗 App，其于 2015 年 6 月 23 日更名为乙（北京）科技有限公司（以下简称乙公司）。2015 年 1 月 1 日，丙（北京）文化产业有限公司（以下简称丙文化公司）创建名为“为你读诗官方客户端”的微信公众号。为你读诗 App 的功能包括诗歌朗诵录制、配音、上传分享及收听他人的诗歌朗诵作品。“为你读诗官方客户端”的微信公众号主要用于发布相关信息。甲公司诉至法院，请求法院判令乙公司立即撤销在苹果应用商店、安卓市场中发布的为你读诗 App 或停止在该 App 上使用为你读诗的名称、变更公司名称、不得在公司名称中使用为你读诗作为字号，变更为你读诗 App 软件的著作权登记名称、不得在软件著作权登记中将其软件名称登记为为你读诗；判令被告丙文化公司立即撤销微信公众号为你读诗客

户端或停止在该公众号中使用为你读诗的名称、注销为你读诗客户端的新浪微博账号或停止在该新浪微博账号中使用为你读诗的名称；判令二被告立即停止擅自使用为你读诗名称的不正当竞争行为、赔偿经济损失。

【裁判结果】

北京市朝阳区人民法院作出（2015）朝民（知）初字第46540号民事判决：一、被告乙（北京）科技有限公司立即停止在其涉案手机软件名称上使用为你读诗字样；二、被告乙（北京）科技有限公司立即停止在其企业名称中使用为你读诗字样；三、被告丙（北京）文化产业有限公司立即停止在其涉案微信公众号名称中使用为你读诗字样；四、被告乙（北京）科技有限公司、丙（北京）文化产业有限公司于本判决生效之日起7日内连带赔偿原告甲（北京）文化传播有限公司损失人民币20万元整；五、驳回原告甲（北京）文化传播有限公司其他诉讼请求。一审宣判后，乙公司和丙文化公司提出上诉。北京知识产权法院作出（2016）京73民终75号民事判决：驳回上诉，维持原判。

【典型意义】

本案的焦点问题涉及知名微信公众号名称的不正当竞争保护，由于移动互联网络具有受众范围广、传播速度快等特点，故其产业经营特点、竞争方式有别于传统产业。对于涉互联网不正当竞争纠纷案件的处理，既要准确理解、适用法律，也要充分了解特定产业的特点。对于互联网环境下的竞争纠纷，要结合网络本身所具有的特点，充分考量互联网软件产品或服务的模式创新以及市场主体的劳动付出，通过司法裁判，促进和规范市场竞争秩序。

法院生效判决认为，首先，乙公司、丙文化公司与甲公司具有竞争关系。乙公司、丙文化公司与甲公司提供的服务都是以移动客户端如手机为载体，服务对象都是移动平台用户，服务内容都是与诗歌有关的主题，故乙公司和丙文化公司与甲公司提供的是类似的服务，构成竞争关系，应受《反不正当竞争法》的调整。其次，甲公司的微信公众号“为你读诗”构成知名服务特有的名称。根据查明的事实可以认定在被控侵权行为发生时，甲公司的“为你读诗”微信公众号服务在我国已具有一定的市场知名度，属于相关公众所知悉的服务。最后，乙公司和丙文化公司的被诉行为构成不正当竞争。根据相关法律规定，所述混淆或误认是指发生混淆或者误认的可能性，而不需要实际发生混淆或误认，且不以实际发生损害后果为前提。为你读诗 App 和“为你读诗”微信公众号的名称完全相同，二者均是以移动客户端如手机为载体，且“为你读诗”微信公众号提供的核心服务为朗诵诗歌供订阅者收听，可完全被为你读诗 App 提供的服务所涵盖，上述情形使得相关公众在接受为你读诗 App、“为你读诗官方客户端”微信公众号的服务时，容易认为该服务系由甲公司提供，从而产生混淆或误认。

北京某网络科技有限公司、北京某移动科技有限公司、北京某安全软件有限公司与上海某网络科技有限公司不正当竞争纠纷案

［上海知识产权法院（2018）沪 73 民终 5 号民事判决书］

《最高人民法院办公厅关于印发 2018 年中国法院 10 大知识产权案件和 50 件典型知识产权案例的通知》第七号

2019 年 4 月 17 日，法办〔2019〕113 号

【案情摘要】

上海某网络科技有限公司（以下简称某公司）系 2345 网址导航、2345 王牌浏览器的经营者，其中 2345 网址导航在中国网址导航市场中排名前列。北京某网络科技有限公司、北京某移动科技有限公司、北京某安全软件有限公司（以下简称三被告公司）共同经营某毒霸软件，并通过以下六类行为将终端用户设定的 2345 网址导航主页变更为由北京某移动科技有限公司主办的毒霸网址大全：1. 通过某毒霸的“垃圾清理”功能变更浏览器主页。2. 通过某毒霸升级程序的“一键清理”弹窗，默认勾选“立即锁定毒霸网址大全为浏览器主页，保护浏览器主页不被篡改”。无论用户是否取消该勾选，浏览器主页均被变更。3. 通过某毒霸的“一键云查杀”“版本升级”“浏览器保护”等功能变更浏览器主页，并针对不同浏览器进行区别对待。4. 通过某毒霸的“安装完成”弹窗，默认勾选“设置毒霸导航为浏览器主页”。无论用户是否取消该勾选，浏览器主页均被变更。5. 通过某毒霸“开启安全网址导航，防止误入恶意网站”弹窗，诱导用户点击“一键开启”变更浏览器主页。6. 通

过某毒霸的卸载程序篡改用户计算机注册表数据以变更浏览器主页。某公司以上述行为构成篡改主页、劫持流量等不正当竞争行为为由，提起诉讼。上海市浦东新区人民法院一审认为，三被告公司在发挥安全软件正常功能时未采取必要且合理的方式，超出合理限度实施了干预其他软件运行的行为，不仅违反了诚信原则和公认的商业道德，还违反了平等竞争的原则。遂判决三被告承担停止侵权行为并赔偿经济损失的法律责任。上海知识产权法院二审判决驳回上诉、维持原判。

【典型意义】

公平有序、充满活力的竞争机制是释放各类创新主体创新活力的重要保障。随着互联网技术的不断发展，网络环境下的市场竞争行为日趋激烈，流量成为经营主体在互联网空间中的重要争夺目标。本案涉及网络环境下竞争行为正当性的判断，法院认为，安全类软件在计算机系统中拥有优先权限，但经营者对该种特权的运用应当审慎，对终端用户及其他服务提供者的干预行为应以“实现功能所必需”为前提。以保障计算机系统安全为名，通过虚假弹窗、恐吓弹窗等方式擅自变更或诱导用户变更其浏览器主页，不正当地抢夺流量利益的行为，不仅损害了其他经营者的合法权益，也侵害了终端用户的知情权与选择权，有违诚信原则和公认的商业道德。人民法院在本案中既注意审查被诉侵权行为是否符合法律明文列举的行为类型，也充分注意综合评估该行为对竞争的积极和消极效果，妥善地处理好了技术创新与竞争秩序维护之间的关系。

甲（中国）软件有限公司诉安徽乙信息科技有限公司不正当竞争纠纷案

《依法平等保护民营企业家人身财产安全十大典型案例》第 8 号

2019 年 5 月 21 日

【案情简介】

甲（中国）软件有限公司（以下简称甲公司）系某网运营商。甲公司开发的“生意参谋”数据产品（以下简称涉案数据产品）能够为 A、B 店铺商家提供大数据分析参考，帮助商家实时掌握相关类目商品的市场行情变化，改善经营水平。涉案数据产品的数据内容是甲公司在收集网络用户浏览、搜索、收藏、加购、交易等行为痕迹信息所产生的巨量原始数据基础上，通过特定算法深度分析过滤、提炼整合而成的，以趋势图、排行榜、占比图等图形呈现的指数型、统计型、预测型衍生数据。

安徽乙信息科技有限公司（以下简称乙公司）系“某互助平台”的运营商，其以提供远程登录已订购涉案数据产品用户电脑技术服务的方式，招揽、组织、帮助他人获取涉案数据产品中的数据内容，从中牟利。甲公司认为，其对数据产品中的原始数据与衍生数据享有财产权，被诉行为恶意破坏其商业模式，构成不正当竞争。遂诉至法院，请求判令：乙公司立即停止涉案不正当竞争行为，赔偿其经济损失及合理费用500 万元。

杭州铁路运输法院经审理认为：1. 关于甲公司收集并使用网络用户信息的行为是否正当。涉案数据产品所涉网络用户信息主要表现为网络用户浏览、搜索、收藏、加购、交易等行为痕迹信息以及由行为痕迹信息推测所得出的行为人的性别、职业、所在区域、个人偏好等标签信息。这些行为痕迹信息与标签信息并不具备能够单独或者与其他信息结合识别自然人个人身份的可能性，故不属于《网络安全法》规定的网络用户个人信息，而属于网络用户非个人信息。但是，由于网络用户行为痕迹信息包含有涉及用户个人偏好或商户经营秘密等敏感信息，因部分网络用户在网络上留有个人身份信息，其敏感信息容易与特定主体发生对应联系，会暴露其个人隐私或经营秘密。因此，对于网络运营者收集、使用网络用户行为痕迹信息，除未留有个人信息的网络用户所提供的以及网络用户已自行公开披露的信息之外，应比照《网络安全法》关于网络用户个人信息保护的相应规定予以规制。经审查，淘宝隐私权政策所宣示的用户信息收集、使用规则在形式上符合“合法、正当、必要”的原则要求，涉案数据产品中可能涉及的用户信息种类均在淘宝隐私权政策已宣示的信息收集、使用范围之内。故甲公司收集、使用网络用户信息，开发涉案数据产品的行为符合网络用户信息安全保护的要求，具有正当性。2. 关于甲公司对于涉案数据产品是否享有法定权益。首先，单个网上行为痕迹信息的经济价值十分有限，在无法律规定或合同特别约定的情况下，网络用户对此尚无独立的财产权或财产性权益可言。网络原始数据的内容未脱离原网络用户信息范围，故网络运营者对于此类数据应受制于网络用户对其所提供的用户信息的控制，不能享有独立的权利，网络运营者只能依其与网络用户的约定享有对网络原始数据的使用权。但网络数据产品不同于网络原始数据，数据内容经过网络运营者大量的智力劳动成果投入，通过深度开发与系统整合，最终呈现给消费者的是与网络用户信息、网络原始数据无直接对应关系的独立的衍生数据，可以为运营者所实际控制和使用，并带来经济利益。网络运营者对于其开发的数据产品享有独立的财产性权益。3. 关于被诉行为是否构成不正当竞争。乙公司未经授权亦未付出新的劳动创造，直接将涉案数据产品作为自己获取商业利益的工具，明显有悖公认的商业道德，如不加禁止将挫伤数据产品开发者的创造积极性，阻碍数据产业的发展，进而影响广大消费者福祉的改善。被诉行为实质性替代了涉案数据产品，破坏了甲公司的商业模式与竞争优势，已构成不正当竞争。根据乙公司公布的相关统计数据估算，其在本案中的侵权获利已超过200万元。

综上，该院于2018年8月16日判决：乙公司立即停止涉案不正当竞争行为并赔偿甲公司经济损失（含合理费用）200万元。一审宣判后，乙公司不服，向杭州市中级人民法院提起上诉。杭州市中级人民法院经审理认为，一审判决认定事实清楚，适用法律正确。遂于2018年12月18日判决：驳回上诉，维持原判。

【典型意义】

本案是首例涉及大数据产品权益保护的新类型不正当竞争案件。当前，大数据产业已成为新一轮科技革命和产业变革中一个蓬勃兴起的新产业，但涉及数据权益的立法付诸阙如，相关主体的权利义务处于不确定状态。本案判决确认平台运营者对其收集的原始数据有权依照其与网络用户的约定进行使用，对其研发的大数据产品享有独立的财产性权益，并妥善运用《反不正当竞争法》原则性条款对擅自利用他人大数据产品内容的行为予以规制，依法保护了研发者对大数据产品所享有的竞争优势和商业利益，也为大数据产业的发展营造了公平有序的竞争环境。

武汉甲连铸设备工程有限责任公司与宋某兴公司盈余分配纠纷案

［最高人民法院（2019）最高法民再135号民事判决书］

《2020 年中国法院 10 大知识产权案件》第五号

2021 年 4 月 16 日

【案情摘要】

宋某兴与武汉甲连铸设备工程有限责任公司（以下简称甲公司）签订《离职后义务协议》，约定竞业限制及保密义务。甲公司认为，宋某兴向案外人武汉乙冶金科技有限公司（以下简称乙公司）提供注册资金和技术支持，并披露了甲公司的商业秘密，违反了协议约定，遂诉至法院，请求判令宋某兴承担相应的民事法律责任。经查，武汉市江岸区人民法院已在乙公司及其法定代表人杨某祥（甲公司的前员工）涉嫌损害甲公司商业秘密的刑事诉讼程序中，认定乙公司构成侵犯商业秘密罪。本案一、二审法院均认为，武汉市江岸区人民检察院指控乙公司及杨某祥涉嫌侵犯商业秘密罪刑事案，经公安机关侦查终结，侦查结果不涉及宋某兴，亦无宋某兴侵犯甲公司商业秘密的事实认定。根据刑事案件的侦查结果，乙公司及杨某祥涉嫌侵犯商业秘密的行为与宋某兴无关，故驳回甲公司的诉讼请求。甲公司不服，向最高人民法院申请再审。最高人民法院认为，检察机关并未对宋某兴提起公诉，故刑事判决不涉及宋某兴是否参与实施犯罪行为的认定。因此，在刑事诉讼程序未对宋某兴与乙公司的关系进行审查与认定的情况下，不构成对本案民事诉讼程序的预决事实，也不应直接据此认定宋某兴与乙公司无关。本案中，根据在案证据，可以认定宋某兴是乙公司的实际出资人，其在离职后两年内以隐蔽手段隐名组建了与甲公司具有同行业竞争关系的乙公司，违反了协议约定。最高人民法院遂提审本案，并再审改判撤销一、二审判决，支持了甲公司的诉讼请求。

【典型意义】

本案裁判充分彰显了严惩不诚信行为、维护公平竞争市场秩序的司法导向。同时，通过厘清知识产权刑民交叉案件中的事实认定与证明标准，促进了刑民交叉案件的协同审理机制，对此类案件的审理具有重要的规则指引意义。

深圳市甲计算机系统有限公司、乙科技（深圳）有限公司与浙江丙网络技术有限公司、杭州丁科技有限公司不正当竞争纠纷案

［浙江省杭州铁路运输法院（2019）浙8601民初1987号民事判决书］

《2020年中国法院10大知识产权案件》第八号

2021年4月16日

【案情摘要】

深圳市甲计算机系统有限公司、乙科技（深圳）有限公司（以下统称某公司）开发运营个人微信产品，为消费者提供即时社交通信服务。个人微信产品中的数据内容主要为个人微信用户的账号数据、好友关系链数据、用户操作数据等个人身份数据和行为数据。浙江丙网络技术有限公司、杭州丁科技有限公司（以下统称二被告）开发运营的“聚客通群控软件”，利用Xposed外挂技术将该软件中的“个人号”功能模块嵌套于个人微信产品中运行，为购买该软件服务的微信用户在个人微信平台中开展商业营销、商业管理活动提供帮助。某公司向浙江省杭州铁路运输法院提起诉讼，主张其享有微信平台的数据权益，二被告擅自获取、使用涉案数据，构成不正当竞争。一审法院认为，网络平台方对于数据资源整体与单一原始数据个体享有不同的数据权益。二被告通过被控侵权软件擅自收集微信用户数据，存储于自己所控制的服务器内的行为，不仅危及微信用户的数据安全，且对某公司基于数据资源整体获得的竞争权益构成了实质性损害。二被告的行为有违商业道德，且违反了《网络安全法》的相关规定，构成不正当竞争。一审法院遂判决二被告停止涉案不正当竞争行为，共同赔偿某公司经济损失及为制止不正当竞争行为所支付的合理费用共计260万元。

【典型意义】

本案系涉及数据权益归属判断及数据抓取行为正当性认定的典型案件。本案判决兼顾平衡了各相关方的利益，合理划分了各类数据权益的权属及边界，为数据权益司法保护提供了理性分析基础，也为防止数据垄断、完善数字经济法律制度、促进数字经济健康发展提供了可借鉴的司法例证。

天津市甲金属制品有限公司诉徐某珍、邓某辉、赵某全、天津乙地毯有限公司、天津丙地毯有限公司、第三人浙江丁网络有限公司不正当竞争纠纷案

［（2019）津 0116 民初 5880 号，天津市滨海新区人民法院］

《互联网十大典型案例》第八号

2021 年 5 月 31 日

【基本案情】

甲公司于 2016 年 12 月 9 日在某平台开设了“甲旗舰店”的店铺，赵某全、乙公司、丙公司也分别在某平台开设店铺，以上四个店铺均从事地毯销售，且线下经营地点位于同一地区。自 2019 年 6 月起，赵某全借用徐某珍的身份证，分别利用赵某全、乙公司以及丙公司的淘宝店铺销售地毯的订单记录以及该三家店铺出具的包含虚假内容的《声明函》，并伪造了签有徐某珍名字的授权委托书等材料，由乙公司法定代表人赵某良委托熟悉某网络业务的邓某辉，通过使用前述资料办理了涉案三幅地毯图形的版权登记手续，以著作权侵权为由在某知识产权保护平台向“甲旗舰店”的三款热销商品先后发起五次投诉，导致部分商品链接被删除。甲公司提起不正当竞争诉讼。人民法院经审理认为，赵某全、乙公司共谋，恶意利用某知识产权保护平台规则进行投诉致甲公司商品链接被删除的行为，构成对甲公司的不正当竞争，判决赵某全、乙公司、丙公司、邓某辉赔偿甲公司经济损失共计 35 万元。

【典型意义】

通知—删除规则是解决权利人、网络服务提供者、网络用户间侵权争议

的重要法律规则。本案系电子商务经营者虚构事实骗取作品登记，向网络服务平台发出恶意通知，致使同业竞争者利益被损害而构成不正当竞争的典型案例。本案对引导权利人正确行使通知—删除权利，遏制恶意投诉行为，维护诚实信用、公平规范的网络秩序具有重要的示范意义。

【专家点评】

“通知—删除规则”被认为是推动各国平台经济发展最为重要的一条法律规则，为平台经济打造了一个“安全港”。我国《信息网络传播权保护条例》《侵权责任法》先后确立了该规则，效果明显。与此同时，实践中恶意利用“通知—删除规则”打压竞争对手、谋取不当利益的行为也时有发生，扰乱了正常的经济秩序。不少情况下，规则的适用面临一定的不确定性，合法与违法的边界不好划分。为此，《电子商务法》《民法典》对该规则进行了进一步的完善，明确通知与反通知的程序、平台审查义务与程序、线上线下救济机制衔接以及恶意通知的法律责任追究等，以规范不同主体的行为，实现权利义务的平衡。本案典型性强，事实层面涉及恶意通知的判断以及不同主体法律责任的划分，链条梳理完整；法律层面涉及反不正当竞争、电子商务、版权保护等不同法律的适用，推理非常细致。本案判决对于全面、准确理解与适用“通知—删除规则”，明确法律边界，规范竞争行为，推动数字经济发展，都具有重要的意义。

（周汉华　中国社会科学院法学研究所研究员）

深圳市某计算机系统有限公司、某科技（深圳）有限公司诉某（重庆）网络科技有限公司、谭某不正当竞争纠纷案

［（2019）渝05民初3618号，重庆市第五中级人民法院］

《互联网十大典型案例》第九号

2021年5月31日

【基本案情】

某公司为自然人独资有限公司，谭某系某公司执行董事兼总经理，是该

公司的唯一股东。某公司、谭某自 2017 年 12 月至 2019 年 7 月分别开设了 www. qiehy. com“企鹅代商网”、www. b22. qiehy. com“金招代刷网”等 6 个网站接受客户订单，并将订单转让或转托他人，借助网络营销平台，利用网络技术手段，针对某计算机公司、某科技公司网站和产品服务，对内容信息的点击量、浏览量、阅读量进行虚假提高，并予以宣传，获取订单与转托刷量之间的差价。人民法院经审理认为，某公司、谭某有偿提供虚假刷量服务行为构成不正当竞争，判决某公司与谭某连带赔偿经济损失及为制止侵权支付的合理费用共计 120 万元。

【典型意义】

近年来，网络违法犯罪行为逐渐演化出内容秩序威胁型、数据流量威胁型、技术威胁型和暗网等常见的黑灰产业。这些行为不仅增加了网络安全防护运营成本，扰乱市场竞争秩序，还严重侵害公民的合法权益。本案分析了互联网经营者有偿提供虚假刷量服务的行为特征，明确了其违反诚信原则和商业道德规范，损害合法经营者、用户和消费者的权益，扰乱正常竞争秩序，其行为具有不正当性，应纳入《反不正当竞争法》予以规制。本案是对《反不正当竞争法》第十二条规定的“其他”不正当竞争行为的重要补充，为审理涉及互联网黑灰产业的类似案件提供了裁判指引。本案入选“2020 年中国法院 50 件典型知识产权案例”。

【专家点评】

《反不正当竞争法》第二条规定：“经营者在生产经营活动中违反该法规定，扰乱市场竞争秩序，损害其他经营者或者消费者的合法权益的行为，构成不正当竞争行为。”为进一步规范利用网络从事生产经营活动，该法第十二条定义了利用网络进行不正当竞争的行为，即经营者利用技术手段，通过影响用户选择或者其他方式，实施妨碍、破坏其他经营者合法提供的网络产品或者服务正常运行的行为。此外，为了避免对网络不正当竞争行为的类型化不足，第十二条在列举了三项具体行为类型后，第四项还专门规定了兜底款项：“其他妨碍、破坏其他经营者合法提供的网络产品或者服务正常运行的行为。”本案中，某公司、谭某有偿提供虚假刷量服务的行为构成不正当竞争，落入这一“其他”兜底款项所规制的不正当竞争行为。

判断网络经营者的行为是否落入“其他”兜底款项，可以从“行为”和“市场”两个角度展开分析，可称之为“行为和市场”二元分析框架。从“市场”角度，需要界定相关市场，对经营者之间是否存在竞争关系进行分析。如果两个经营者之间不在同一或者相关市场，不存在竞争关系，即使某一经营者存在利用技术手段破坏另一经营者合法提供网络产品或者服务的行为，那也不属于不正当竞争行为——当然，这一行为可能涉嫌侵权，行为人要承担相应的侵权责任。对“行为”的分析，要看经营者是否利用了技术手段，实施了妨碍或者破坏其他经营者合法提供的网络产品或者服务，导致其他经营者或者消费者的合法利益受损的行为。本案判决，丰富了《反不正当竞争法》第十二条第二款第四项内容，符合立法本意。

（易继明　北京大学法学院教授、北京大学国际知识产权研究中心主任）

某科技（深圳）有限公司、深圳市某计算机系统有限公司诉深圳甲软件开发有限公司、乙（深圳）联合发展有限公司等不正当竞争纠纷案

［（2019）粤民终2093号，广东省高级人民法院］

《互联网十大典型案例》第十号

2021年5月31日

【基本案情】

某科技公司是“微信”软件著作权人，与某系统公司共同提供“微信”即时通信服务。甲公司、乙公司等开发、运营“数据精灵”软件，使用该软件并配合提供的特定微信版软件，在手机终端上增加正版微信软件原本没有的“定点暴力加粉”等十三项特殊功能。某科技公司、某系统公司起诉请求判令甲公司、乙公司停止不正当竞争行为；赔偿经济损失人民币500万元以及维权合理支出人民币10万元。

人民法院经审理认为，“数据精灵”软件强行改变并增加功能，其高频次、大范围、自动发送、与不特定用户人群交互信息的功能特征，除了破坏微信的社交生态环境外，还会引发服务器过载、信息内容不安全等风险，对信息系统和数据安全产生不良影响，属于不正当竞争行为，判决甲公司、乙

公司停止侵害，连带赔偿损失 500 万元。

【典型意义】

《反不正当竞争法》第十二条中“其他”不正当竞争行为的认定，是审判中的热点和难点。本案被诉行为系利用网络和技术手段，使安装运行“数据精灵”软件的微信用户，可通过“植入”功能频繁、大量地向不特定用户发送或交互信息，而其他微信用户对于受到的影响，无法自动屏蔽或难以避免。上述网络干扰行为不仅损害了其他经营者的竞争利益，并且对网络秩序和公众的生活秩序造成影响，损害广大消费者的利益，属于《反不正当竞争法》第十二条规定的“其他妨碍、破坏其他经营者合法提供的网络产品或者服务正常运行的行为”。本案对互联网专条“兜底条款”的适用进行了积极的探索，体现了人民法院净化市场竞争环境、保护消费者合法权益的坚定决心。

【专家点评】

用户安装插件改变计算机程序的原有功能从而影响程序经营者的利益，是引发不正当竞争诉讼的典型事由。在这类案件中，经营者在授权用户使用自己的软件程序时，通常会通过许可协议或技术措施限制用户安装第三方插件。有时候，此类许可协议或技术措施的限制可能过度损害用户权益，从而违反相关法律规定，无法得到法律保护。在此基础上，第三方提供插件，帮助用户修改并完善软件功能，未必构成不正当竞争，甚至还应得到鼓励。但在另外一些时候，这些协议或技术措施限制可能有助于保护程序经营者、用户自身或他人合法权益，提升用户共同体的体验，维持正常的社会秩序，因此是合理和正当的。这时，第三方提供软件插件，帮助用户突破这一限制，则可能构成不正当竞争。

本案属于典型的软件插件类争议类型。甲公司的“数据精灵”程序插件使微信用户获得微信程序原本并不具备的应用功能，比如定点暴力加粉、公众号图文回复、关键词回复、一键点赞和评论等十三项特殊功能。人民法院认为，被告的插件虽帮助其用户获得更多功能，但是会损害其他用户的体验和对微信程序功能的信任，甚至会损害系统安全。人民法院最终认定，被告提供此类插件的行为构成不正当竞争。

本案判决的法律意义在于，为判断软件插件是否构成不正当竞争行为提供了相对清晰和完整的分析框架。即在个案中，人民法院应综合四个方面因素来判断：（1）双方是否存在竞争关系；（2）被告行为是否妨碍、破坏了其他经营者合法提供的网络产品或者服务正常运行；（3）被告是否扰乱了市场竞争秩序，损害其他经营者或者消费者的合法权益；（4）被告是否有违自愿、平等、公平、诚信原则以及商业道德。这一分析框架能够为未来人民法院处理类似案件提供明确的指引。

（崔国斌　清华大学法学院知识产权法研究中心主任）

"爱奇艺账号"不正当竞争纠纷案

——VIP账号分时出租行为的认定

《人民法院反垄断和反不正当竞争典型案例》第3号

2021年9月27日

【案号】

（2019）京73民终3263号

【基本案情】

北京甲科技有限公司（以下简称甲公司）是某网和手机端某App的经营者，用户支付相应对价成为某VIP会员后能够享受跳过广告和观看VIP视频等会员特权。杭州乙网络科技有限公司（以下简称乙公司）、杭州丙科技有限公司（以下简称丙公司）通过运营的"马上玩"App对其购买的某VIP账号进行分时出租，使用户无须购买某VIP账号、通过云流化技术手段即可限制某App部分功能。甲公司诉至法院，要求消除影响并赔偿经济损失及合理开支300万元。一审法院认定乙公司、丙公司的涉案行为构成不正当竞争，判令其停止侵权，并赔偿甲公司经济损失及合理开支共计300万元。乙公司、丙公司不服一审判决，提起上诉。北京知识产权法院二审认定，乙公司、丙公司的行为妨碍了甲公司合法提供的网络服务的正常运行，主观恶意明显。乙公司、丙公司运用网络新技术向社会提供新产品并非基于促进行业新发展的需求，该行为从长远来看也将逐步降低市场活力，破坏竞争秩序和机制，阻碍网络视频市场的正常、有序发展，并最终造成消费者福祉的减损，具有不正当性。北京知识产权法院判决驳回上诉、维持一审判决。

【典型意义】

本案是对网络环境下新型不正当竞争行为进行有效规制的典型案例。该案体现了人民法院对互联网经营者与消费者合法利益的有效保护，同时也体现了人民法院对创新因素的考量。本案明确了网络视频行业中新商业模式的合理边界，彰显了人民法院促进网络平台有序发展、激发社会创新活力，打造公平竞争市场环境的司法导向。

“陆金所金融服务平台”不正当竞争纠纷案

——网络抢购服务行为的认定

《人民法院反垄断和反不正当竞争典型案例》第 4 号

2021 年 9 月 27 日

【案号】

（2019）沪 0115 民初 11133 号

【基本案情】

上海陆家嘴甲金融资产交易市场股份有限公司（以下简称甲公司）是知名互联网财富管理平台，上海乙互联网金融信息服务有限公司（以下简称乙公司）是其全资子公司。二者开设金融服务网站及手机应用（以下简称涉案平台），债权转让产品交易是其中的热门服务。为抢购债权转让产品，网站会员须经常登录涉案平台，频繁刷新关注债权转让产品信息。西安丙软件科技有限公司（以下简称丙公司）提供“陆金所代购工具”软件，用户通过安装运行该软件，无须关注涉案平台发布的债权转让产品信息即可根据预设条件实现自动抢购，并先于手动抢购的会员完成交易。甲公司、乙公司认为，丙公司的上述行为构成不正当竞争，诉至法院。上海市浦东新区人民法院认为，丙公司提供的抢购服务利用技术手段，为用户提供不正当的抢购优势，违反涉案平台既有的抢购规则并刻意绕过其监管措施，对涉案平台的用户黏性和营商环境造成严重破坏，应认定构成不正当竞争。上海市浦东新区人民法院判令丙公司停止涉案不正当竞争行为、公开消除影响，并全额支持了甲公司、乙公司的赔偿主张。

【典型意义】

网络抢购服务是互联网金融迅猛发展的伴生品。本案明确了互联网不正当竞争案件的审理思路及裁判规则，及时回应了社会关切，兼顾了科技金融企业的竞争利益与投资用户的消费者权益，更对维护金融平台营商环境具有重要意义。为科技金融行业有序发展提供了明确的规则指引。本案判决后当事人息诉服判，案件取得了较好的法律效果和社会效果。

“720浏览器”不正当竞争纠纷案

——浏览器屏蔽广告行为的认定

《人民法院反垄断和反不正当竞争典型案例》第5号

2021年9月27日

【案号】

（2018）粤73民终1022号

【基本案情】

湖南甲互动娱乐传媒有限公司（以下简称甲公司）是某TV网站的经营者。广州乙软件股份有限公司（以下简称乙公司）于2013年开始运营720浏览器。网络用户通过720浏览器的内置功能可以实现默认拦截屏蔽某TV网站片头广告及暂停广告、会员免广告的功能。甲公司认为乙公司的行为构成不正当竞争，故诉至法院。一审法院判决驳回甲公司的诉讼请求。广州知识产权法院二审认为，乙公司技术中立的抗辩不能成立，乙公司的上述行为违反诚信原则和公认的商业道德、扰乱社会经济秩序，构成不正当竞争，判令乙公司赔偿甲公司经济损失及合理开支80万元。

【典型意义】

浏览器屏蔽视频广告是社会关注度极高的互联网竞争行为，也是司法实践认定的难点。本案二审判决对浏览器屏蔽视频广告行为进行了多角度综合评价，细化了互联网不正当竞争行为认定的构成要素和适用场景，对《反不正当竞争法》一般条款适用等法律适用难点进行了有益探索。本案是人民法院面对新技术新业态新领域不断完善竞争法律规则的生动体现。

“微信群控”不正当竞争纠纷案

——数据权益的不正当竞争保护

《人民法院反垄断和反不正当竞争典型案例》第 6 号

2021 年 9 月 27 日

【案号】

（2019）浙 8601 民初 1987 号

【基本案情】

深圳市某计算机系统有限公司、某科技（深圳）有限公司（以下简称二原告），共同开发运营的个人微信产品，为消费者提供即时社交通讯服务。浙江某网络技术有限公司、杭州某科技有限公司（以下简称二被告）开发运营的“聚客通群控软件”，利用 XPOSED 外挂技术将该软件中的“个人号”功能模块嵌套于个人微信产品中运行，为购买该软件服务的微信用户在个人微信平台中开展商业营销、商业管理活动提供帮助。二原告主张二被告擅自获取、使用涉案数据，构成不正当竞争，诉至法院。杭州铁路运输法院认为网络平台中的数据，以数据资源整体与单一数据个体划分，网络平台方所享有的是不同的数据权益。二被告的相关被诉行为已危及微信产品数据安全，违反了相关法律规定及商业道德，构成不正当竞争行为。杭州铁路运输法院判令二被告立即停止涉案不正当竞争行为，共同赔偿二原告经济损失及合理开支共计 260 万元。

【典型意义】

本案系全国首例涉及微信数据权益认定的案件。数据作为数字经济的关键生产要素已成为市场激烈竞争的重要资源，数据权益的权属、权利边界以及数据抓取行为不正当性应如何判断，受到社会广泛关注。本案判决兼顾平衡了各方利益，为数据权益司法保护提供了理性分析基础，也为构建数据权属规则、完善数字经济法律制度提供了可借鉴的司法例证。对防止数据垄断，促进数字经济创新发展亦具有积极意义。

某公司、谭某不正当竞争纠纷案

——网络刷单行为的不正当竞争认定

《人民法院反垄断和反不正当竞争典型案例》第7号

2021年9月27日

【案号】

（2019）渝05民初3618号

【基本案情】

某（重庆）网络科技有限公司（以下简称某公司）为自然人独资有限公司，谭某系数推公司执行董事兼总经理，是该公司的唯一股东。某公司、谭某自2017年12月至2019年7月分别开设了“企鹅代商网”“金招代刷网”等6个网站接受客户订单，将订单转让或转托他人，利用网络技术手段，对深圳市某计算机系统有限公司、某科技（深圳）有限公司（以下简称二原告）的网站和产品服务内容信息的点击量、浏览量、阅读量进行虚假提高，并予以宣传，获取订单与转托刷量之间的差价。重庆市第五中级人民法院经审理认为，某公司、谭某有偿提供虚假刷量服务的行为构成不正当竞争，判决某公司与谭某连带赔偿二原告经济损失及合理开支共计120万元。

【典型意义】

本案是打击网络黑灰产业的典型案例，明确了互联网经营者有偿提供虚假刷量服务的行为违反诚实信用原则和商业道德，损害合法经营者、用户和消费者的权益，扰乱正常竞争秩序，应纳入《反不正当竞争法》予以规制。本案对《反不正当竞争法》第十二条规定的“其他”不正当竞争行为进行了有益探索，为审理涉及互联网黑灰产业的类似案件提供了裁判指引。

上海某信息咨询有限公司与青岛某网络技术有限公司等不正当竞争纠纷案

［山东省青岛市中级人民法院（2020）鲁 02 民初 2265 号民事判决书］

《2021 年中国法院 10 大知识产权案件》第九号

2022 年 4 月 21 日

【案情摘要】

上海某信息咨询有限公司（以下简称上海某公司）是大众点评平台的经营者。青岛某网络技术有限公司（以下简称青岛某公司）通过微信公众号“铁鱼霸王餐”与商户订立广告服务合同，在多个微信群发布任务，组织人员对大众点评的特定商户进行点赞、上门好评、人工店铺收藏、增加店铺访客量和浏览量。上海某公司以青岛某公司等实施的上述行为构成不正当竞争为由，诉至山东省青岛市中级人民法院。一审法院认为，青岛某公司以营利为目的组织刷单炒信，帮助其他经营者进行虚假的商业宣传，违背了公平、诚信原则及商业道德，造成了大众点评平台的相关数据失实，影响了上海某公司的信用评价体系，构成不正当竞争。一审法院判令青岛某公司停止刷单炒信的不正当竞争行为，赔偿经济损失及合理支出 30 万元。一审判决后，当事人均未上诉。

【典型意义】

本案涉及互联网平台“刷单炒信”不正当竞争行为的认定。本案判决积极回应实践需求，通过制止“刷单炒信”等行为，维护市场竞争秩序，保护经营者和消费者的合法权益，有助于形成崇尚、保护和促进公平竞争的市场环境。

“陪伴式”直播不正当竞争纠纷案

——涉直播不正当竞争行为的认定

《人民法院反不正当竞争典型案例》第1号

2022年11月17日

【案号】

北京市东城区人民法院（2016）京0101民初22016号［甲国际网络有限公司诉乙（北京）信息技术有限公司、丙（上海）体育文化发展有限公司不正当竞争纠纷案］

【基本案情】

经国际奥委会和中央电视台授权，甲公司在中国境内享有通过信息网络提供中央电视台制作、播出的第31届里约奥运会电视节目实时转播、延时转播、点播服务的专有权利。里约奥运会期间，甲公司发现乙公司、丙公司未经许可，将“正在视频直播奥运会”等作为百度推广的关键词，吸引用户访问其网站并下载“直播TV浏览器”，可直接观看甲公司直播的奥运赛事。此外，两公司还在网站设置“奥运主播招募”栏目，鼓励用户充值打赏支持主播直播奥运会，吸引用户下载“直播TV浏览器”，引导用户进入专门直播间后，以“嵌套”的方式呈现甲公司转播奥运会节目的内容，向用户提供主播陪伴式奥运赛事“直播”，并借此牟利。甲公司以乙公司、丙公司的上述行为构成不正当竞争为由提起诉讼，请求两公司赔偿经济损失500万元。北京市东城区人民法院一审认为，两公司作为专业的体育赛事直播平台经营者，以“搭便车”为目的，通过实施被诉侵权行为获取不当的商业利益与竞争优势，构成不正当竞争，遂判决全额支持甲公司的诉讼请求。乙公司、丙公司不服一审判决提起上诉。北京知识产权法院二审判决驳回上诉、维持原判。

【典型意义】

本案是规范网络直播平台不正当竞争行为的典型案例。人民法院坚持保护合法权益与激励创新并重的原则，为经营者划定行为界限，为直播行业等网络新业态、新模式的发展提供行为指引，彰显了人民法院加大奥运知识产权司法保护力度、营造法治化营商环境的鲜明态度。

“喜剧之王”不正当竞争纠纷案

——作品名称权益的保护

《人民法院反不正当竞争典型案例》第 3 号

2022 年 11 月 17 日

【案号】

广州知识产权法院（2020）粤 73 民终 2289 号［甲海外有限公司诉广州乙文化传播有限公司、李某持不正当竞争纠纷案］

【基本案情】

甲公司是电影《喜剧之王》的出品公司及版权持有人，该片导演为周某驰、李某持。《喜剧之王》于 1999 年 2 月至 3 月期间在香港上映，票房位列 1999 年最卖座香港影片榜首。2018 年 3—4 月，李某持、乙公司分别在新浪微博账号“李某持导演”“乙影视”发布多条宣传被诉侵权电视剧《喜剧之王 2018》及演员海选试镜会的微博。李某持还发表微博称“香港导演李某持自 1999 年拍摄电影《喜剧之王》后，意犹未尽，……周某驰御用导演李某持喊你来试镜啦！”甲公司以乙公司和李某持实施的上述行为构成仿冒混淆及虚假宣传等不正当竞争行为为由，提起本案诉讼。广东省广州市天河区人民法院一审认为，电影《喜剧之王》及其名称在我国内地具有较高知名度，构成有一定影响的商品名称。乙公司、李某持未经许可使用“喜剧之王”，构成擅自使用有一定影响的商品名称及虚假宣传的不正当竞争行为，应当承担停止侵害并赔偿经济损失的民事责任。乙公司与李某持不服一审判决，提起上诉。广州知识产权法院二审判决，驳回上诉，维持原判。

【典型意义】

本案是制止仿冒混淆及虚假宣传行为的典型案例。人民法院在审查判断涉案电影作品名称知名度的过程中，不仅全面审查了其在香港影院上映期间的票房收入、宣传力度的相关证据，还充分考虑了涉案电影从院线下架后的线上播放量、光盘销售量，相关媒体对于电影持续报道、推介程度等因素，有力制止了电影市场竞争中的“搭便车”行为。本案是人民法院为深入推进粤港澳大湾区建设提供有力司法服务和保障的生动实践。

“App 唤醒策略”不正当竞争纠纷案

——网络不正当竞争行为的认定

《人民法院反不正当竞争典型案例》第 4 号

2022 年 11 月 17 日

【案号】

上海市浦东新区人民法院（2020）沪 0115 民初 87715 号［A（中国）网络技术有限公司诉江苏 B 软件技术有限公司不正当竞争纠纷案］

【基本案情】

A 公司系甲 App 支付功能的运营主体。经许可，A 公司在经营活动中使用“ALIPAY”注册商标，并以 WWW. ALIPAY. COM 作为其官方网站的网址。B 公司系乙 App 的运营主体。A 公司认为，B 公司无正当理由，在其开发、运营的乙 App 中设置与甲 App 一致的链接，导致用户选择通过甲 App 进行付款结算时将被跳转至乙 App，该不正当竞争行为损害了 A 公司的经济利益及商业信誉。A 公司遂诉至法院，请求判令 B 公司消除影响并赔偿经济损失及合理费用。上海市浦东新区人民法院认定 B 公司实施的上述行为构成不正当竞争，判令其承担消除影响及赔偿经济损失与合理支出共计 48 万余元的民事责任。B 公司提起上诉后又撤回上诉，一审判决即生效。

【典型意义】

本案是规范互联网不正当竞争行为的典型案例。秉持对经营者利益、消费者利益及社会公共利益应当予以一体保护的精神，依法认定涉案被诉行为构成不正当竞争，有力制止了非法干扰他人软件运行的互联网不正当竞争行为，促进了科技金融服务市场电子收付领域的效率与安全。

“刷单炒信”不正当竞争纠纷案

——“刷单炒信”行为的认定

《人民法院反不正当竞争典型案例》第6号

2022年11月17日

【案号】

四川省成都市中级人民法院（2021）川01民初913号［上海甲信息咨询有限公司诉四川乙网络科技有限公司不正当竞争纠纷案］

【基本案情】

在甲公司运营的“大众点评”平台中，消费者在某店铺消费后，可对店铺进行打分与文字点评，上述内容显示在店铺主页且所有用户可见。甲公司认为，乙公司在其运营的“捧场客”软件中，利用发放红包的方式诱使消费者对特定商家进行点赞、打分、点评、收藏等行为，导致商户评价与消费者实际评价不符，造成虚假的宣传效果，构成帮助其他经营者进行虚假或引人误解的商业宣传，遂诉至法院。四川省成都市中级人民法院审理认为，乙公司以营利为目的，通过诱导消费者对其合作商户在“大众点评”平台进行特定分数的好评、评论、收藏等行为，造成平台内展示的商户数据失真，影响平台的信用体系，扰乱平台内商户的竞争秩序，构成不正当竞争行为。遂判令乙公司停止不正当竞争行为并赔偿甲公司经济损失50万元及合理开支。一审宣判后，各方当事人均未上诉。

【典型意义】

本案是打击互联网环境下虚假宣传行为的典型案例。判决积极回应实践需求，通过制止利用“刷单炒信”行为帮助其他经营者进行虚假宣传等不正当竞争行为，保护经营者和消费者的合法权益，有力维护和促进网络生态健康发展，有助于形成崇尚、保护和促进公平竞争的市场环境。

工程图片虚假宣传不正当竞争纠纷案

——虚假宣传行为的认定

《人民法院反不正当竞争典型案例》第 8 号

2022 年 11 月 17 日

【案号】

最高人民法院（2022）最高法民再 1 号［南京甲电气有限公司诉乙智能设备有限公司侵害商标权及不正当竞争纠纷案］

【基本案情】

甲公司与乙公司为同行业经营者。甲公司成立时间较早，且在智能化变电站恒温恒湿汇控柜等领域拥有多项专利权。甲公司认为，乙公司将甲公司的 8 个工程案例作为其成功案例印制在自己的产品宣传册上进行虚假宣传，欺骗、误导消费者，构成不正当竞争行为，遂诉至法院。一、二审法院均判决驳回甲公司的诉讼请求。甲公司向最高人民法院申请再审。最高人民法院提审后认定，乙公司的行为构成虚假宣传的不正当竞争行为，改判其承担停止不正当竞争行为、赔偿损失的民事责任。

【典型意义】

本案是制止虚假宣传不正当竞争行为的典型案例。本案充分体现了人民法院坚决制止虚假宣传、诋毁商誉等不正当竞争行为，维护自愿、平等、公平、诚信市场竞争秩序，净化市场环境，引导经营者进行良性竞争的司法导向。

“刷宝 App”不正当竞争纠纷案

——数据抓取不正当竞争行为的认定

《2023 年人民法院反垄断和反不正当竞争典型案例》第 8 号

2023 年 9 月 14 日

【案号】

北京知识产权法院（2021）京 73 民终 1011 号［北京甲科技有限公司与北京乙文化传媒有限公司不正当竞争纠纷案］

【基本案情】

北京甲科技有限公司（简称甲公司）运营短视频平台抖音 App。北京乙文化传媒有限公司（简称乙公司）未经许可，采用技术手段或人工方式获取来源于抖音 App 中的 5 万余条视频文件、1 万多个用户信息、127 条评论内容并通过刷宝 App 向公众提供。甲公司以乙公司的前述行为构成不正当竞争为由提起诉讼。北京市海淀区人民法院一审认为，乙公司的被诉行为构成不正当竞争，并判令赔偿甲公司经济损失 500 万元。乙公司不服，提起上诉。

北京知识产权法院二审认为，涉案视频文件、用户信息、评论内容构成抖音平台的数据集合。该数据集合以非独创性方式呈现，内容能够单独检索，具有独立价值。甲公司通过合法经营，投入巨大的人力、物力、财力，收集、存储、加工、传输抖音平台数据，形成了包括用户个人信息、短视频和用户评论在内的非独创性数据集合。该数据集合的规模集聚效应，能够为甲公司带来巨大的经济利益，在市场竞争中形成竞争优势。甲公司基于涉案非独创性数据集合形成的竞争性利益，并未在著作权法或者其他知识产权专门法中予以规定，应当属于《反不正当竞争法》保护的合法权益。乙公司作为刷宝 App 的运营主体，采取不正当手段抓取搬运抖音 App 中的非独创性数据集合的实质性内容，攫取了甲公司的竞争资源，削弱了甲公司的竞争优势，损害了消费者福利，破坏了短视频行业的市场竞争秩序。被诉行为造成的损害远远大于消费者及社会公众基于该行为获得的利益。因此，乙公司的被诉行为违反了诚信原则和商业道德，构成不正当竞争行为。北京知识产权法院二审判决，驳回上诉，维持原判。

【典型意义】

本案是规范数据抓取行为的典型案例。在互联网和大数据时代，数据已经成为一种重要的生产资料。随着数据产业与数据交易的发展，企业之间因数据收集、处理、利用而产生的法律纠纷日益增多。本案中，人民法院探索明确了非独创性数据集合的法律性质，区分了《著作权法》保护的权利与《反不正当竞争法》的法律范畴，保护了平台经营者收集、存储、加工、传输数据形成的合法权益。本案裁判对适用《反不正当竞争法》规制数据利用行为进行了积极探索。

“某 App”不正当竞争纠纷案

——网络游戏商业代练不正当竞争行为的认定

《2023 年人民法院反垄断和反不正当竞争典型案例》第 9 号

2023 年 9 月 14 日

【案号】

上海市浦东新区人民法院（2022）沪 0115 民初 13290 号［某科技（成都）有限公司、深圳市某计算机系统有限公司与佛山市南海区某网络科技有限责任公司不正当竞争纠纷案］

【基本案情】

某科技（成都）有限公司（以下简称某成都公司）是《王者荣耀》游戏著作权人，并授权深圳市某计算机系统有限公司（以下简称深圳某公司）独家运营该游戏。该游戏向用户提供免费下载，用户协议要求实名制登记，并不得将账号提供给他人做代练代打等商业性使用。游戏配有“防沉迷”措施，未成年人仅能在国家新闻出版署规定的时间段内登录游戏。佛山市南海区某网络科技有限责任公司（以下简称某公司）运营的某 App 以“发单返现金”、设立专区的形式引诱包括未成年人在内的用户通过其平台进行商业化的游戏代练交易并从中获得收益。接单者可以非真实身份登录涉案游戏，未成年人亦可接单获得他人的游戏账号绕开“防沉迷”机制进入游戏并赚取费用。某App 通过“安全保证金”等方式保障交易，从中抽取一定比例作为平台收益。某成都公司、深圳某公司以某公司的前述行为构成不正当竞争为由提起本案诉讼。

上海市浦东新区人民法院一审认为，《王者荣耀》游戏内设“ELO 等级分系统”的公平匹配机制，根据游戏行为数据分析评价的竞技水平，吸引并积累用户，最终获得游戏收益，这一竞争优势应受法律保护。涉案游戏落实国家关于未成年人游戏防沉迷的要求，基于此获得的良好商誉亦应受法律保护。某公司通过某 App 组织商业化的代练服务，致使涉案游戏的实名制及未成年人防沉迷机制落空，妨碍网络游戏运营秩序，不利于网络生态治理和未成年人权益保护，损害社会公共利益。同时绕开了《王者荣耀》游戏的实名制和未成年人防沉迷机制，导致相关公众质疑企业的合规运营和社会责任承担。此外，被诉行为导致其他实名游戏用户无法匹配到水平相当的对手及队友，无法获得公平竞技的游戏体验，增加未成年人玩家沉迷游戏的风险，影响未成年人身心健康。某公司的被诉行为构成不正当竞争。上海市浦东新区人民法院一审判令某公司赔偿经济损失及合理开支共 98.5 万元。一审判决后，双方均未上诉。

【典型意义】

本案是制止以网络游戏商业代练方式实施不正当竞争行为的典型案例。随着网络游戏产业的快速发展，商业代练行为引发的法律和社会问题备受关注。本案中，人民法院适用《反不正当竞争法》的原则性条款，以被诉行为的损害后果和不正当性为判断依据，认定绕开未成年人防沉迷机制及破坏游戏运营机制的商业代练行为构成不正当竞争。本案裁判有利于维护互联网产业的公平竞争秩序、游戏产业的健康发展和社会公共利益，也体现了保护通过公平、诚信、守法经营形成的竞争优势的司法导向。

“刷单炒信”不正当竞争纠纷案

——利用虚假交易进行虚假宣传行为的认定

《2023 年人民法院反垄断和反不正当竞争典型案例》第 10 号

2023 年 9 月 14 日

【案号】

广东省深圳市龙华区人民法院（2022）粤 0309 民初 2585 号［上海甲信息咨询有限公司与伍某侵害商标权及不正当竞争纠纷案］

【基本案情】

上海甲信息咨询有限公司（以下简称甲公司）运营的“某点评网”是一个为用户提供商户信息、消费点评及消费优惠等信息服务的本地生活信息及交易平台，平台点评规则要求用户发布信息时，应确保信息的真实性、客观性、合法性。伍某经营的乙（深圳）餐饮管理有限公司（以下简称乙公司）系一家代运营公司，其通过刷虚假交易、虚假好评等方式帮助某点评平台内经营者快速提高评分、星级，以获取平台流量。甲公司以乙公司的前述行为构成商标侵权及不正当竞争为由提起本案诉讼。诉讼过程中，乙公司注销。

广东省深圳市龙华区人民法院一审认为，用户点评是某点评平台的真正优势，点评数据是甲公司获得用户流量和用户黏性的重要基础，甲公司对基于真实发生的消费评价产生的平台数据及其衍生出来的商业价值享有正当合法权益。乙公司采用虚假交易、“刷好评炒信”等方式帮助大众点评平台内经营者进行虚假商业宣传，快速提高经营者在大众点评平台的排名及星级，违反平台评价规则，影响平台信用体系，对平台商业模式的正常发展产生不利影响，该行为构成虚假宣传的不正当竞争行为。广东省深圳市龙华区人民法院一审判令伍某赔偿经济损失及合理费用共计 227880 元。一审判决后，双方均未上诉。

【典型意义】

本案是打击互联网环境下利用虚假交易进行虚假宣传的典型案例。近年来，电子商务领域通过“刷单炒信”方式虚构成交量、交易额、用户好评，不当谋取竞争机会或者竞争优势的现象比较突出。本案中，人民法院及时、有效制止帮助平台经营者组织虚假交易、“刷好评炒信”等方式不当获取流量的虚假宣传不正当竞争行为，有助于引导、促进平台经营者诚信经营，保障消费者的知情权、选择权，维护平台经济的公平竞争和有序发展。

某海外有限公司与广州某文化传播有限公司等不正当竞争纠纷案

［广州知识产权法院（2020）粤 73 民终 2289 号民事判决书］

《人民法院电影知识产权保护典型案例》第 8 号

2023 年 11 月 3 日

【基本案情】

香港电影《喜剧之王》具有较高的知名度，相关公众关注度高。广州某文化传播有限公司（以下简称某公司）和李某持于 2018 年在微博、微信公众号中宣传被诉侵权电视剧《喜剧之王 2018》为“连续剧版#喜剧之王#”，并在媒体宣传中称是改编自《喜剧之王》等。香港电影著作权人某海外有限公司诉至法院，主张某公司、李某持构成不正当竞争。

【裁判结果】

广州知识产权法院经审理认为，综合考虑涉案电影在香港影院上映期间票房收入、电影上映前及上映期间宣传力度，以及电影授权视频网站播放量、媒体对电影持续报道程度、相关公众对于电影评价的参与程度等因素，可以充分证明涉案电影名称达到“有一定影响”的程度。某公司、李某持的行为构成仿冒混淆有一定影响的电影名称及虚假宣传，依法承担不正当竞争法律责任。

【典型意义】

本案适用《反不正当竞争法》对在香港上映的电影的名称依法予以保护，结合电影作品传播特点厘清了《反不正当竞争法》第六条规定的“有一定影响”视听作品名称认定要件和考量因素，对加大电影作品保护力度具有积极意义，有利于营造电影行业发展繁荣良好市场环境。

九、垄 断

北京甲有限公司诉乙（上海）医疗器材有限公司、乙（中国）医疗器材有限公司纵向垄断协议纠纷案

《最高人民法院公布八起知识产权司法保护典型案例》第6号

2013年10月22日

【基本案情】

原告甲公司作为被告乙公司医用缝线、吻合器等医疗器械产品的经销商，与乙公司已有15年的经销合作关系。2008年1月，乙公司与甲公司签订《经销合同》及附件，约定甲公司不得以低于乙公司规定的价格销售产品。2008年3月，甲公司在北京大学人民医院举行的乙医用缝线销售招标中以最低报价中标。2008年7月，乙公司以甲公司私自降价为由取消甲公司在阜外医院、整形医院的经销权。2008年8月15日后，乙公司不再接受甲公司医用缝线产品订单，2008年9月完全停止了缝线产品、吻合器产品的供货。2009年，乙公司不再与甲公司续签经销合同。原告向上海市第一中级人民法院起诉，主张被告在经销合同中约定的限制最低转售价格条款，构成《反垄断法》所禁止的纵向垄断协议，诉请法院判令被告赔偿因执行该垄断协议对原告低价竞标行为进行“处罚”而给原告造成的经济损失人民币1439.93万元。

【裁判结果】

上海市高级人民法院二审认为，本案相关市场是的医用缝线产品市场，该市场竞争不充分，乙公司在此市场具有很强的市场势力，本案所涉限制最低转售价格协议在本案相关市场产生了排除、限制竞争的效果，同时并不存在明显、足够的促进竞争效果，应认定构成垄断协议。乙公司对甲公司所采取的取消部分医院经销资格、停止缝线产品供货行为属于《反垄断法》禁止

的垄断行为，乙公司应赔偿上述垄断行为给甲公司造成的 2008 年缝线产品正常利润损失。据此判决乙公司赔偿甲公司经济损失人民币 53 万元。

【典型意义】

该案是国内首例纵向垄断协议纠纷案件，也是全国首例原告终审判决胜诉的垄断纠纷案件，在我国反垄断审判发展中具有里程碑意义。

该案涉及对限制最低转售价格行为进行反垄断分析的一系列重大问题，该案二审判决对限制最低转售价格行为的法律评价原则、举证责任分配、分析评价因素等问题进行了探索和尝试，其分析方法与结论对推进我国反垄断案件审判和《反垄断法》实施具有重要意义。该案的判决，充分体现和发挥了人民法院依法制止垄断行为、保护和促进市场公平竞争的职能作用。

通用汽车限定最低转售价格纵向垄断协议后继诉讼案

［缪某与上汽甲汽车销售有限公司、上海乙汽车销售服务有限公司纵向垄断协议纠纷案］

《最高人民法院知识产权法庭典型案例（2022）》第 19 号

2023 年 3 月 30 日

【案号】

（2020）最高法知民终 1137 号

【基本案情】

2014 年，缪某从乙公司购买涉案车辆。2016 年，上海市物价局作出涉案处罚决定书，认定在 2014 年分销汽车过程中，甲公司存在与上海地区经销商达成并实施限定向第三人转售商品最低价格垄断协议的事实，责令其立即停止违法行为，并处以上一年度相关销售额 4% 的罚款。缪某认为，其于甲公司实施上述纵向垄断协议期间购买涉案车辆，其合法权益受到了涉案垄断行为的侵害，故向上海知识产权法院提起诉讼，请求判令甲公司赔偿其购车损失 1 万元及维权合理开支 7500 元，乙公司对上述损失承担补充赔偿责任。一审法院以证据不足为由判决驳回诉讼请求。缪某不服，提起上诉。最高人民法院二审认为，反垄断执法机构认定构成垄断行为的处罚决定在法定期限内未被提起行政诉讼或者已为人民法院生效裁判所确认，原告在相关垄断民事纠纷案件中据此主张该垄断行为成立的，无须再行举证证明，但有相反证据足以推翻的除外。基于本案证据可以认定有关垄断行为和损失，遂撤销一审判决，改判支持缪某全部诉讼请求。

【典型意义】

本案系反垄断执法机构作出行政处罚后，消费者就垄断行为主张损害赔偿的民事诉讼，即所谓反垄断后继诉讼。本案裁判明确了后继诉讼中原告的举证责任，有利于切实减轻原告举证负担，有效强化反垄断民事救济，对于健全反垄断领域行政执法和司法衔接机制的路径和方法具有现实意义。

“甲汽车”纵向垄断协议纠纷案

——反垄断后继民事诉讼中的举证责任分配及赔偿责任认定

《2023年人民法院反垄断和反不正当竞争典型案例》第3号

2023年9月14日

【案号】

最高人民法院（2020）最高法知民终1137号［缪某与上汽甲汽车销售有限公司、上海乙汽车销售服务有限公司纵向垄断协议纠纷案］

【基本案情】

上海乙汽车销售服务有限公司（以下简称乙公司）系上汽甲汽车销售有限公司（以下简称甲公司）上海地区经销商之一。2014年，缪某从乙公司购买涉案车辆。2016年，上海市物价局作出处罚决定书，认定在2014年分销汽车过程中，甲公司存在与上海地区经销商达成并实施限定向第三人转售商品最低价格垄断协议的事实，责令其立即停止违法行为，并处以上一年度销售额4%的罚款。缪某认为，其在2014年从乙公司处购买涉案车辆时，正是甲公司实施上述纵向垄断协议期间，且购买价格也是涉案处罚决定认定的垄断价格，其合法权益受到涉案垄断行为的侵害，故提起诉讼，请求判令甲公司赔偿其购车损失 1 万元及维权合理开支 7500 元，乙公司对上述损失承担补充赔偿责任。一审法院认为，在案证据尚不足以证明甲公司最低限价对乙公司具有拘束力，不足以认定甲公司与乙公司实施了限定向第三人转售商品最低价格的垄断协议，判决驳回缪某的诉讼请求。缪某不服，提起上诉。

最高人民法院二审认为，反垄断执法机构认定构成垄断行为的处理决定在法定期限内未被提起行政诉讼或者已为人民法院生效裁判所确认，原告在相关垄断民事纠纷案件中据此主张该垄断行为成立的，无须再行举证证明，但有相反证据足以推翻的除外。本案中，在缪某提交已经发生法律效力的涉案处罚决定书后，其仅需证明甲公司与乙公司系涉案处罚决定书认定的垄断行为实施者，以及缪某因甲公司与乙公司达成并实施了涉案处罚决定书认定的垄断行为而受到损害。根据涉案处罚决定书及在案事实，缪某以垄断价格购买了涉案车辆，应当认定甲公司与乙公司共同实施了侵权行为。本案系消费者作为受害人提起的后续民事赔偿诉讼，赔偿金额应当为经营者之间限定的非竞争价格与竞争价格之间的差额。缪某购买涉案车辆时支付的垄断价格与涉案行政处罚决定作出后涉案车辆市场价格的差额为 1.2 万元，缪某请求赔偿 1 万元经济损失具有一定合理性。最高人民法院终审判决，撤销一审判决，改判支持缪某全部诉讼请求。

【典型意义】

本案系反垄断执法机构作出行政处罚后，消费者就垄断行为主张损害赔偿的民事诉讼。本案裁判明确了反垄断后继民事诉讼中原告的举证责任，有利于切实减轻原告举证负担，有效强化反垄断民事救济，对于完善反垄断领域行政执法和司法衔接机制具有现实意义。

“汽车销售”纵向垄断协议后继诉讼案

［缪某与甲汽车销售公司、上海乙汽车销售服务公司
纵向垄断协议纠纷］

《最高人民法院发布人民法院反垄断典型案例》第 1 号

2024 年 6 月 24 日

【案号】

（2020）最高法知民终 1137 号

【基本案情】

2014 年，缪某从上海乙汽车销售服务公司（以下简称乙公司）购买涉案车辆。2016 年，上海市物价局作出涉案处罚决定书，认定在 2014 年分销汽车过程中，甲汽车销售公司（以下简称甲公司）存在与上海地区经销商达成并实施限定向第三人转售商品最低价格垄断协议的事实，责令其立即停止违法行为，并处以上一年度相关销售额 4% 的罚款。缪某认为，其于甲公司实施上述纵向垄断协议期间购买涉案车辆，其合法权益受到了涉案垄断行为的侵害，故向一审法院起诉，请求判令甲公司赔偿其购车损失 1 万元及维权合理开支 7500 元，乙公司对上述损失承担补充赔偿责任。一审法院以证据不足为由判决驳回缪某诉讼请求。缪某不服，向最高人民法院提起上诉。

最高人民法院二审认为，反垄断执法机构认定构成垄断行为的处罚决定在法定期限内未被提起行政诉讼或者已为人民法院生效裁判所确认，原告在相关垄断民事纠纷案件中据此主张该垄断行为成立的，无须再行举证证明，但有相反证据足以推翻的除外。基于本案证据可以认定有关垄断行为和损失，故撤销一审判决，改判支持缪某全部诉讼请求。

【典型意义】

该案系反垄断执法机构作出行政处罚后，消费者就垄断行为主张损害赔偿的民事诉讼，即反垄断后继诉讼。该案裁判明确了后继诉讼中原告的举证责任，有利于切实减轻原告举证负担，有效强化反垄断民事救济，对于反垄断行政执法和司法衔接机制的落实具有示范意义。

台州市路桥甲机动车驾驶培训有限公司、台州市路桥区乙驾驶员培训有限公司与台州市路桥区丙汽车驾驶培训学校等、台州市路桥区丁驾驶员培训服务有限公司横向垄断协议纠纷案

〔最高人民法院（2021）最高法知民终 1722 号民事判决书〕

《2021 年中国法院 10 大知识产权案件》第三号

2022 年 4 月 21 日

【案情摘要】

浙江省台州市路桥区的 15 家汽车驾驶培训单位签订联营协议及自律公约，约定共同出资设立联营公司即台州市路桥区丁驾驶员培训服务有限公司（以下简称丁公司），固定驾驶培训服务价格、限制驾驶培训机构间的教练车辆及教练员流动，涉案 15 家驾培单位原先分散的辅助性服务（如报名、体检、制卡等）均由丁公司统一在同一现场处理，丁公司收取服务费 850 元。联营协议第三条具体约定了联营公司设立的注册资本与股本结构。涉案 15 家驾培单位中的台州市路桥甲机动车驾驶培训有限公司（以下简称甲公司）、台州市路桥区乙驾驶员培训有限公司（以下简称乙公司）以该十五家单位构成垄断经营为由，诉至法院，请求确认联营协议及自律公约无效。一审法院认为，丁公司统一处理原先分散的辅助性服务，可提高服务质量、降低成本、增进效率，其收取服务费 850 元并无不当，有关股本结构条款和服务收费条款可以依法适用反垄断豁免，故一审判决仅确认涉案联营协议及自律公约中构成横向垄断协议的条款无效。甲公司等不服，向最高人民法院提起上诉，请求改判确认联营协议中股本结构条款和服务收费条款无效。最高人民法院二审认为，达成垄断协议的经营者主张适用垄断豁免的，应当提供充分证据证明其符合有关法定情形，不得在缺乏证据支持的情况下仅依据一般性推测或者抽象推定垄断豁免抗辩成立。违反《反垄断法》关于横向垄断协议规定的合同条款，与横向垄断协议条款紧密联系的条款，以及服务于横向垄断协议行为实施的条款均应属无效，否则不足以消除和降低垄断行为风险。最高人民法院二审判决，撤销一审判决，确认涉案联营协议及自律公约全部无效。

【典型意义】

该案是典型的横向垄断纠纷案件。最高人民法院通过裁判澄清了横向垄断协议豁免事由的适用标准，阐明了违反《反垄断法》的横向垄断协议应归于无效的一般原则，且无效范围不限于横向垄断协议条款本身，还包括与之具有紧密关联、缺乏独立存在意义的条款和服务于横向垄断协议行为实施的条款。该案裁判有力维护了市场公平竞争秩序，有利于从源头上制止垄断行为。

“驾校联营”横向垄断协议纠纷案

《人民法院助力全国统一大市场建设典型案例》第八号

2022年7月25日

【基本案情】

浙江省台州市路桥区15家汽车驾驶培训单位签订联营协议及自律公约，约定共同出资设立联营公司即台州市路桥区甲驾驶员培训服务有限公司（以下简称甲公司），固定驾驶培训服务价格、限制驾驶培训机构间的教练车辆及教练员流动，涉案15家驾培单位原先分散的辅助性服务（如报名、体检、制卡等）均由甲公司统一在同一现场处理，甲公司收取服务费850元。联营协议第三条具体约定了联营公司设立的注册资本与股本结构。涉案15家驾培单位中的台州市路桥乙机动车驾驶培训有限公司（以下简称乙公司）、台州市路桥区丙驾驶员培训有限公司（以下简称丙公司）以该15家单位构成垄断经营为由，诉至法院，请求确认联营协议及自律公约无效。

【裁判结果】

一审法院认为，甲公司统一处理原先分散的辅助性服务，可提高服务质量、降低成本、增进效率，其收取服务费850元并无不当，有关股本结构条款和服务收费条款可以依法适用反垄断豁免，故一审判决仅确认涉案联营协议及自律公约中构成横向垄断协议的条款无效。乙公司等不服，向最高人民法院提起上诉，请求改判确认联营协议中股本结构条款和服务收费条款无效。

最高人民法院二审认为，达成垄断协议的经营者主张适用垄断豁免的，应当提供充分证据证明其符合有关法定情形，不得在缺乏证据支持的情况下仅仅依据一般性推测或者抽象推定垄断豁免抗辩成立。违反《反垄断法》关于横向垄断协议规定的合同条款，与横向垄断协议条款紧密联系的条款，以及服务于横向垄断协议行为实施的条款均应属无效，否则不足以消除和降低垄断行为风险。最高人民法院二审判决，撤销一审判决，确认涉案联营协议及自律公约全部无效。

【典型意义】

该案是典型的横向垄断纠纷案件。最高人民法院通过裁判澄清了横向垄断协议豁免事由的适用标准，阐明了违反《反垄断法》的横向垄断协议应归于无效的一般原则，且无效范围不限于横向垄断协议条款本身，还包括与之具有紧密关联、缺乏独立存在意义的条款和服务于横向垄断协议行为实施的条款。该案裁判有力维护了市场公平竞争秩序，有利于从源头上制止垄断行为。

"驾校联营"横向垄断协议纠纷案

——涉横向垄断协议的合同效力认定

《人民法院反垄断典型案例》第 1 号

2022 年 11 月 17 日

【案号】

最高人民法院（2021）最高法知民终 1722 号［台州市路桥甲机动车驾驶培训有限公司、台州市路桥区乙驾驶员培训有限公司诉台州市路桥区丙汽车驾驶培训学校等、台州市路桥区丁驾驶员培训服务有限公司横向垄断协议纠纷案］

【基本案情】

在甲驾培公司、乙驾培公司与丙驾培公司等 13 家被诉驾培单位以及第三人丁驾培公司横向垄断协议纠纷案中，同在浙江省台州市路桥区的涉案 15 家驾培单位签订联营协议及自律公约，约定共同出资设立联营公司即丁驾培公司，固定驾驶培训服务价格、限制驾驶培训机构间的教练车辆及教练员流动，涉案 15 家驾培单位原先分散的辅助性服务（如报名、体检、制卡等）均由丁驾培公司统一在同一现场处理，丁驾培公司对应收取服务费 850 元。其中，联营协议第三条具体约定联营公司设立的注册资本与股本结构。涉案 15 家驾培单位中的甲驾培公司和乙驾培公司以该 15 家单位构成垄断经营为由，向法院起诉，请求确认联营协议及自律公约无效。一审法院判决确认涉案联营协议及自律公约中构成横向垄断协议的相关条款无效，但同时认为，丁驾培公司统一处理涉案原先分散的辅助性服务，可提高服务质量、降低成本、增进效率，其收取 850 元服务费的行为符合垄断协议豁免条件。甲驾培公司、乙驾培公司不服，提起上诉，请求改判确认联营协议中股本结构条款无效，丙驾培公司等 13 家被诉驾培单位提出的固定价格协议豁免理由不能成立。最高人民法院二审认为，达成垄断协议的经营者欲以该协议具有 2008 年施行的《反垄断法》第十五条[①]第一款第一项至第五项情形为由主张豁免，应当提供充分证据证明协议具有上述五项法定情形之一项下所指积极的竞争效果或经济社会效果，且该效果是具体的、现实的，而不能仅依赖一般性推测或者抽象推定；一审法院在经营者没有提供真实、有效证据支持其豁免主张情况下，主要根据一般经验推定丁驾培公司统一提供服务的效果，直接认定其统一收费符合垄断协议豁免情形，适用法律不当。合同条款违反《反垄断法》关于禁止垄断行为的规定原则上无效；如果合同无效部分会影响其他部分效力的，其他部分也应无效；涉案联营协议第三条的约定主要是当事人实施横向垄断协议、实现市场垄断目的的手段；判断合同或者合同条款是否因违反《反垄断法》而无效时，还应该考虑消除和降低垄断行为风险的需要，实现《反垄断法》预防和制止垄断行为的立法目的。最高人民法院终审判决，撤销一审判决，确认案涉联营协议及自律公约全部无效。

【典型意义】

本案强调当事人主张垄断协议豁免应当承担具体证明有关实际效果的举证责任，同时明确了认定涉横向垄断协议的民事行为无效的原则、考量因素

① 现为《反垄断法》（2012 年修正）第二十条。

与价值目标。本案裁判对于人民法院积极发挥反垄断司法职能作用，依法消除和降低垄断行为风险隐患，维护市场公平竞争，实现《反垄断法》预防和制止垄断行为的立法目的，具有示范意义。

“无励磁开关专利侵权和解协议”横向垄断协议纠纷案
——滥用知识产权行为的反垄断审查

《人民法院反垄断典型案例》第 2 号

2022 年 11 月 17 日

【案号】

最高人民法院（2021）最高法知民终 1298 号［上海甲电力设备制造有限公司诉武汉乙变压器开关有限公司垄断协议纠纷案］

【基本案情】

2015 年乙公司起诉甲公司侵害其“一种带屏蔽装置的无励磁开关”发明专利权，双方于 2016 年 1 月签订“调解协议”（未经法院确认，实为和解协议），约定：甲公司仅能生产特定种类的无励磁分接开关，对其他种类的无励磁分接开关只能通过乙公司供货转售给下游客户，且销售价格要根据乙公司供货价格确定；在海外市场，甲公司为乙公司持股的乙联合公司作市场代理，不得自行生产或代理其他企业的同类产品，且销售价格与乙公司的供货价格一致。2019 年甲公司向法院提起诉讼，主张涉案和解协议属于垄断协议，违反《反垄断法》，应认定无效。一审法院认为，涉案和解协议不属于垄断协议，判决驳回甲公司全部诉讼请求。甲公司不服，提起上诉。最高人民法院二审认为，如果专利权人逾越其享有的专有权，滥用知识产权排除、限制竞争的，则涉嫌违反《反垄断法》。涉案和解协议与涉案专利权的保护范围缺乏实质关联性，其核心并不在于保护专利权，而是以行使专利权为掩护，实际上追求排除、限制竞争的效果，属于滥用专利权；涉案和解协议构成分割销售市场、限制商品生产和销售数量、固定商品价格的横向垄断协议，违反《反垄断法》强制性规定。最高人民法院终审判决，撤销一审判决，确认涉案和解协议全部无效。

【典型意义】

专利权是一种合法垄断权，经营者合法行使专利权的行为不受《反垄断法》限制，但是经营者滥用专利权排除、限制竞争的行为则受到《反垄断法》规制。该案明确了涉及专利权许可的横向垄断协议的分析判断标准，就审查专利侵权案件当事人达成的调解或和解协议是否违反《反垄断法》作出了指引，对于规范专利权人合法行使权利、提高全社会的反垄断法治意识具有积极意义。

“幼儿园”横向垄断协议纠纷案

——横向垄断协议实施者违约赔偿请求权的认定

《人民法院反垄断典型案例》第 3 号

2022 年 11 月 17 日

【案号】

最高人民法院（2021）最高法知民终 2253 号［进贤县温圳镇甲幼儿园诉进贤县温圳镇乙幼儿园、万某、进贤县温圳镇丙幼儿园、进贤县温圳镇丁幼儿园、进贤县温圳镇戊幼儿园横向垄断协议纠纷案］

【基本案情】

甲幼儿园主张其与乙幼儿园等其他 4 家幼儿园共同签订合作协议，约定合作各方对收入和开支共同结算并平均分配利润，乙幼儿园等 4 家幼儿园对甲幼儿园的人数减少和其不在特定区域开设幼儿园进行补偿。后因该四家幼儿园未按照约定支付补偿款，故甲幼儿园起诉至江西省南昌市中级人民法院，请求判令乙幼儿园支付补偿款并承担违约责任。一审法院认为，涉案 5 家幼儿园签订涉案协议并确认了收费标准，划分了当地幼儿园市场，该行为明显具有排除、限制竞争的目的，且在特定时间内实现了排除、限制竞争的效果。涉案协议因违反《反垄断法》的禁止性规定，应当认定无效，故判决驳回甲幼儿园的诉讼请求。甲幼儿园不服，提起上诉。最高人民法院二审认为，涉案协议明确约定了固定和上涨价格、个别经营者退出相关市场等内容，不仅明显具有排除、限制竞争的目的，而且也实际产生了排除、限制竞争的效果，一审法院认定涉案协议构成横向垄断协议并无不当。甲幼儿园请求乙幼儿园和万某向其支付协议期间的经济补偿金及违约金，实质上是要求瓜分垄断利益，人民法院对此不予支持。最高人民法院终审判决，驳回上诉，维持原判。

【典型意义】

垄断行为限制公平竞争，损害广大消费者利益，由此而产生的收益不应得到法律保护。本案阐明了反垄断法的立法目的在于为垄断行为的受害人提供法律救济，而不为实施垄断行为的经营者提供不当获利的机会。横向垄断协议实施者根据该协议主张损害赔偿，实质上是要求瓜分垄断利益，人民法院对该类请求不予支持。本案对于打击横向垄断行为、维护公平竞争秩序、引导幼教行业良性发展具有重要意义。

"涉沙格列汀片剂药品专利反向支付协议"发明专利侵权纠纷案

——非垄断案由案件中的反垄断审查

《人民法院反垄断典型案例》第 4 号

2022 年 11 月 17 日

【案号】

最高人民法院（2021）最高法知民终 388 号［甲有限公司诉江苏乙药业有限公司侵害发明专利权纠纷案］

【基本案情】

瑞典甲公司为一种用于治疗糖尿病的专利号为 01806315. 2、名称为"基于环丙基稠合的吡咯烷二肽基肽酶 IV 抑制剂、它们的制备方法及用途"的发明专利的继受权利人，专利产品为沙格列汀片。涉案专利原权利人为使专利权效力免受挑战，曾与无效宣告请求人（乙公司关联方）达成《和解协议》，约定：请求人撤回针对涉案专利的无效宣告请求，请求人及其关联方即可获许在涉案专利权保护期限届满前 5 年多实施涉案专利。后请求人依约撤回无效宣告请求，并由其关联方乙公司实施涉案专利。之后，甲公司诉至法院，主张乙公司侵害涉案专利权。一审法院认为，乙公司方有权依据涉案《和解协议》实施涉案专利，故判决驳回甲公司全部诉讼请求。甲公司不服，提起上诉，后又以双方于二审审理期间达成和解为由申请撤回上诉。最高人民法院二审认为，对撤回上诉申请应当依法进行审查，涉案《和解协议》符合所谓的“药品专利反向支付协议”外观，人民法院一般应当对其是否违反《反垄断法》进行一定程度的审查，之后再决定是否准许撤回上诉。经审查，综合考虑涉案专利权保护期限已经届满等具体情况，最高人民法院终审裁定，准予撤回上诉。

【典型意义】

“药品专利反向支付协议”是药品专利权利人承诺给予仿制药申请人直接或者间接的利益补偿（包括减少仿制药申请人的利益等变相补偿），仿制药申请人承诺不挑战该药品相关专利权的有效性或者延迟进入该专利药品相关市场的协议。本案是目前中国法院首起对“药品专利反向支付协议”作出反垄断审查的案件，虽然只是针对撤回上诉申请所作的反垄断初步审查，而且最终鉴于案件具体情况也未明确定性涉案和解协议是否违反《反垄断法》，但该案裁判强调了在非垄断案由案件审理中对当事人据以提出主张的协议适时适度进行反垄断审查的必要性，指明了对涉及“药品专利反向支付协议”的审查限度和基本路径，对于提升企业的反垄断合规意识、规范药品市场竞争秩序、指引人民法院加强反垄断审查具有积极意义。

“延安混凝土企业”合同纠纷及横向垄断协议纠纷案

——横向垄断协议的损害赔偿计算

《人民法院反垄断典型案例》第5号

2022年11月17日

【案号】

陕西省西安市中级人民法院（2020）陕01知民初509号［延安市某混凝土有限公司与福建某工程有限公司合同纠纷及横向垄断协议纠纷案］

【基本案情】

某公司自 2018 年 3 月开始向福建某公司供应混凝土。包含某公司在内的陕西省延安市宝塔区 10 家混凝土企业联合声明，自 2018 年 7 月 1 日开始，所有标号的混凝土每立方米在原价基础上上浮 60 元。2018 年 7 月 13 日，某公司与福建某公司达成口头协议，约定将混凝土每立方米单价全面上涨 45 元。同月，原陕西省工商局接到某公司等涉嫌垄断的举报，于 2018 年 8 月启动调查，但某公司对混凝土供应单价并未作出调整，亦未向福建某公司告知相关情况。自 2019 年 4 月开始，福建某公司和某公司通过签订补充协议，对同标号混凝土在先前价格基础上每立方米再次上涨 25 元。2019 年 8 月，陕西省市场监管局对某公司和其他 9 家混凝土企业达成并实施垄断协议作出处罚决定。2019 年 9 月底，某公司对福建某公司的混凝土供应结束，10 月双方组织结算。在某公司向福建某公司主张欠付混凝土货款时，福建某公司得知某公司因实施垄断行为被行政机关处罚，遂向陕西省西安市中级人民法院起诉，要求某公司赔偿相应损失。该院审理认为，当事人之间因形式上的契约自由不能成为实施垄断行为一方违法行为的合法外衣。经营者达成涨价协议对交易相对人造成损害的，应当承担相应的民事责任。关于横向垄断协议损害赔偿，对难以脱离当地供应市场或对技术支持需求较高的商品，应以垄断协议所固定价格与此前在自由市场竞争中与交易相对人所约定产品价格的差值进行计算。故判决福建某公司向某公司支付欠付合同款约 602 万元并支付违约金；某公司向福建某公司支付因实施横向垄断协议所造成的损害赔偿金约 143 万元。一审宣判后，双方均未上诉。

【典型意义】

本案是横向垄断协议的受害人在反垄断行政执法机关认定被诉垄断行为违法并作出行政处罚后提起民事损害赔偿诉讼的案件。反垄断民事诉讼是垄断行为受害人获得损害赔偿的基本途径，是《反垄断法》实施的重要方式。本案基于经济学原理和一般市场交易规律，对不同交易形态特征下的损害赔偿请求数额认定和计算路径进行了有益探索。本案同时也生动展现了反垄断行政执法与司法的有效衔接，对于形成《反垄断法》执法和司法合力、切实提升《反垄断法》实施效果具有典型意义。

“商砼联营”反垄断行政处罚案

——实施横向垄断协议的认定

《2023年人民法院反垄断和反不正当竞争典型案例》第4号

2023年9月14日

【案号】

最高人民法院（2023）最高法知行终29号［重庆甲建材有限公司与重庆市市场监督管理局反垄断行政处罚案］

【基本案情】

重庆甲建材有限公司（以下简称甲公司）与案外人重庆乙混凝土有限公司（以下简称乙公司）是重庆市丰都县内仅有的两家商砼生产企业，两公司为避免展开价格战于2019年4月达成固定商品价格、分割销售市场、分配商砼方量和销售利润的协议，此后双方互派人员到对方企业现场监督，确保协议得到执行。重庆市市场监督管理局于2019年10月对甲公司、乙公司涉嫌垄断行为启动调查，认定两公司达成并实施固定销售价格、分割商砼销售市场的行为违反反垄断法，对甲公司（对乙公司另案处理）作出处上一年度销售额5%共计12149260.88元罚款的行政处罚决定。甲公司不服，提起行政诉讼，请求撤销前述行政处罚决定。一审法院判决驳回甲公司的诉讼请求。甲公司不服，提起上诉。

最高人民法院二审认为，“固定或者变更商品价格”“分割销售市场”均属于典型的横向垄断协议类型，在实践中的表现形式具有多样性，约定价格变动幅度、采用标准公式或算法计算价格的、未经协议方同意不得变更价格等亦属于“固定或者变更商品价格”；约定划分市场份额、销售对象、销售收入、销售利润等亦构成“分割销售市场”。甲公司和乙公司达成固定商品价格、分割销售市场的协议并予以实施，直接导致所在区域没有价格竞争，明显具有排除、限制价格竞争的效果。被诉行政处罚决定对甲公司的行为定性准确，作出程序合法，处罚结果符合过罚相当原则。最高人民法院终审判决，驳回上诉，维持原判。

【典型意义】

本案通过分析当事人达成并实施横向垄断协议的具体表现形式，细化了“固定或者变更商品价格”“分割销售市场”等横向垄断协议的认定标准，对于人民法院依法监督和支持反垄断行政执法部门的行政执法，共同维护市场公平竞争具有积极意义。

“工业润滑油”轴辐协议案

［呼和浩特市甲物资公司与乙（中国）公司横向垄断协议纠纷］

《最高人民法院发布人民法院反垄断典型案例》第 3 号

2024 年 6 月 24 日

【案号】

（2021）最高法知民终 1315 号

【基本案情】

呼和浩特市甲物资公司（以下简称甲公司）系乙（中国）公司的经销商，主要在内蒙古中北部区域经销某品牌工业润滑油产品。甲公司认为，双方合作期间，乙（中国）公司屡次在具体项目中协调、组织经销商投标，构成横向垄断协议侵权，遂起诉请求判令乙（中国）公司停止侵权。一审法院认定，乙（中国）公司经其他经销商请求，在具体招标项目中通过邮件等形式，组织、协调经销商报价，实施了协调、组织经销商投标的行为，但该行为并未产生排除、限制竞争的效果，故判决驳回甲公司的诉讼请求。甲公司不服，提起上诉。

最高人民法院二审认为，《反垄断法》语境下的轴辐协议，是由轴心经营者与上游或者下游的多个轮缘经营者分别达成相互平行的纵向协议，轮缘经营者之间通过处于中心位置的轴心经营者的组织、协调达成横向合谋，在轴心经营者与轮缘经营者的共同作用下，实现排除、限制竞争的目的。轴辐协议本质上是轮缘经营者之间达成的横向垄断协议。2008 年起施行的《反垄断法》虽然没有专门规定轴辐协议，但并不意味着不能依据《反垄断法》及

《侵权责任法》[①] 相关规定追究民事侵权责任。如果轴心经营者组织其他经营者达成、实施横向垄断协议的主观故意明显，则应当审查判断其是否构成共同侵权；如果轴心经营者为轮缘经营者达成、实施横向垄断协议提供实质性帮助，则应当审查判断其是否构成帮助侵权。在涉案四项目中，乙（中国）公司通过对授权经销商的纵向控制，在授权经销商之间来回穿梭，一方面与指定授权经销商合谋对特定销售对象固定价格或变更价格；另一方面，限制非指定授权经销商参与针对特定销售对象的品牌内竞争，使得乙（中国）公司指定的授权经销商以合谋的价格获得特定销售对象的相关项目。乙（中国）公司不能对其行为的正当性作出合理解释。乙（中国）公司上述协调、组织授权经销商达成并实施限制投标、投高价等行为，限制了某品牌工业润滑油品牌内竞争，损害了某品牌工业润滑油下游市场用户的利益，构成2008年起施行的《反垄断法》第十三条[②]第一款第一项规定的固定或者变更商品价格行为以及第三项规定的分割销售市场的行为。由于乙（中国）公司系经销商之间达成并实施横向垄断协议的组织者，依据《侵权责任法》第八条的规定，乙（中国）公司与相关经销商构成共同侵权，应当承担连带责任。最高人民法院判决撤销原判，改判乙（中国）公司停止实施协调、组织某品牌工业润滑油经销商达成并实施横向垄断协议行为。

【典型意义】

该案系人民法院审结的首例涉轴辐协议的垄断案件。判决明确了轴辐协议的法律性质、审查认定的考量因素及侵权判定原则，为2022年修改后的《反垄断法》第十九条的适用提供了案例指引，为轴辐协议这种特殊类型垄断协议案件的审理积累了经验。本案裁判有利于规范品牌供应商、平台经营者等经营者与下游经营者之间的交易，维护全国统一大市场下的公平竞争市场环境。

---

① 《侵权责任法》于2009年12月26日第十一届全国人民代表大会常务委员会第十二次会议通过。根据《民法典》第一千二百六十条的规定，《民法典》自2021年1月1日起施行，《侵权责任法》同时废止。

② 对应《反垄断法》（2022年修正）第十七条。

北京甲科技有限公司与乙科技（深圳）有限公司、深圳市丙计算机系统有限公司滥用市场支配地位纠纷上诉案

［最高人民法院（2013）民三终字第 4 号民事判决书］

《2014 年中国法院 10 大知识产权案件》第 2 号

2015 年 4 月 20 日

【案情摘要】

北京甲科技有限公司向广东省高级人民法院起诉称，乙科技（深圳）有限公司、深圳市丙计算机系统有限公司（合称某公司等）在即时通信软件及服务相关市场具有市场支配地位，并指控某公司滥用该支配地位，无正当理由限制交易和捆绑销售。请求判令某公司立即停止滥用市场支配地位的垄断行为，连带赔偿甲公司经济损失 1.5 亿元。广东省高级人民法院一审认为，本案相关商品市场远远超出综合性即时通信服务市场，相关地域市场应为全球市场。某公司在该相关市场不具有支配地位。由于甲公司对本案相关商品市场界定错误，其所提供的证据不足以证明某公司等在相关商品市场上具有垄断地位，故甲公司的诉讼请求缺乏事实和法律依据，不能成立。该院判决驳回甲公司的全部诉讼请求。甲公司不服，提出上诉。最高人民法院利用经济分析方法重新界定了本案相关市场范围，通过考察被诉垄断行为的实际或者可能的竞争效果，认为基于本案现有证据，不足以认定某公司等实施了《反垄断法》所禁止的限制交易和搭售行为。故判决驳回上诉，维持原判。

【典型意义】

本案是最高人民法院审理的第一起垄断案件。在长达 7.4 万字的判决书中，最高人民法院详细阐述了互联网领域《反垄断法》意义上相关市场界定标准、市场支配地位认定标准以及滥用市场支配地位行为的分析原则与方法等一系列具有重要意义的法律问题，明确了反垄断法律适用的多个重要裁判标准。在滥用行为的分析思路上，本案判决在国际上创造性地采用了“行为－竞争效果评估”的分析范式；在互联网领域相关市场界定方面，判决不仅

运用了国际上通行的经济分析方法，还综合运用了社会学、心理学等多学科的知识作为支撑，并深刻阐述了相关市场界定的作用及价值，澄清了相关市场界定并非必经步骤；在互联网领域经营者的市场支配力认定尤其是双边市场的影响方面，判决对双边市场对经营者市场支配力的影响进行了深入阐述，并提出了根据具体案情决定双边市场分析的起点，不需要也不存在固定的分析范式的思路。本案判决在国内外产生了广泛影响。业界和学界对该判决给予高度评价，认为判决展现了最高人民法院在明确法律标准、指引互联网产业发展方面确立了典范和标杆。有评论指出，最高人民法院的判决是“真正懂得互联网的判决”；“中国最高审判机关在判决中阐述的法律适用标准为世界范围内的互联网反垄断的裁判树立了一个标杆，将在国际上产生重要影响”。

“供水公司”滥用市场支配地位纠纷案

——公用企业垄断行为的认定

《人民法院反垄断和反不正当竞争典型案例》第8号

2021年9月27日

【案号】

（2018）桂01民初1190号

【基本案情】

某供水公司是自来水供水公用企业。吴某某向该公司申请用水，某供水公司要求其填写《用水报装申请表》，该申请表对用水和水表安装一并进行约定，并同时要求签订供水协议、缴纳安装工程预缴款。吴某某缴纳了水表费、安装费共计2500元。后吴某某不同意签订《个人用户供水安装工程施工协议》，要求自行购买水表，退还施工服务费。某供水公司未退款亦未给吴某某提供供水服务。吴某某认为某供水公司的行为构成捆绑交易等四项滥用市场支配地位行为，遂诉至法院。广西壮族自治区南宁市中级人民法院经审理认为，某供水公司在某所辖地域范围内的城市公共供水服务具有市场支配地位。某供水公司在该过程中并没有给予吴某某从别处购买供水设施材料和安装服务的选择权，据此认定某供水公司系以在用户申请供水时需同时购买供水设施安装的方式实施了捆绑交易行为，该合同应认定为无效。广西壮族自治区南宁市中级人民法院判决某供水公司返还吴某某安装费并支付利息，赔偿经济损失及合理开支。

【典型意义】

本案涉及公用企业垄断行为的认定。各类公用企业如自来水、电、燃气供应企业在初装时捆绑收取初装费、设备费时有发生。本案明确了公用企业市场支配地位以及滥用市场支配地位行为的认定标准，对同类案件具有借鉴意义。本案也为公用企业规范经营提供了清晰明确的行为指引，有助于公用企业在提供服务时避免滥用其市场支配地位，损害市场竞争。

某国际有限公司滥用市场支配地位纠纷案

——涉外标准必要专利垄断纠纷管辖权的确定

《人民法院反垄断和反不正当竞争典型案例》第 10 号

2021 年 9 月 27 日

【案号】

（2020）最高法知民辖终 392 号

【基本案情】

某通信有限公司（以下简称某通信公司）和某通信有限公司深圳分公司（以下简称某通信公司深圳分公司）是全球性智能终端制造商和移动互联网服务提供商，其共同向广州知识产权法院提起诉讼，主张某国际有限公司及其子公司甲有限公司（以下简称甲公司）拥有无线通信领域相关标准必要专利，具有市场支配地位，在标准必要专利的许可协商中违反了公平、合理和无歧视（FRAND）的原则，实施了收取不公平高价许可费等滥用市场支配地位的行为，并就相同专利在不同国家提起诉讼，给某通信公司、某通信公司深圳分公司的经营行为造成负面影响和经济损失。甲公司提出管辖权异议，主张在案证据不足以证明广州知识产权法院对该案具有管辖权，甲公司已就标准必要专利许可问题在英国法院提起诉讼，本案应由英国法院审理。广州知识产权法院驳回了甲公司的管辖权异议。甲公司不服，提起上诉。最高人民法院二审认为，鉴于标准必要专利许可市场的特殊性，结合西斯威尔国际有限公司已在其他国家提起专利侵权诉讼，可能对某通信公司等参与国内相关市场的竞争造成直接、实质、显著的排除与限制竞争效果，某通信公司住所地广东省东莞市可以作为本案侵权结果发生地，广州知识产权法院对本案具有管辖权。

【典型意义】

本案涉及与标准必要专利有关的滥用市场支配地位垄断纠纷管辖问题。案件既涉及双方主体在全球不同司法辖区平行的标准必要专利侵权纠纷对我国法院管辖垄断纠纷的影响，又涉及垄断纠纷的相关案件事实发生在国外应否适用不方便法院原则的问题。本案裁定以《反垄断法》第二条规定的域外适用原则为依据，对垄断纠纷的域外管辖问题进行了探索，明确了涉国际标准必要专利垄断纠纷案件的管辖规则，对人民法院依法积极行使对涉外反垄断案件的司法管辖权，充分发挥司法职能作用维护公平竞争的市场环境具有典型意义和促进作用。

“涉中超联赛图片”滥用市场支配地位纠纷案

——体育赛事商业权利独家授权中的反垄断审查

《人民法院反垄断典型案例》第6号

2022年11月17日

【案号】

最高人民法院（2021）最高法知民终1790号［甲文化传媒股份有限公司诉乙有限责任公司、丙文化传播有限公司滥用市场支配地位纠纷案］

【基本案情】

经中国足协授权，乙公司取得某联赛资源代理开发经营权。乙公司于2016年网上公开招标2017—2019年某联赛官方图片合作机构，丙公司以相应报价中标，由此取得独家经营某联赛图片资源的权利，而甲公司未中标。但甲公司仍于2017年、2018年派人进入某联赛现场拍摄图片并销售传播，其间中国足协出面发布声明予以制止以维护丙公司的独家经营权。甲公司于2020年6月24日以乙公司、丙公司滥用市场支配地位限定交易相对人只能与丙公司进行交易为由，向法院起诉，请求判令乙公司、丙公司停止垄断行为、消除影响、赔偿经济损失及合理开支。一审法院认为，现有证据不能证明乙公司、丙公司具有市场支配地位，且两公司从事被诉行为具有正当理由，判决驳回甲公司全部诉讼请求。甲公司不服，提起上诉。最高人民法院二审认为，《反垄断法》预防和制止滥用权利以排除、限制竞争的行为，但是由权利内在的排他属性所形成的“垄断状态”并非权利滥用行为。乙公司、丙公司在某联赛图片经营市场具有市场支配地位，但乙公司通过公开招标方式选择授权丙公司独家经营2017－2019年某联赛图片资源，在程序上体现了竞争；该经营权独家授予是竞争的应然结果，且有其合理理由，不具有反竞争效果。同时，某联赛图片用户（需求方）只能向丙公司购买该赛事图片，系基于原始经营权人中国足协依法享有的经营权并通过授权形成的结果，符合法律规定且有合理性，该限定交易情形有正当理由。最高人民法院终审判决，驳回上诉，维持原判。

【典型意义】

本案明确了排他性民事权利的不正当行使才可能成为《反垄断法》预防和制止的对象，而民事权利的排他性或者排他性民事权利本身并不是《反垄断法》预防和制止的对象。本案对于厘清排他性民事权利的行使边界、保障企业的合法经营具有重要价值。

“乙水务集团”滥用市场支配地位纠纷案

——公用企业限定交易行为的认定及损害赔偿计算

《人民法院反垄断典型案例》第 7 号

2022 年 11 月 17 日

【案号】

最高人民法院（2022）最高法知民终 395 号［甲置业有限公司诉乙水务集团有限公司滥用市场支配地位纠纷案］

【基本案情】

甲公司是一家位于山东省威海市的房地产开发公司，2021 年 1 月甲公司向法院起诉，请求判令乙水务集团赔偿因其实施滥用市场支配地位的行为给甲公司造成的经济损失并支付诉讼合理开支。一审法院认定，乙水务集团在威海市区供水、污水设施建设和管理中处于市场支配地位，但现有证据不能证明乙水务集团存在限定交易行为，判决驳回甲公司诉讼请求。甲公司不服，提起上诉。最高人民法院二审认为，乙水务集团不仅独家提供城市公共供水服务，而且承担着供水设施审核、验收等公用事业管理职责，其在参与供水设施建设市场竞争时，负有更高的不得排除、限制竞争的特别注意义务。乙水务集团在受理给排水市政业务时，在业务办理服务流程清单中仅注明其公司及其下属企业的联系方式等信息，而没有告知、提示交易相对人可以选择其他具有相关资质的企业，属于隐性限定了交易相对人只能与其指定的经营者进行交易，构成限定交易行为。甲公司没有提供证据证明限定交易的实际支出高于正常竞争条件下的合理交易价格，且其自身对涉案给排水设施的拆除重建负有主要责任，其也没有提供可供法院酌定损失的相关因素。最高人民法院终审判决，撤销一审判决，改判乙水务集团赔偿甲公司为调查、制止垄断行为所支付的合理开支。

【典型意义】

本案明确了《反垄断法》上的限定交易行为可以是明示的、直接的，也可以是隐含的、间接的，阐明了认定限定交易行为的重点在于考查经营者是否实质上限制了交易相对人的自由选择权，为具有市场独占地位的经营者特别是公用企业提供了依法从事市场经营活动的行为指引。同时，本案明确了限定交易垄断行为造成损失的认定标准和举证责任分配，为类案审理中确定垄断行为的损害赔偿责任提供了裁判指引，也为垄断行为受害者通过提起反垄断民事诉讼积极寻求救济提供了规则指引。

给排水公用企业滥用市场支配地位限定交易案

［甲置业有限公司与乙水务集团有限公司
滥用市场支配地位纠纷案］

《最高人民法院知识产权法庭典型案例（2022）》第 17 号

2023 年 3 月 30 日

【案号】

（2022）最高法知民终 395 号

【基本案情】

甲公司是一家位于山东省威海市的房地产开发公司，其向山东省青岛市中级人民法院提起诉讼，请求判令乙水务集团赔偿因其实施滥用市场支配地位的限定交易行为给甲公司造成的损失。一审法院认定，乙水务集团在威海市给排水市场中具有市场支配地位，但现有证据不能证明其实施了滥用市场支配地位行为，判决驳回甲公司诉讼请求。甲公司不服，提起上诉。最高人民法院二审认为，乙水务集团不仅独家提供城市公共供水服务，而且承担着供水设施审核、验收等公用事业管理职责，其在受理给排水市政业务时，在业务办理服务流程清单中仅注明乙水务集团及其下属企业的联系方式等信息，没有告知、提示交易相对人可以选择其他具有相关资质的企业，属于隐性限定交易相对人只能与其指定的经营者交易，构成滥用市场支配地位的限定交易行为。遂撤销一审判决，改判部分支持甲公司的诉讼请求。

【典型意义】

本案系人民法院首例认定隐性限定交易行为的垄断案件。二审裁判明确反垄断法上的限定交易行为可以是明示的、直接的，也可以是隐含的、间接的，认定限定交易行为的重点在于考察经营者是否实质上限制了交易相对人的自由选择权。有关认定为具有市场独占地位的经营者，特别是公用企业，依法从事市场经营活动提供了行为指引。

涉中超联赛图片独家授权滥用市场支配地位案

［甲文化传媒股份有限公司与乙有限责任公司、
丙文化传播有限公司滥用市场支配地位纠纷案］

《最高人民法院知识产权法庭典型案例（2022）》第18号
2023年3月30日

【案号】

（2021）最高法知民终1790号

【基本案情】

2016年，乙公司公开招标2017—2019年某联赛官方图片合作机构，丙公司中标，取得了有关图片独家经营权，甲公司参与此次招投标但未中标。甲公司向上海知识产权法院提起诉讼，主张乙公司将某联赛图片经营权独家授予丙公司的行为构成滥用市场支配地位，请求判令停止垄断行为、赔偿经济损失。一审法院认为，现有证据不能证明乙公司、丙公司具有市场支配地位，且两公司从事被诉行为具有正当理由，故判决驳回甲公司诉讼请求。甲公司不服，提起上诉。最高人民法院二审认为，乙公司、丙公司在某联赛图片经营市场具有市场支配地位，但乙公司通过公开招标方式选择授权丙公司独家经营，体现了市场竞争；某联赛图片用户只能向丙公司购买该赛事图片，系基于原始经营权人中国足协依法享有的经营权并通过授权形成的结果，符合法律规定且具有合理性。遂判决驳回上诉，维持原判。

【典型意义】

该案裁判明确民事权利的排他性或者排他性民事权利本身并不是《反垄断法》预防和规制的对象，只有对排他性民事权利的不正当行使才可能成为

《反垄断法》预防和制止的对象，有助于厘清排他性民事权利的行使边界，保障市场主体依法正当经营。

“枸地氯雷他定”原料药滥用市场支配地位纠纷案

——妥善处理知识产权保护与反垄断的关系

《2023 年人民法院反垄断和反不正当竞争典型案例》第 1 号

2023 年 9 月 14 日

【案号】

最高人民法院（2020）最高法知民终 1140 号［某药业集团广州海瑞药业有限公司、某药业集团有限公司与乙医药股份有限公司、丙药业有限公司、丁药业股份有限公司滥用市场支配地位纠纷案］

【基本案情】

某药业集团有限公司及其子公司（合称甲公司）起诉称，其系商品名为“贝雪”的抗过敏药物枸地氯雷他定片剂生产商。乙医药股份有限公司拥有枸地氯雷他定有关专利，长期以来，该公司及其子公司、关联公司（合称乙公司）是生产“贝雪”所必需的枸地氯雷他定原料药的唯一供应方。乙公司除生产枸地氯雷他定原料药外，也生产枸地氯雷他定硬胶囊剂。因而，乙公司与甲公司既是涉案原料药的供需双方，也是涉案制剂的竞争双方。乙公司利用其在涉案原料药市场的支配地位，限定甲公司只能向其购买涉案原料药，大幅提高涉案原料药价格，以停止供应涉案原料药为要挟，强迫甲公司接受与涉案原料药交易无关的其他商业安排，给甲公司造成的巨大损失，构成反垄断法意义上的限定交易、不公平高价、搭售、附加不合理条件等滥用市场支配地位行为，请求判令乙公司停止滥用市场支配地位行为，并赔偿甲公司损失及维权合理开支 1 亿元。一审法院认为，乙公司实施了限定交易、不公平高价、附加不合理交易条件等滥用市场支配地位行为，判决乙公司立即停止上述行为并赔偿甲公司 6800 余万元。双方均不服，提起上诉。乙公司认为其在相关市场不具有支配地位，未实施滥用市场支配地位行为，请求撤销原判并依法驳回甲公司的诉讼请求；甲公司认为一审判赔数额过低，请求改判赔偿7800余万元。

最高人民法院二审认为，乙公司在中国境内的枸地氯雷他定原料药市场虽然具有市场支配地位，但因其面临来自下游第二代抗组胺药制剂市场的较强间接竞争约束，故其市场支配地位受到了一定程度的削弱，且现有证据难以证明其实施了滥用市场支配地位行为。一是枸地氯雷他定落入乙公司专利权保护范围，乙公司限定甲公司在一定期限和范围内只能向其购买涉案专利原料药的行为系对专利权的正当行使，由此产生的市场封锁效果也并未超出专利的法定排他效力范围，不构成无正当理由限定交易的行为。二是综合考虑涨价后的内部收益率及价格与经济价值的匹配度，涉案专利原料药初始价格系促销性价格的可能性较大，后续涨价较大可能系对促销性价格向正常价格的合理调整，仅凭价格涨幅明显高于成本涨幅尚不足以认定不公平高价行为。三是现有证据尚不足以证明乙公司存在将案外项目与涉案专利原料药销售作捆绑交易的明示或暗示，故难以认定存在附加不合理交易条件行为。最高人民法院终审判决，撤销一审判决，改判驳回甲公司的诉讼请求。

【典型意义】

本案系涉原料药领域垄断案件，明确了判断中间投入品经营者市场支配地位时对来自下游市场的间接竞争约束的考量、被诉限定交易行为的市场封锁效果与专利权行使的关联性和判断方法、不公平高价及附加不合理交易条件等行为认定和规制的基本考虑。该案在妥善处理专利权保护与反垄断的关系，兼顾鼓励创新与保护市场竞争，善用经济分析辅助判断垄断行为等方面作出了有益探索，对于促进《反垄断法》的准确适用，有力维护药品市场公平竞争具有积极意义。

涉“枸地氯雷他定原料药专利”滥用市场支配地位案

［某药业集团广州海某药业公司、某药业集团公司与
乙医药股份公司等滥用市场支配地位纠纷］

《最高人民法院发布人民法院反垄断典型案例》第 2 号

2024 年 6 月 24 日

【案号】

（2020）最高法知民终 1140 号

【基本案情】

某药业集团公司及其子公司（合称甲公司）系商品名为“贝雪”的抗过敏药物枸地氯雷他定片剂生产商。乙医药股份公司拥有枸地氯雷他定有关专利权，该公司及其子公司、关联公司（合称乙公司）是生产“贝雪”所必需的枸地氯雷他定原料药的唯一供应方。乙公司除生产枸地氯雷他定原料药外，也生产枸地氯雷他定硬胶囊剂。乙公司与甲公司既是涉案枸地氯雷他定原料药的供需双方，也是枸地氯雷他定制剂的竞争双方。甲公司认为，乙公司利用其在枸地氯雷他定原料药市场的支配地位，限定甲公司只能向其购买涉案原料药，大幅提高涉案原料药价格，以停止供应涉案原料药为要挟强迫甲公司接受与涉案原料药交易无关的其他商业安排，给甲公司造成巨大损失，构成滥用市场支配地位行为，故请求判令乙公司停止滥用市场支配地位行为，并赔偿甲公司损失及维权合理开支 1 亿元。一审法院认定，乙公司实施了限定交易、不公平高价、附加不合理交易条件等滥用市场支配地位行为，判决其立即停止上述行为并赔偿甲公司 6800 余万元。双方均不服，向最高人民法院提起上诉。

最高人民法院二审认为，乙公司在中国境内的枸地氯雷他定原料药市场具有市场支配地位，但因面临来自下游第二代抗组胺药制剂市场的较强间接竞争约束，故其市场支配地位受到了一定程度的削弱。根据现有证据，难以认定其实施了滥用市场支配地位行为。一是枸地氯雷他定落入乙公司专利权保护范围，乙公司限定甲公司只能向其购买涉案专利原料药的时间和范围未

超出正当行使专利权的范围，由此产生的市场封锁效果也并未超出专利权的法定排他范围，故不构成滥用市场支配地位的限定交易行为。二是综合考虑涨价后的内部收益率及价格与经济价值的匹配度，涉案专利原料药初始价格系促销性价格的可能性较大，后续涨价较大可能系从促销性价格向正常价格的合理调整，仅凭价格涨幅明显高于成本涨幅这一事实尚不足以认定存在滥用市场支配地位的不公平高价行为。三是现有证据尚不足以证明乙公司存在将案外项目与涉案专利原料药销售作捆绑交易的明示或者暗示，故难以认定存在附加不合理交易条件行为。故判决撤销一审判决，改判驳回甲公司的诉讼请求。

【典型意义】

本案系我国涉原料药领域首例垄断民事诉讼案件。判决明确了判断中间投入品经营者市场支配地位时对来自下游市场的间接竞争约束的考量、限定交易行为的市场封锁效果与专利权法定排他范围的关系、不公平高价判断的基本思路和具体方法等，对于促进《反垄断法》的准确适用，有力维护药品市场公平竞争具有积极意义。

涉“稀土永磁材料专利”滥用市场支配地位案

［宁波某磁业公司与日本某金属株式会社滥用市场支配地位纠纷］

《最高人民法院发布人民法院反垄断典型案例》第4号

2024年6月24日

【案号】

（2021）最高法知民终1482号

【基本案情】

宁波某磁业公司系浙江省宁波市经营生产烧结钕铁硼材料的企业。日本某金属株式会社在全球拥有稀土材料领域600余项烧结钕铁硼专利，其在中国许可八家企业实施其专利技术后，决定不再增加新的被许可人。宁波某磁业公司于2014年3月至2015年3月多次请求日本某金属株式会社许可而被拒绝，遂于 2014 年 12 月提起诉讼，请求判令日本某金属株式会社停止侵害（拒绝交易等滥用市场支配地位行为），并赔偿宁波某磁业公司经济损失 700 万元。一审法院认定，日本某金属株式会社在烧结钕铁硼必需专利的专利许可市场具有支配地位，其拒绝交易无正当理由，故判令日本某金属株式会社停止拒绝交易的滥用市场支配地位行为，赔偿宁波某磁业公司经济损失 490 万元。日本某金属株式会社不服，提起上诉。

最高人民法院二审认为，本案证据不足以证明日本某金属株式会社的烧结钕铁硼专利不可替代，亦不足以证明存在独立的生产烧结钕铁硼所必需的专利的许可市场，故难以认定本案相关市场为日本某金属株式会社所拥有的生产烧结钕铁硼所必需的专利许可相关市场。在此情况下，根据烧结钕铁硼材料生产技术的需求替代等情况，本案相关市场应界定为全球烧结钕铁硼材料生产技术市场，包括具有紧密替代性的专利技术和非专利技术等。鉴于烧结钕铁硼材料生产技术就是用于生产烧结钕铁硼材料，且烧结钕铁硼材料（产品）的市场份额等状况能够更为准确且方便地反映烧结钕铁硼生产技术的市场状况，涉案相关市场中技术拥有方的市场力量可以通过烧结钕铁硼材料市场的市场份额予以评估。综合考虑在案证据情况，日本某金属株式会社在全球烧结钕铁硼材料生产技术市场并不具有支配地位。故判决撤销一审判决，驳回宁波某磁业公司的诉讼请求。

【典型意义】

该案是知识产权与反垄断相互交织的典型案件，受到广泛关注。二审判决妥善处理专利权行使与反垄断的关系，通过科学合理界定相关市场，依法改判认定外方权利人拒绝涉案专利许可并不构成垄断行为。该案裁判彰显了中国法院平等保护中外当事人合法权益的司法理念和依法公正裁判涉知识产权滥用的反垄断案件的审理思路，积极回应了国内外业界关切。

“基本殡葬服务”拒绝交易纠纷案

——公用企业拒绝交易行为的认定及法律责任承担

《2023 年人民法院反垄断和反不正当竞争典型案例》第 2 号

2023 年 9 月 14 日

【案号】

最高人民法院（2021）最高法知民终 242 号〔甲殡仪服务有限公司与乙殡仪服务有限公司拒绝交易纠纷案〕

【基本案情】

甲殡仪服务有限公司（以下简称甲公司）主要从事殡仪中介服务，其起诉主张泉州市乙殡仪服务有限公司（以下简称乙公司）系提供遗体火化等基本殡葬服务的公用企业，因甲公司举报乙公司违规收费，乙公司拒绝甲公司代死者亲属申办遗体火化业务，违反了《反垄断法》禁止行政性垄断的规定，请求判令乙公司恢复为甲公司办理相关业务并赔偿经济损失 8 万元。一审法院认为，甲公司未证明乙公司为《反垄断法》所规制的行政垄断的实施主体，判决驳回甲公司的全部诉请。甲公司不服，提起上诉，主张乙公司的拒绝行为属于《反垄断法》所禁止的滥用市场支配地位的拒绝交易行为。

最高人民法院二审认为，乙公司所处的基本殡葬服务市场属于上游市场，甲公司提供的殡仪中介服务系由基本殡葬服务衍生而来，其所处的殡仪中介服务市场属于下游市场。被诉垄断行为发生于基本殡葬服务市场，同时对殡仪中介服务市场产生影响。乙公司作为在泉州市中心市区基本殡葬服务市场具有独占地位的公用企业，其提供的基本殡葬服务是甲公司开展殡仪中介服务不可或缺的特定服务，且甲公司没有替代选择。乙公司拒绝为甲公司办理相关业务，导致甲公司被彻底排除在泉州市中心市区的殡仪中介服务市场之外，排除、限制了殡仪中介服务市场的竞争，损害了作为《反垄断法》意义上消费者的死者亲属的利益，构成《反垄断法》所禁止的拒绝交易行为。甲公司自成立后一直从事殡仪中介服务，与基本殡葬服务提供者之间存在长期、稳定的交易关系，恢复原有交易并非强加交易义务。最高人民法院终审判决，撤销一审判决，改判乙公司在符合相关法律、法规规定和行业管理规范的条件下恢复甲公司代死者亲属申办遗体火化业务；同时根据乙公司拒绝交易行为的性质、程度、情节、持续时间，酌定乙公司赔偿因其拒绝交易行为给甲公司造成的损失 8 万元，全额支持了甲公司的赔偿诉讼请求。

【典型意义】

本案明确了具有独占地位的公用企业，如果是交易相对人开展生产经营活动不可或缺的特定服务的唯一提供者，判断其拒绝交易行为的反竞争效果时应综合评判对上下游市场竞争的影响，以及是否损害消费者的利益。同时，本案对拒绝交易行为的救济措施以及拒绝交易行为造成损失的认定标准进行了探索。本案裁判对保障基本民生，规范殡葬行业的市场竞争秩序，预防和制止具有独占地位的公用企业实施垄断行为具有积极意义。

“巴曲酶”原料药拒绝交易纠纷管辖权异议案

——拒绝交易纠纷的管辖确定

《2023 年人民法院反垄断和反不正当竞争典型案例》第 5 号

2023 年 9 月 14 日

【案号】

北京知识产权法院（2022）京 73 民初 1136 号［甲药业有限公司与乙药业集团有限公司、江苏乙药业有限公司拒绝交易纠纷管辖权异议案］

【基本案情】

甲药业有限公司（以下简称托甲公司）向北京知识产权法院起诉称，托甲公司是我国唯一具有巴曲酶注射液生产资质和生产能力的企业，乙药业集团有限公司（以下简称乙集团公司）和江苏乙药业有限公司（以下简称江苏乙公司）在中国巴曲酶浓缩液原料药（以下简称巴曲酶原料药）销售市场占有 100% 份额。2021 年 1 月，国家市场监督管理总局作出处罚决定，认定乙集团公司和江苏乙公司拒绝与托甲公司进行交易构成拒绝交易的垄断行为。此后，江苏乙公司与托甲公司签订 2022 年购销合同，但拒绝履行，导致托甲公司自2022年4月起一直处于停产状态。托甲公司请求判令乙集团公司、江苏乙公司立即停止滥用市场支配地位的垄断行为；连带赔偿托甲公司经济损失及合理费用合计2亿元。乙集团公司对本案管辖权提出异议，认为没有证据证明被诉拒绝交易行为实施地为北京，也无证据证明托甲公司住所地为侵权结果发生地，北京知识产权法院对本案无管辖权。

北京知识产权法院认为，拒绝交易行为的侵权结果发生地应是拒绝交易行为所直接产生的结果发生地。行政处罚决定已经认定，乙集团公司拒绝向下游制剂企业销售原料药，使下游制剂企业因无原料药供应而停产。由此可知，本案被诉拒绝交易行为对托甲公司直接产生的结果是其作为下游制剂企业因没有原料药而停产，托甲公司的生产工厂位于北京市，故托甲公司因被诉拒绝交易行为而遭受的直接侵权结果发生地为北京市。北京知识产权法院裁定驳回乙集团公司的管辖异议。乙集团公司不服，提起上诉。最高人民法院终审裁定，驳回上诉，维持原裁定。

【典型意义】

垄断行为损害《反垄断法》保护的市场公平竞争秩序、消费者利益和社会公共利益等法益。本案通过侵权结果发生地确定拒绝交易纠纷的管辖连结点，对拒绝交易类垄断案件的管辖确定具有参考价值。

"砖瓦协会"垄断案

《最高人民法院知识产权法庭2020年10件技术类
知识产权典型案例》第十号
2021年2月26日

【案号】

（2020）最高法知民终1382号

【基本案情】

张某某主张，其系在某砖瓦协会的发起人甲公司、乙公司、曹某某等的胁迫下，加入该砖瓦协会，签订《停产整改合同》，并因该合同被迫停止生产；某砖瓦协会及其发起人通过广泛签订上述合同，迫使宜宾市部分砖瓦企业停产，通过减少砖瓦供应量，实现提高砖瓦价格，赢取不当利益；但某砖瓦协会和仍维持生产的砖瓦企业支付了少量停产扶持费后不再依照约定付款，其行为排除了张某某参与竞争，构成对反垄断法的违反，故诉至成都中院，请求判令某砖瓦协会、甲公司、乙公司、曹某某等连带赔偿经济损失 33.6 万元及维权合理开支 8 万元。成都中院认为，被诉行为构成对反垄断法的违反，侵害了张某某的权益，故判决甲公司、乙公司、曹某某、某砖瓦协会连带赔偿经济损失 33.6 万元、维权合理开支 5000 元。甲公司、曹某某、某砖瓦协会不服，向最高人民法院提起上诉。最高人民法院知识产权法庭二审认为，张某某自愿参与该案横向垄断协议并作为实施者之一，主张该横向垄断协议的其他实施者赔偿其因实施该垄断协议引发的所谓经济损失，实质上是要求瓜分垄断利益，并非《反垄断法》所意图救济的对象，故判决撤销原判，驳回张某某的全部诉讼请求。

【典型意义】

该案明确了垄断民事救济的宗旨和导向，明确了横向垄断协议的自愿实施者并非《反垄断法》所意图救济的对象，揭示了横向垄断协议实施者要求其他实施者赔偿因实施垄断协议造成的所谓损失实为瓜分垄断利益的本质，对于依法打击横向垄断行为、维护公平竞争秩序具有重要意义。

“砖瓦协会”垄断纠纷案

——横向垄断协议实施者损害赔偿请求权的认定

《人民法院反垄断和反不正当竞争典型案例》第 9 号

2021 年 9 月 27 日

【案号】

（2020）最高法知民终 1382 号

【基本案情】

张某某主张其系在某砖瓦协会的发起人四川省宜宾市甲建材工业有限责

任公司（以下简称甲公司）、宜宾县乙建材有限责任公司（以下简称乙公司）、曹某某等的胁迫下，加入该砖瓦协会，签订《停产整改合同》，并因该合同被迫停止生产。某砖瓦协会及其发起人通过广泛签订上述合同，迫使宜宾市部分砖瓦企业停产，通过减少砖瓦供应量，实现提高砖瓦价格，赢取不当利益，上述行为明显具有排除、限制竞争的目的，且在特定时间内实现了排除、限制竞争的效果，构成反垄断法规定的横向垄断协议。但某砖瓦协会和仍维持生产的砖瓦企业支付了少量停产扶持费后不再依照约定付款，其行为排除了张某某参与竞争，构成对反垄断法的违反，故诉至法院。一审法院认为，被诉行为构成对反垄断法的违反，侵害了张某某的权益，故判决甲公司、乙公司、曹某某、某砖瓦协会连带赔偿经济损失 33.6 万元、合理开支 5000 元。甲公司、曹某某、某砖瓦协会不服，向最高人民法院提起上诉。最高人民法院二审认为，该案核心问题是，张某某作为该案横向垄断协议的实施者之一，是否有权要求该垄断协议的其他实施者赔偿其所谓经济损失。鉴于横向垄断协议实施者主张损害赔偿，实质上是要求瓜分垄断利益，故判决撤销一审判决，驳回张某某的全部诉讼请求。

【典型意义】

横向垄断协议实施者要求其他实施者赔付其因实施该横向垄断协议遭受的损失，本质上是要求在横向垄断协议实施者之间对垄断利益作重新分配。该案阐明了垄断民事救济的宗旨和导向，明确了请求损害赔偿救济者，其行为必须正当合法的基本原则，揭示了横向垄断协议实施者要求其他实施者赔偿所谓损失的瓜分垄断利益本质，对于打击横向垄断行为、维护公平竞争秩序、引导行业协会良性发展具有重要意义。

“交通信号控制机”横向垄断协议案

［安徽科某信息产业公司与安徽中某科技股份公司垄断纠纷］

《最高人民法院发布人民法院反垄断典型案例》第 5 号

2024 年 6 月 24 日

【案号】

（2024）最高法知民终 455 号

【基本案情】

同在某市经营道路交通信号控制机（以下简称信号机）的安徽某信息产业公司（以下简称甲公司）与安徽某科技股份公司（以下简称乙公司）签订《关于信号机的合作协议》（以下简称涉案协议），约定：甲公司协助指导乙公司的信号机通过测试；乙公司自愿放弃在某市的信号机销售；涉案协议生效后，若乙公司继续在某市销售或自用其品牌信号机，则向甲公司按每台 2 万元支付违约金。协议签订后，乙公司继续在某市销售其品牌信号机。甲公司以乙公司违约为由，向一审法院提起诉讼，请求判令乙公司支付违约金。乙公司辩称涉案协议构成横向垄断协议，应确认为无效。一审法院认定，涉案协议构成横向垄断协议，系无效合同，故判决驳回甲公司的诉讼请求。甲公司不服一审判决，提起上诉，请求改判支持其全部诉讼请求。

最高人民法院二审认为，甲公司和乙公司具有竞争关系，其所签订的涉案协议将乙公司从某市信号机销售市场排除出去，系以提供测试指导为对价、以控制销售数量和分割市场为目的的典型横向垄断协议，一审法院依法认定涉案协议全部无效，并无不当。遂判决驳回上诉，维持原判。

【典型意义】

该案明确了具有竞争关系的经营者不得以向对方提供技术或者服务为名，实现将对方排除出市场的限制竞争目的。该案裁判对于有效维护市场竞争、提高企业反垄断合规意识具有积极意义。